तीस दिन

आदतें बदलें
ज़िन्दगी बदल जाएगी

मार्क रेक्लाऊ

हिंदी अनुवाद
गौतम मसानिया

SANAGE
PUBLISHING HOUSE

Paperback: 978-936205682-5
Hardback: 978-936205705-1
eBook: 978-936205817-1

Printed by:

Sanage Publishing House LLP
Mumbai, India

sanagepublishing@gmail.com

“किसी भी काम का सबसे अहम हिस्सा होता है
उसकी शुरुआत करना।”

—प्लेटो

विषय सूची

आभारी हूँ मैं...

मैं आभारी हूँ अपने पापा का (ऊपरवाला उनकी आत्मा को शान्ति दे), जिन्होंने अपने ही ढंग से मुझे वो बनने में मदद की जो मैं आज हूँ। मैं आभारी हूँ अपनी मम्मी हैदी का जिन्होंने आज से पच्चीस बरस पहले मेरे हाथों में वह किताब थमाई जिससे मेरी ज़िन्दगी हमेशा-हमेशा के लिए बदल गई। उन अच्छी बातों के लिए भी मैं उनका आभारी हूँ, जो परवरिश के तौर पर उन्होंने मेरे ज़ेहन में डालीं और इस बात के लिए भी कि जब कभी भी अपने मन की ज़िन्दगी जीने के लिए मुझे उनसे दूर जाने की ज़रूरत पड़ी तो उन्होंने अपने जज़्बात को बेड़ियों की तरह इस्तेमाल करने की बजाए ख़ुशी-ख़ुशी मेरा साथ दिया। मैं आभारी हूँ अपनी दादी का, मेरी सबसे अच्छी दोस्त और ज़रूरत के वक़्त मेरा भावनात्मक संबल बनने के लिए। मैं आभारी हूँ अपने चचेरे भाई अलेक्जेंडर रेक्लाउ का, जिसके मुँह से निकले ये रूहानी लफ़्ज़ (जो उसने तब कहे थे जब हम दोनों ही 16 बरस के थे) न सिर्फ मेरी ज़िन्दगी की कहानी का हिस्सा बन गए, बल्कि शायद इन्होंने मुझे बचा भी लिया : "मेरे पापा ने अपनी ज़िन्दगी अपने ढंग से जी; अब मैं अपनी ज़िन्दगी अपनी तरह से जीऊँगा!" उसके ये लफ्ज़ मेरे कानों में तब पड़े थे जब मेरे पापा को गुज़रे दो बरस हो चुके थे और तभी से मैंने इन लफ़्ज़ों के मुताबिक़ जीना शुरू कर दिया था।

मैं शुक्रगुज़ार हूँ, अपने दोस्त पोल और इनमा का, जिन्होंने ख़ुशी-ख़ुशी खूबसूरत इबीज़ा द्वीप पर बने अपने घर में मेरी मेहमाननवाज़ी की। उनका घर और वो द्वीप; दोनों ही जगहें रचनात्मक काम करने के लिए जन्नत जैसी हैं। मैं आभारी हूँ अपनी संपादक गिसेला का जिन्होंने इस किताब को बेहतर बनाने में मेरी मदद की। मैं आभारी हूँ अपने दोस्त और गुरु स्टीफ़न लुडविग का, जो पिछले दस बरसों से भी ज़्यादा अरसे से मुझे अपने बेशकीमती सलाहों से लाजवाब करते आ रहे हैं। मैं शुक्रगुज़ार हूँ अपने दोस्त क्लाउडियो का, जो हर स्थिति में मेरे साथ खड़ा रहा है। मैं शुक्रगुज़ार हूँ सबरीना क्रॉस, मारी अर्वेहेम, और मार्क

सेरानो ओस्सुल का जिन्होंने इस किताब के लिखे जाते समय ज़रूरी बदलावों के लिए अपनी कीमती राय दी। मैं शुक्रगुज़ार हूँ अपने कोच जोसेप एंगुएरा का, जिन्होंने अपनी काबिलियत के बूते मुझे पाँच साल लम्बे ठहराव से बाहर निकलने में मदद की। मैं शुक्रगुज़ार हूँ टलेन मिदेनर का, जिनकी किताब 'कोच योरसेल्फ टु सक्सेस' के ज़रिए मुझे पहली बार कोचिंग के बारे में जानने को मिला और उसी किताब में उनके द्वारा दी गई कुछ सलाहों पर अमल करके मेरी ज़िन्दगी ज़बरदस्त तरीके से बदल गई।

मैं शुक्रगुज़ार हूँ अपने सभी क्लाइंट्स का जिन्होंने मुझ पर भरोसा किया, मुझे उनकी बेहिसाब तरक्की का हिस्सा बनने के लिए चुना और उनकी तरक्की में हाथ बँटाते-बँटाते मुझे खुद भी तरक्की करने का मौका दिया।

और आखिर में, मैं शुक्रगुज़ार हूँ उन सभी लोगों का जिनसे अब तक मैं मिला हूँ, आप सभी ने मेरे लिए या तो दोस्त का किरदार अदा किया या गुरु का, या फिर दोनों का!

हाय-हैलो

"अगर आपको लगता है कि आप कर सकते हैं,
तो आप सही हैं; अगर आपको लगता है कि आप नहीं कर सकते,
तो भी आप सही हैं।"

–हैनरी फोर्ड

अपने चारों तरफ नज़र घुमाकर देखिए। क्या नज़र आ रहा है? अपने आसपास मौजूद चीज़ों को देखिए, अपने चारों ओर के माहौल को देखिए, अपने आसपास मौजूद लोगों को देखिए। देखिए कि अभी आपकी ज़िन्दगी किस हाल में है; आपकी कामकाजी ज़िन्दगी कैसी चल रही है, घरेलू ज़िन्दगी कैसी चल रही है, आपकी सेहत का क्या हाल है, जेब का क्या हाल है, नाते-रिश्तेदारियों का क्या हाल है। क्या आप इन तमाम हालात से खुश हैं? अपने भीतर झाकिए।

अभी इस वक़्त आप कैसा महसूस कर रहे हैं? क्या आप अपनी ज़िन्दगी से संतुष्ट हैं? या फिर मन में अभी जो है, उससे ज़्यादा पाने की चाह है? क्या आपको लगता है कि आप भी खुश और कामयाब हो सकते हैं? ज़िन्दगी में ऐसी क्या कमी है, जिसके पूरा होने पर आपको लगे कि आप भी एक खुशहाल और कामयाब ज़िन्दगी जी रहे हैं? ऐसा क्यों है कि कुछ लोगों के पास सबकुछ है जबकि कुछ के पास कुछ भी नहीं? क्या यह ऊपरवाले का भेदभाव है? क्या यह किस्मत की दगाबाज़ी है?

ज़्यादातर लोगों को पता ही नहीं है कि उन्हें जो मिल रहा है वो कैसे मिल रहा है। इन ज़्यादातर में से भी ज़्यादातर लोग इसे किस्मत या भगवान का काम मानकर चलते हैं। मगर मैं इन सभी लोगों को कहना चाहता हूँ, "माफ़ करना दोस्तो! मगर इसमें न तो किस्मत का कोई हाथ है और न ही भगवान का; आपकी ज़िन्दगी जैसी भी है, आपकी खुद की बनाई हुई है! आपकी ज़िन्दगी में जो कुछ

भी होता है, आपके किए ही होता है – चाहे सचेत रहकर करने से, या फिर अचेत रहकर (ऑटो-पायलट मोड में जीते हुए) करते हुए।"

मैं यह किताब लिखने के लिए इसलिए मजबूर (या कह लें कि प्रेरित) हुआ क्योंकि मुझे दिखाई पड़ रहा है कि मेरे आसपास बहुत बड़ी तादाद में ऐसे लोग मौजूद हैं जो लगातार इस बात के ख्वाब देखते हैं कि उनके सितारे भी बदलेंगे, उनकी ज़िन्दगी भी बेहतर बनेगी, वे भी ज़्यादा हँसी-खुशी जी पाएँगे, वे भी दौलतमंद बन पाएँगे। मगर उन्हें लगता है कि ऐसा होना सिर्फ और सिर्फ किसी करिश्मे की बदौलत ही हो सकता है: कोई लॉटरी लग जाए; किसी दौलतमंद लड़के/लड़की से शादी हो जाए; या किसी और तरह से किस्मत उन पर मेहरबान हो जाए। वे इस इंतज़ार में हैं कि शायद कभी बिल्ली के भाग से छींका टूट ही जाए और रातोंरात सबकुछ बदल जाए। उन्हें लगता है कि ज़िन्दगी बस किस्मत से छींका टूटने का ही नाम है; उन्हें नहीं मालूम कि ज़िन्दगी में कुछ भी किस्मत से नहीं होता बल्कि सबकुछ उनके किए ही होता है।

इसीलिए वे बैठकर खयाली पुलाव पकाते रहते हैं, वही सब करते रहते हैं जो हमेशा से करते आ रहे हैं, मगर इस इंतज़ार में रहते हैं कि शायद कभी कोई चामत्कारिक नतीजा हासिल हो जाए। कभी-कभी तो उन्हें यह भी पता नहीं होता कि असल में उन्हें चाहिए क्या! ऐसे ही एक आदमी से मेरी बात हुई। आप भी जान लीजिए कि क्या बात हुई :

मैं : "अगर आपके पास भरपूर पैसा और भरपूर खाली वक़्त हो तो आप क्या करोगे?"

वह : "तब तो मज़ा ही आ जाएगा! फिर तो मैं हमेशा खुश रहूँगा!"

मैं : "ऐसा क्या हो जाएगा जिससे आप खुश रहने लगेंगे?"

वह : "मैं वो सब कर पाऊँगा जो करना चाहता हूँ।"

मैं : "यानी?"

वह : "यानी... (काफी देर सोचने के बाद) आपने तो चक्कर में डाल दिया! ये तो मैंने कभी सोचा ही नहीं कि मैं ऐसा क्या करना चाहता हूँ जिससे मुझे ख़ुशी मिलती हो!"

हकीकत यही है दोस्तो कि ज़्यादातर लोगों को पता ही नहीं है कि उनकी ख़ुशी किस में है। ऐसे लोग अगर एक पल के लिए ठहरकर खुद से यह पूछें कि **वास्तव**

वे ज़िन्दगी में चाहते क्या हैं, फिर अपने लक्ष्यों को कागज़ पर लिखें और उन्हें हासिल करने के लिए काम करना शुरू कर दें, तो वे उन चमत्कारों को वाकई करके दिखा सकते हैं जिनके खुद-ब-खुद होने के इंतज़ार में वे अब तक अपना वक़्त बर्बाद करते रहे हैं। मैं इतने यकीन के साथ इसलिए कह पा रहा हूँ क्योंकि मैं अपने क्लाइंट्स को हर दिन ऐसा करते देखता हूँ। वे अपनी ज़िन्दगी के इस या उस आयाम को बदलने की ख्वाहिश लेकर मेरे पास आते हैं। मैं उन्हें समझाता हूँ कि बैठकर खयाली पुलाव पकाते रहने की बजाए उन्हें अपनी ज़िन्दगी की कमान अपने हाथों में लेनी पड़ेगी और जिन्दगी को मनचाहे मुकाम तक पहुँचाने के लिए ज़रूरी कदम उठाने होंगे। और जब वे ऐसा करते हैं तो शानदार नतीजे हासिल होते हैं।

याद रखें : आप अपनी चुनी हुई ज़िन्दगी ही जी रहे हैं! कैसे? क्योंकि हम हर पल जो सोचते हैं, महसूस करते हैं, जिन बातों में यकीन रखते हैं, खुद से और औरों से जो अपेक्षाएँ करते हैं; हमारा ताकतवर दिमाग इन्हीं सबको हमारी चाहत मानकर हकीकत में बदल देता है! मतलब, हम खुद अपनी ज़िन्दगी रचते हैं, और वो भी हर घड़ी। अच्छी बात यह है कि अगर आप अपने विचारों, भावनाओं, अपेक्षाओं, और मान्यताओं को लेकर खबरदार हो जाए तो आप खुद तय कर सकते हैं कि आपकी ज़िन्दगी में क्या हो और क्या न हो। इससे भी अच्छी बात यह है कि हम उन चीज़ों को अच्छी तरह संभालना और उनसे परेशान न होना भी सीख सकते हैं जिन पर हमारा कण्ट्रोल नहीं हो सकता।

मैं पिछले तकरीबन पच्चीस बरसों से कामयाबी और ख़ुशी हासिल करने के लिए ज़रूरी सिद्धांतों पर काम कर रहा हूँ। अपनी इस रिसर्च को जब मैंने कोचिंग के तौर-तरीकों और अभ्यासों के साथ मिलाया तो एक ऐसा सिस्टम तैयार हो गया जिसे अमल में लाकर हर कोई ख़ुशी और कामयाबी हासिल कर सकता है। अपने इन अनुभवों के आधार पर मैं दावे के साथ कह सकता हूँ कि मनचाही कामयाबी के लिए किस्मत के भरोसे बैठने की ज़रूरत नहीं होती; उसे आप अपनी मर्ज़ी से हासिल कर कर सकते हैं। जिन लोगों को लगता है कि 'हम जो सोचते हैं, महसूस करते हैं, और मानते हैं; वही हो जाते हैं' वाली बात एक आध्यात्मिक बकवास है, उन लोगों से मैं कहना चाहूँगा कि ज़रा इस बात पर भी गौर फरमाएँ कि कैसे विज्ञान आज उन तमाम बातों को सही साबित करने में कामयाब हो रहा है जिनको महज़ पच्चीस साल पहले तक आध्यात्मिक बकवास माना जाता था। इस किताब

का सबसे महत्वपूर्ण सन्देश यही है : **आपकी ख़ुशी सिर्फ आप पर निर्भर है, किसी और पर नहीं!** इस किताब में, मैं आपको कुछ ऐसी आज़माई हुईं तरकीबें और अभ्यास बताने वाला हूँ जिन पर **अगर आपने लगातार बिना नागा किए अमल किया** तो आपकी ज़िन्दगी इतनी बदल जाएगी जितनी आपने सपनों में भी नहीं सोची होगी।

और अच्छी खबर: ज़िन्दगी में पहले से ज़्यादा हँसी-ख़ुशी लाने के लिए लॉटरी जीतने की ज़रूरत नहीं है! इसके लिए छोटी-छोटी चीज़ों को ही थोड़े अलग ढंग से (मगर लगातार, बिना नागा) करना शुरू करें तो समय के साथ मनचाहे नतीजे मिलने लगेंगे। मैंने जिन भी लोगों को कोचिंग दी है उन सभी ने इसी तरह हैरतअंगेज़ नतीजे हासिल किए हैं – नई-नई आदतें अपनाकर और लगातार वे छोटे-छोटे काम करके जो उन्हें हर दिन उनके लक्ष्यों को पूरा करने के और करीब ले जाते हैं। अगर इतने सारे लोगों ने किया है तो आप क्यों नहीं कर पाएँगे? **यह मुमकिन है! आप भी कर लेंगे! करना ही चाहिए!**

मगर किताब पढ़ लेने भर से बात नहीं बनेगी दोस्त। आपको काम करना पड़ेगा! मनचाही ज़िन्दगी पाने की प्रक्रिया का यही सबसे अहम हिस्सा है (और मुझे अपने सभी क्लाइंट्स के साथ इसी हिस्से को लेकर सबसे ज़्यादा परेशान होना पड़ता है)। आपको किताब में बताए अभ्यासों को अमल में लाना शुरू करना पड़ेगा; आपको किताब में सुझाई गईं नई आदतें अपनाना शुरू करना पड़ेगा।

अगर आप बहुत ज़्यादा उत्सुक किस्म के इंसान हैं तो ऐसा करें कि पहले एक बार में पूरी किताब पढ़ डालें। अगर चाहें तो एक नोटबुक लेकर बैठें और ज़रूरी लगने वालीं बातों को नोट करते जाए। अब दुबारा पढ़ें। अबकी बार पढ़ने के साथ-साथ कुछेक अभ्यास भी करना शुरू करें, कुछेक आदतों को चुनकर उन पर भी काम शुरू करें। अगर आप बिला नागा ऐसा करते रहे तो आपको ज़िन्दगी में सकारात्मक बदलाव ज़रूर दिखेगा। कामयाबी की पढ़ाई, कोचिंग, और न्यूरोलिंग्विस्टिक प्रोग्रामिंग जैसी विधाओं के महारथी इस बात से इत्तेफाक रखते हैं कि किसी भी नए काम या व्यवहार को हमारी आदत बनने में कम से कम 21 से 30 दिनों का वक़्त लगता है। सिर्फ 30 दिनों में आपकी ज़िन्दगी बदल सकती है!

30 दिनों तक लगातार खुद पर और अपनी आदतों पर काम करने से सबकुछ बदल सकता है, या कम से कम इतना बदलाव तो आ ही सकता है कि आप पहले से बेहतर महसूस करने लगें। कोशिश तो करके देखिए एक बार!

अपनी पसंद के अभ्यास चुन लें और उन्हें कम से कम 30 दिनों तक लगातार करें। इतना करने के बाद भी अगर आपको कोई नतीजा न मिले तो marc@marckreklau.com पर मुझे अपनी शिकायत भेजें।

मैंने अपनी वेबसाइट www.marckreklau.com पर कुछ वर्कशीट्स भी दे रखी हैं, उन्हें भी आप डाउनलोड कर सकते हैं।

1

अपनी कहानी दोबारा लिखें

"चीज़ों को देखने का नजरिया बदल लें, चीज़ें बदल जाएगी।"

–वेन डब्ल्यू डायर

इस विचार से मेरा पहला परिचय तकरीबन 25 बरस पहले जेन रॉबर्ट की पुस्तक 'सेथ स्पीक्स' पढ़ते समय हुआ था। सेथ कहते हैं कि **अपनी कहानी के आप खुद ही लेखक, निर्देशक, और मुख्य अभिनेता हैं।** अगर आपको कहानी पसंद नहीं आ रही है... तो उसे बदल दें!

मुझे यह विचार बहुत पसंद आया था, इसलिए मैंने सोचा कि एक बार इस पर अमल करके देखते हैं, और तब से यह मेरे जीने का तरीका बन गया है। ज़िन्दगी के अच्छे-बुरे हर दौर में इसने मेरा बखूबी साथ दिया है। **आपका अतीत चाहे जैसा भी रहा हो, उससे कोई फर्क नहीं पड़ता। आपका भविष्य एक कोरे कागज़ जैसा है!** उस पर आप जैसी चाहें वैसी इबारत लिख सकते हैं! आप जब चाहें अपनी कहानी बदल सकते हैं!

हर नया दिन एक मौका होता है एक नई ज़िन्दगी शुरू करने का! हर पल आपके पास मौका होता है यह चुनने का कि अब आप किस तरह जीना चाहते हैं! यह आपका ही चुनाव होता है कि आप पहले की तरह ही जीते रहेंगे या फिर बदलाव के लिए कदम उठाएँगे। आप क्या करने वाले हैं?

अगर आप इस किताब में सुझाई गईं कुछ बातों पर अमल करते हैं, कुछ नई आदतें अपनाते हैं, और दिए गए अभ्यासों में से अपनी पसंद के कुछेक अभ्यासों को अपने रूटीन का हिस्सा बना लेते हैं तो निश्चय ही चीज़ें बदलनी शुरू हो जाएगी।

बेशक यह आसान नहीं होने वाला है। इसके लिए आपको धैर्य, अनुशासन, और दृढ़ता की ज़रूरत होगी। मगर नतीजे ज़रूर मिलेंगे।

साल 2008 में जब एफसी बार्सिलोना टीम बुरे दौर से गुज़र रही थी, तब उसकी कमान हाथ में लेते समय नए कोच जोसेप 'पेप' गार्डियोला ने स्टेडियम में मौजूद 73000 लोगों और कैटालोनियन टेलीविजन पर उन्हें देख रहे लाखों दर्शकों के सामने अपनी पहली स्पीच में कहा था :

"हम वादा नहीं कर सकते कि खिताबों की झड़ी लगा देंगे, मगर हम वादा करते हैं कि इसके लिए कोई कसर नहीं उठा रखेंगे; हम आखिर तक जी-जान लगाकर खेलेंगे और हर हाल में डटे रहेंगे, डटे रहेंगे, डटे रहेंगे। अपनी कुर्सी की पेटियाँ बाँध लीजिए, आपको बहुत मज़ा आने वाला है!"

इस स्पीच के बाद क्लब ने कामयाबी का एक ऐसा ज़बरदस्त दौर देखा जिसे क्लब के 115 बरसों के इतिहास का सबसे शानदार दौर माना जाता है और ज़्यादातर लोगों का मानना है कि उस कामयाबी को अब शायद ही कभी दोहराया जा सकेगा। क्लब ने अगले चार सालों में 3 नेशनल चैंपियनशिप्स, 2 नेशनल कप, 3 स्पेनिश सुपरकप, 2 यूरोपियन सुपरकप, 2 चैंपियंस लीग, और 2 वर्ल्ड क्लब चैंपियनशिप्स जीतकर फुटबॉल की दुनिया में अपना वर्चस्व स्थापित कर दिया।

उन्होंने अपनी कहानी दोबारा से लिखी

अब आपकी बारी है। इस दिशा में काम करना शुरू कीजिए और लगे रहिए, लगे रहिए, लगे रहिए! छोड़ना नहीं है, लगे रहना है। अपनी कुर्सी की पेटियाँ बाँध लीजिए और इस रोमांचक सफ़र का मज़ा लीजिए।

2

आत्म-अनुशासन और प्रतिबद्धता

"जिसने हमें सुबह की मीठी नींद छोड़कर बिस्तर से निकलने को मजबूर किया वो 'मानसिक दृढ़ता' थी; जिसने उठकर काम पर लगने को प्रेरित किया वो 'प्रतिबद्धता' थी; और जिसने हमें लगातार ऐसा करते रहने की ताकत दी, वो अनुशासन था।"

–जिग जिग्लर

"अगर आप बड़े-बड़े 'बेजोड़' काम करने की स्थिति में न हों तो छोटे-छोटे कामों को ही 'बेजोड़' तरीकों से करने लगिए।"

–नेपोलियन हिल

इस अध्याय को मैंने किताब की शुरुआत में इसलिए रखा है, क्योंकि यह आपकी आगामी सफलता की नींव बनेगा। आप कितने कामयाब होंगे और कितनी खुशहाल ज़िन्दगी जी पाएँगे इसका सीधा संबंध इससे है कि आपकी इच्छा-शक्ति कितनी प्रबल है और आप अपने लक्ष्यों को हासिल करने के प्रति कितने प्रतिबद्ध हैं। इन्हीं खूबियों से तय होता है कि आप अपने सोचे और कहे हुए पर कितना और कब तक अमल कर पाएँगे। अगर आपके पास ये खूबियाँ बहुतायत में मौजूद हैं तो भले हर चीज़ आपके खिलाफ हो, तब भी आप अपने इरादों में कामयाब होकर रहेंगे।

आत्म-अनुशासन क्या होता है? इस बात की इच्छा-शक्ति कि जो काम करना ज़रूरी है, उसे करके रहेंगे, भले मूड हो या न हो। अगर आपके अन्दर यह आत्म-अनुशासन है तो आप बड़े से बड़ा काम कर सकते हैं। लेकिन अगर अभी

थोड़ा-सा भी नहीं है तो भी फ़िक्र की ज़रूरत नहीं, आप अभी से अपने भीतर आत्म-अनुशासन पैदा करना शुरू कर सकते हैं। आत्म-अनुशासन भी माँसपेशियों की तरह है। जितनी ज़्यादा कसरत आप इसकी करेंगे, यह उतना ही मज़बूत होता जाएगा। कमज़ोर आत्म-अनुशासन को मज़बूत बनाने वाली कसरत क्या है? छोटे-छोटे और आसानी से पूरे किए जा सकने वाले लक्ष्य बनाना और उनको पूरा करने के लिए काम करना। इन छोटी-छोटी कामयाबियों को लिखते चलें ताकि ये आपको बड़ी कामयाबियाँ हासिल करने के लिए प्रेरित कर सकें। याद रखें, ऊपरवाले ने ऐसी कोई हद तय नहीं की है कि आप इससे ज़्यादा आगे नहीं जा सकते या इससे बड़े लक्ष्य हासिल नहीं कर सकते; आप जहाँ तक जाना चाहें वहाँ तक जा सकते हैं।

किसी भी लक्ष्य के लिए काम करने को ज़रूरी प्रेरणा या मोटिवेशन कहाँ से लाए? उस सुख या ख़ुशी की कल्पना करके जो आपको लक्ष्य पूरा होने पर मिलेगी। उदाहरण के तौर पर, अगर आपने सुबह छह बजे उठकर दौड़ने जाने का लक्ष्य बनाया है मगर इतनी सुबह बिस्तर छोड़ना आपके लिए मुश्किल हो रहा है, तो कल्पना कीजिए कि अगर आप सुबह दौड़ने जाते रहे और आपकी फिटनेस उस स्तर पर पहुँच गई जिस स्तर पर आप इसे पहुँचाना चाहते हैं, तब आप कितना अच्छा महसूस करेंगे और कितने अच्छे दिखने लगेंगे। यह कल्पना करते ही आप पाएँगे कि अचानक आपके भीतर बिस्तर छोड़ने और तैयार होकर दौड़ने जाने की इच्छा-शक्ति पैदा हो गई है! **याद रखें, यह किताब तभी आपके काम आएगी जब आपके भीतर इसमें बताई गईं बातों पर अमल करने के लिए ज़रूरी इच्छा-शक्ति और अनुशासन होगा।**

आपकी ज़बान (कमिटमेंट) की क्या कीमत है? अपनी ज़बान (कमिटमेंट्स) को लेकर संजीदा रहें। क्योंकि अगर आप अपनी ज़बान (कमिटमेंट्स) पर कायम नहीं रहेंगे तो उसके नतीजे गंभीर होंगे: आप हतोत्साहित होने लगेंगे, आपको ठीक-ठीक समझ नहीं आएगा कि अपने लक्ष्यों को हासिल करने के लिए आगे क्या करना है, और सबसे बुरा तो यह होगा कि इससे आपका खुद पर यकीन और अपनी नज़रों में खुद की इज़्ज़त बहुत कम हो जाएगी। ऐसा न हो इसलिए इस बात को हमेशा ध्यान में रखें कि अपने इरादों में कामयाब होने के लिए क्या किया जाना ज़रूरी है, फिर खुद से वादा करें कि आप हर हाल में वह करेंगे, और फिर उस वादे पर खरे उतरें।

कमिटमेंट करना या न करना हमारे हाथ में है! इसलिए सिर्फ वे ही कमिटमेंट करें जो आप वाकई पूरे करना चाहते हों। इस स्थिति में पूरी संभावना है कि आप बहुत थोड़े कमिटमेंट करेंगे और बहुत सारी चीज़ों के लिए 'न' कह देंगे। अब इन थोड़े से कमिटमेंट्स के मामले में एकदम अडिग रहें। इनकी कीमत समझें और इन्हें निभाने में कोताही करने के नतीजों को ज़ेहन में रखें।

अब वक़्त है कथनी को करनी में बदलने का!

खुद से ये सवाल करें :

अभी किन-किन मामलों में आपको आत्म-अनुशासन की कमी महसूस होती है? पूरी ईमानदारी से जवाब दें।

- अगर आप में आत्म-अनुशासन बढ़ जाए तो आपको क्या-क्या फायदे होंगे?
- आत्म-अनुशासन बढ़ाने के लिए आप पहला कदम क्या उठाएँगे?
- जो भी आपकी योजना है उसे छोटे-छोटे हिस्सों में बाँट लें। अब इस योजना को पूरा करने के लिए एक वक़्त मुक़र्रर कर लें।
- आपको कैसे पता लगेगा कि आपने तयशुदा वक़्त में आत्म-अनुशासन बढ़ाने का लक्ष्य हासिल किया है या नहीं?

3

अपनी ज़िन्दगी की ज़िम्मेदारी लें

"आप अपना सर्वश्रेष्ठ प्रदर्शन तभी दे पाते हैं जब अपनी ज़िन्दगी और अपने साथ होने वाली हरेक चीज़ की पूरी ज़िम्मेदारी लेने को तैयार हों।"

—ब्रायन ट्रेसी

"ज़्यादातर लोग आज़ादी चाहते ही नहीं हैं, क्योंकि आज़ादी के साथ ज़िम्मेदारी जुड़ी होती है, और ज़्यादातर लोग ज़िम्मेदारी उठाने से बहुत घबराते हैं।"

—सिग्मंड फ्रायड

आपकी ज़िन्दगी का जो सूरत-ए-हाल है उसके लिए केवल एक ही आदमी ज़िम्मेदार है – सिर्फ आप! न आपका बॉस, न आपका जीवनसाथी, न आपके माँ-बाप, न आपके दोस्त, न आपके क्लाइंट्स, न अर्थव्यवस्था, और न ही मौसम। सिर्फ आप!

जिस दिन हम अपनी ज़िन्दगी की बदहाली के लिए दूसरों को ज़िम्मेदार ठहराना बंद कर देते हैं, उसी दिन से हमारी ज़िन्दगी बदलनी शुरू हो जाती है। अपनी ज़िन्दगी की ज़िम्मेदारी लेने का मतलब है अपनी ज़िन्दगी की कमान अपने हाथों में लेना, अपनी कहानी का हीरो बनना। जब आप ऐसा करते हैं तो आपके भीतर इतनी ताकत पैदा हो जाती है कि आप हालात की रौ में बहे चले जाने की बजाए हालात की धारा को मन-मुताबिक़ मोड़ने में सक्षम हो जाते हैं। या अगर ऐसा मुमकिन न भी हो तो यह तय करने का इख़्तियार तो पा ही जाते हैं कि ज़िन्दगी जो हालात पेश कर रही है उनका सामना किस तरह करना है।

आपकी ज़िन्दगी के हालात कैसे हैं उससे कोई ज़्यादा फर्क नहीं पड़ता; आप कैसा रवैया अपनाते हैं, इसी से सब तय होता है। और आपको कैसा रवैया अपनाना है, यह आपके हाथ में है। अगर आपका रवैया अपनी ज़िन्दगी के हालात के लिए खुद को छोड़कर बाकी सभी को दोषी ठहराने का है, तो आपकी ज़िन्दगी को बेहतर बनाने का क्या उपाय है? यही न कि बाकी सभी आपके मुताबिक़ बदल जाए। मगर ऐसा तो आप भी जानते हैं कि कभी होने नहीं वाला। अगर आप खुद अपनी ज़िन्दगी की कहानी के लेखक, निर्देशक, और नायक बन जाए तो आपको उसमें मन-मुताबिक़ बदलाव करने की सहूलियत हासिल हो जाएगी।

आपको क्या सोचना है, क्या करना है, कैसा महसूस करना है इसकी पूरी आज़ादी है। आपको किस तरह के अल्फ़ाज़ मुँह से निकालने हैं, टीवी पर कौन से कार्यक्रम देखने हैं, और किन लोगों के साथ वक़्त बिताना है इसकी भी आपको पूरी आज़ादी है। आपकी ज़िन्दगी में जो भी कुछ हो रहा है वो इन्हीं सब चुनावों के चलते ही तो हो रहा है। तो अगर आपको मनमाफिक नतीजे नहीं मिल रहे हैं तो अपने चुनाव बदल लीजिए, आपको उसकी भी पूरी-पूरी आजादी है। सबकुछ मानसिकता पर निर्भर है; दूसरों पर दोष मढ़ने वाली मानसिकता छोड़िए और अपनी कमान अपने हाथ वाली मानसिकता विकसित कीजिए।

"जब आप अपनी ज़िन्दगी की कमान अपने हाथों में ले लेते हैं, तब क्या होता है? तब खुद के अलावा और कोई नहीं मिलता जिसके सिर हम अपनी बदहाली का ठीकरा फोड़ सकें।"

– एरिका जोंग

	दूसरों के सर दोष मढ़ने वाली मानसिकता	**अपनी कमान अपने हाथ वाली मानसिकता**
खुद से और दूसरों से संवाद	सबकुछ हालत पर निर्भर है। मेरे हाथ में कुछ भी नहीं है। किस्मत जैसे दिन दिखाएगी, देखने पड़ेंगे।	मैं चाहूँ तो अपने हालात बदल सकता हूँ। ज़िन्दगी में धूप-छाँव तो लगी रहती है, मुझे उससे कोई फर्क नहीं पड़ता।

ज़ोर	बाहर की चीज़ों पर। बहानों पर (मुसीबतों के पहाड़ तले दबा होना, उम्र कम या ज़्यादा होना, समय सही न होना)।	अपनी अंदरूनी ताकत पर। मनचाहे विकल्प चुनने की आज़ादी पर। कामयाबी और नाकामी की ज़िम्मेदारी खुद लेने पर।
नज़रिया/रवैया	हर चीज़ को समस्या की तरह देखना। खुद को हमेशा सही और दूसरों को हमेशा गलत मानना। बलि के बकरे तलाशते रहना।	समाधानों पर ध्यान केन्द्रित करना। जिस चीज़ पर मेरा इख्तियार है उसे बदलने की जीतोड़ कोशिश करूँगा और अगर इख्तियार नहीं है तो उसे स्वीकार कर लूँगा।
किस्मत बनाम पुरुषार्थ	ज़िन्दगी सबके साथ इन्साफ नहीं करती। मगर इसका कुछ किया भी तो नहीं जा सकता। जिसकी किस्मत में जो है उसे वही मिलेगा।	किस्मत जैसी कोई चीज़ नहीं होती। ज़िन्दगी को बेहतर बनाने के मौके तलाशो; अगर ज़रूरत पड़े तो मौके बनाओ। सबकुछ पुरुषार्थ पर निर्भर है।

दूसरों के सर दोष मढ़ने वाला आदमी कहता है कि मेरी ज़िन्दगी में जो कुछ भी बुरा है वो दूसरों के कारण है। मगर इसका मतलब हुआ कि **अगर समस्या का कारण आप नहीं हो तो उसका समाधान भी आपके किए नहीं हो सकता**। अगर समस्या बाहरी कारणों से है तो उसका समाधान भी बाहर ही होगा। अगर आप रोज़-रोज़ देर से दफ्तर आने की समस्या के लिए ट्रैफिक को दोषी मानते हैं तो आपके हिसाब से इस समस्या का समाधान क्या होना चाहिए? जादू के ज़ोर से सारा ट्रैफिक गायब हो जाए! क्योंकि जब तक ट्रैफिक रहेगा तब तक आपकी देरी से आने की समस्या भी रहेगी। लेकिन अपनी कमान अपने हाथ रखने वाला आदमी कहेगा कि अगर मैं घर से थोड़ा जल्दी निकलने लगूँ तो ट्रैफिक के बावजूद सही वक़्त पर दफ्तर पहुँच जाऊँगा। तो यहाँ अंतर देखा आपने? सारा फर्क मानसिकता का है। आपके पास चुनने की आज़ादी है।

खुद को 'हालात का मारा' मानने वाली मानसिकता का आदमी हमेशा दूसरों को दोषी ठहराता रहेगा, 'हमेशा मेरे साथ ऐसा ही होता आया है' का राग अलापता रहेगा, और इस भरोसे बैठा रहेगा कि शायद कभी कोई चमत्कार हो जाए और जादू के ज़ोर से उसकी सारी समस्याएँ दूर हो जाए या उसके लिए समस्याएँ खड़ी करने वाले लोग बदल जाए। किसी भी हाल में वह अपनी हालत के लिए खुद को ज़िम्मेदार नहीं मानेगा।

जबकि अपनी ज़िन्दगी की कमान अपने हाथों में लेकर चलने वाली मानसिकता का आदमी जानता है कि उसकी ज़िन्दगी में जो भी अच्छा-बुरा है या आगे होगा उसकी ज़िम्मेदारी सिर्फ उसी की है, और इसलिए वह हालात के हिसाब से अपनी सोच और तौर-तरीकों में बदलाव करता चलता है। वह अतीत की घटनाओं से सबक लेता है, वर्तमान में जीता है, लगातार बदलाव के लिए खुद को तैयार रखता है, और भविष्य के लिए सही लक्ष्य तय करके उनको हासिल करने की दिशा में काम करता है। यहाँ सबसे अहम सवाल है : आप इनमें से कौन सा इंसान होना चुनेंगे – खासकर तब जब आपकी ज़िन्दगी में कुछ भी अच्छा न हो रहा हो?

गाँधी जी ने इसका बहुत अच्छा उत्तर दिया है : "जब तक हम अपना आत्म-सम्मान छोड़ने को राज़ी न हों, तब तक कोई भी इसे हमसे छीन नहीं सकता है।"

खुद से ये सवाल करके देखें :

- अभी आपकी ज़िन्दगी का जो हाल है उसके लिए आप किसको ज़िम्मेदार मानते हैं? (अपने जीवन-साथी को? अपने बॉस को? अपने माँ-बाप को? अपने दोस्तों को?)
- अगर आप अपनी ज़िन्दगी के अच्छे-बुरे के लिए दूसरों को ज़िम्मेदार मानना बंद कर दें तो क्या होगा?
- अगर आप 'हालात का शिकार' होने से इंकार कर दें तो क्या होगा?
- क्या आपको हालात के हाथों मजबूर बने रहने में कोई दिक्कत महसूस नहीं होती?
- हालात के हाथों मजबूर बने रहकर आपको क्या फायदा होता है?
- क्या होगा अगर आप मजबूरी की ज़िन्दगी जीना बंद करके सबकुछ बदलने का फैसला कर लें?

- आप क्या बदलाव करेंगे?
- बदलाव की शुरुआत आप कहाँ से करेंगे?

ये अभ्यास करें :

अगले हफ्ते किए जा सकने वाले ऐसे पाँच कामों की फेहरिस्त बनाएँ जिनसे मनचाहे बदलाव की शुरुआत हो सकती हो। इस तरह आप अपनी ज़िन्दगी की कमान अपने हाथों में लेने की यात्रा शुरू कर सकते हैं।

4

चुनाव और निर्णय

"जैसे ही आप कुछ निर्णय लेते हैं, वैसे ही ब्रम्हाण्ड उसे हकीकत में बदलने के लिए काम करने लगता है।"

–राल्फ वाल्डो इमरसन

आपने शायद यह सुन रखा होगा कि आज आप जो भी हैं वो ज़िन्दगी में अब तक लिए गए निर्णयों की बदौलत ही हैं। आपका इस बारे में क्या ख़याल है? क्या यह बात आप पर खरी उतरती है? ज़रूरी है कि अब से आप निर्णयों के माध्यम से अपनी ज़िन्दगी को प्रभावित करने की अपनी क्षमता के प्रति सजग रहें।

आपका हर निर्णय, हर चुनाव आपकी ज़िन्दगी पर गहरा असर छोड़ता है। बल्कि कहना यह चाहिए कि आपकी ज़िन्दगी अतीत में लिए गए निर्णयों और किए गए चुनावों का ही नतीजा है। हर निर्णय के, हर चुनाव के अपने कुछ नतीजे होते हैं – अच्छे या बुरे। इसलिए ज़रूरी है कि आप अच्छे निर्णय लें। **याद रखें: आपको कैसे विचार दिमाग में लाने हैं और कैसी भावनाएँ मन में रखनी हैं, यह भी एक चुनाव है, आपका अपना निर्णय है।**

सबसे ज़रूरी चीज़ है निर्णय लेना; निर्णय सही है या गलत, यह बाद की बात है। अगर आप निर्णय लेंगे ही नहीं तो सही या गलत से कोई फर्क नहीं पड़ेगा। निर्णय लेने के बाद उसका जो नतीजा आता है उससे आपको भविष्य में सही निर्णय लेने में मदद मिलती है। जब आप कोई निर्णय कर लें तो फिर उसे अमल में लाने में हिचकिचाहट न दिखाएँ, चाहे नतीजा जो भी हो। अगर कोई निर्णय गलत साबित हो तो उससे सबक लें और उसके लिए खुद को दोषी न ठहराएँ, बल्कि इस बात

को ध्यान में रखें कि निर्णय लेते समय आपको अपनी समझ और जानकारी के मुताबिक़ जो सबसे सही और सबसे बेहतर लगा था आपने वही किया।

आपका रवैया + आपके निर्णय = आपकी ज़िन्दगी

दूसरे विश्व-युद्ध के दौरान लाखों अन्य यहूदियों की तरह ही यहूदी मनोवैज्ञानिक विक्टर फ्रैंकल को भी नाज़ियों ने यातना-शिविर (कंसंट्रेशन कैंप) में रखकर अमानवीय यातनाएँ दी थीं। इन यातनाओं के चलते एक बहन को छोड़कर उनका पूरा परिवार काल के गाल में समा गया था। इन भयानक हालात ने न जाने कितने लोगों को मानसिक रोगी बना दिया था या बुरी तरह तोड़ दिया था। मगर इन्हीं हालात ने विक्टर फ्रैंकल को एक ऐसी आज़ादी का अहसास कराने का काम किया जिसे उन्होंने नाम दिया 'दि अल्टीमेट ह्यूमन फ्रीडम' (इंसान के लिए सबसे बड़ी आज़ादी) और जिसके बारे में उनका मानना था कि इस आज़ादी को नाज़ी जेल भी उनसे नहीं छीन सकती थी। उनका मानना था कि नाज़ी जेल उनके बाहरी हालात को तो नियंत्रित कर सकती थी, मगर वह उनसे **यह चुनाव करने की आज़ादी नहीं छीन सकती थी कि वह इन हालात से किस तरह प्रभावित हों!**

उन्होंने पाया कि हमारे पास हमेशा इस बात की आज़ादी होती है कि हम हालात का सामना किस तरह करें। हम चाहें तो उनका शिकार होकर जिएँ; हम चाहें तो मन-मुताबिक़ प्रतिक्रिया दें।

भले हमारे पास हालात को बदलने की ताकत न हो मगर उन हालात का सामना किस तरह करना है यह चुनने की आज़ादी हमेशा रहती है, और हमारा यह चुनाव ही हमारी ज़िन्दगी की दशा और दिशा तय करता है। दूसरे अलफ़ाज़ में कहूँ तो हालात हमें चोट नहीं पहुँचाते; उन हालात का सामना करने के लिए गलत मानसिकता का चुनाव हमें चोट पहुँचाता है। हालात का चुनाव हम नहीं कर सकते; हालात का सामना कैसे करना है यह चुनने की आज़ादी हमारे पास हमेशा होती है।

आप ज़्यादा अच्छी सेहत पाना चाहते हैं? तो भोजन और व्यायाम को लेकर सही चुनाव कीजिए। आप ज़्यादा कामयाब होना चाहते हैं? तो इस बारे में सही फैसले लीजिए कि आपको किस तरह के लोगों की संगति करनी है, क्या पढ़ना है, और क्या देखना है। इसके बिना काम नहीं चलेगा।

आपकी ज़िन्दगी के हालात चाहे कितने भी खराब हों पर उतने खराब तो नहीं हो सकते जितने विक्टर फ्रेंकल के उस वक़्त थे जब उन्हें यह अहसास हुआ

था कि असली आज़ादी मन-मुताबिक़ चयन करने में है। दूसरे विश्व-युद्ध के दौरान किसी यहूदी के नाज़ी यातना-शिविरों में बंद होने से ज़्यादा भयानक और क्या हो सकता है!

खुद से पूछें:

- अपनी ज़िन्दगी की दशा और दिशा में बदलाव की शुरुआत करने के लिए आप आज और अभी क्या निर्णय ले सकते हैं?
- क्या आप ज़्यादा लचीला होना चुनेंगे? ज़्यादा सकारात्मक होना? ज़्यादा सेहतमंद होना? ज़्यादा खुश रहना?

ये अभ्यास करें :

1. कम से कम तीन ऐसे बदलाव लिखिए जो आप आज से ही करना चाहते हैं।

   अ. ______________________________

   ब. ______________________________

   स. ______________________________

2. विक्टर फ्रेंकल की किताब 'मैन इन सर्च ऑफ़ मीनिंग' पढ़ें।

5

सोच-समझ कर विचार करें

"ब्रम्हाण्ड निरंतर परिवर्तनशील है;
हमारी ज़िन्दगी हमारे विचारों का प्रतिबिम्ब है।"

–मार्कस ऑरेलियस

"आज आप जहाँ हैं, आपके ही विचार आपको लेकर आए हैं;
कल आप वहीं होंगे जहाँ आपके विचार आपको ले जाएगे।"

–जेम्स एलन

अगर आप अपनी ज़िन्दगी की दशा और दिशा सुधारना चाहते हैं तो सबसे पहले अपनी सोच को सुधारिए। आपका सोच-विचार ही आपकी हकीकत बन जाता है, इसलिए उस पर काबू रखिए! अपने विचारों को काबू करके आप अपनी ज़िन्दगी और अपनी किस्मत को भी अपने बस में कर सकते हैं। इसीलिए इस बात को लेकर हमेशा सजग रहें कि आपके दिमाग में किस तरह के विचार चल रहे हैं। पीस पिलग्रिम का कहना है, "अगर आप यह जान जाए कि आपके विचार कितने ताकतवर होते हैं, तो आप कभी भी अपने दिमाग में कोई भी नकारात्मक विचार नहीं लाएगे।" सन्देश साफ़ है : भूलकर भी नकारात्मक विचार दिमाग में न लाए। जब भी इस तरह का कोई ख़याल दिमाग में आए, तुरंत उसे किसी सकारात्मक विचार से बदल दें, मसलन: "सब अच्छा होगा।"

सकारात्मक सोच का मतलब क्या होता है? क्या हर हाल में सकारात्मक सोचना सपनों की दुनिया में जीने जैसा नहीं है? नहीं। सकारात्मक सोच रखने वाला व्यक्ति यह मानकर नहीं चलता कि ज़िन्दगी में कोई समस्या नहीं है, बल्कि वह

समस्याओं को विकास के अवसरों की तरह देखता है और इस बात को समझता है कि समस्याएँ तभी तक समस्याएँ होती हैं जब तक हम उन्हें समस्याएँ मानते हैं। **सकारात्मक सोच का मतलब है हकीकत को देखना, स्वीकारना, और उसके मद्देनज़र जो अच्छे से अच्छा हो सकता हो वो करना।** विचारों के हाथों की कठपुतली न बनें; विचारों को अपना दास बनाएँ और उनकी गुणवत्ता पर नियंत्रण रखें। अपने दिमाग को सिर्फ और सिर्फ सकारात्मक, रचनात्मक और प्रेरित करने वाले विचारों पर केन्द्रित रहने के लिए प्रशिक्षित करें। अगर आप लगातार अपने दिमाग को इस तरह प्रशिक्षित करेंगे तो पाएँगे कि कुछ ही समय में आपकी ज़िन्दगी के हालात खुद-ब-खुद बदलने लगते हैं। आप विचारों को जन्म देते हैं, पर आप विचार नहीं हैं। आपके विचार ऊर्जा हैं और ऊर्जा वहीं जाती है जहाँ विचार जाते हैं। विचार भावनाओं को जन्म देते हैं, भावनाओं से हमारा व्यवहार बनता है, व्यवहार के मुताबिक़ ही हम कर्म करते हैं, और हमारे कर्मों से ही हमारे जीवन की परिस्थितियाँ तय होती हैं।

विचार → भावनाएँ → व्यवहार → कर्म

आपके दिमाग में वैसे ही विचार आते हैं जैसी आपकी ज़िन्दगी को लेकर धारणाएँ होती हैं। ज़िन्दगी में आपको जो मिल रहा है उससे अगर आप खुश नहीं हैं तो इस बात पर गौर करें कि आप दे क्या रहे हैं! आपकी ज़िन्दगी में जो कुछ भी है वह आपके विचारों, अपेक्षाओं और धारणाओं की देन है। इसीलिए देखें कि कहीं आपके विचारों, अपेक्षाओं और धारणाओं में तो कोई खराबी नहीं है। जैसे ही आप अपनी धारणाएँ बदलेंगे, आपको नए नतीजे मिलने लगेंगे!

जब भी आप किसी विचार को लम्बे समय तक अपने दिमाग में रखते हैं तो वह धारणा में बदल जाता है, और फिर आपका व्यवहार और आपके कर्म भी उसी धारणा के मुताबिक़ ढलने लगते हैं। उदाहरण के तौर पर, अगर आप लगातार इस बात की चिंता करते रहें कि आपके पास पर्याप्त पैसा नहीं है, तो आपका व्यवहार भी ऐसा ही हो जाएगा कि आप पैसों को लेकर ज़रा भी जोखिम उठाने से डरेंगे। बजाए अपने पैसों को कहीं निवेश करके उन्हें बढ़ाने के, आप उन्हें अपनी अलमारी या अपने बैंक अकाउंट में ही सहेजकर रखे रहेंगे।

ये अभ्यास करें :

कोशिश करें कि अगले 48 घंटों तक अपने दिमाग में कोई भी नकारात्मक विचार न आने दें। सजग रहें और जैसे ही ऐसा कोई विचार दिमाग में आए, फ़ौरन उसे रोक दें और उसकी जगह कोई सकारात्मक विचार मन में ले आए। शुरुआत में ऐसा करना मुश्किल लगेगा, मगर लगे रहें। धीरे-धीरे आपको इसकी आदत पड़ने लगेगी। फिर लगातार 5 दिनों के लिए इस अभ्यास को करें। फिर एक हफ्ते के लिए। ऐसा करने से आपकी ज़िन्दगी में क्या-क्या बदलाव आ रहे हैं उनको लिखकर रखना न भूले।

6

आप किस चीज़ में विश्वास रखते हैं?

"जाते-जाते एक आख़िरी बात मैं आप लोगों से कहना चाहता हूँ। ज़िन्दगी से डरो मत। यकीन जानो कि यह ज़िन्दगी जीने लायक है, और आपका यह विश्वास ज़िन्दगी को ऐसा बनाने में आपकी मदद करेगा।"

–विलियम जेम्स

किसी भी इंसान के बाहरी हालात हमेशा ही उसके भीतरी विश्वासों का आईना होते हैं।"

–जेम्स एलन

आप किन चीज़ों में यकीन रखते हैं? आपकी मान्यताएँ क्या हैं? यह बेहद अहम बात है क्योंकि आपकी मान्यताएँ ही आपकी ज़िन्दगी के हालात तय करते हैं। जैसी आपकी धारणाएँ/मान्यताएँ होती हैं, वैसी ही परिस्थितियाँ और वैसे ही लोग आप अपनी ज़िन्दगी में आकर्षित करते हैं। आपकी ज़िन्दगी और कुछ नहीं बल्कि हकीकत की आपकी तर्जुमानी है। हकीकत को आप जिस तरह देखते या समझते हैं, उसी तर्ज की ज़िन्दगी आप जीने लगते हैं। बदकिस्मती से हम दुनिया को वैसी नहीं देखते जैसी वो वास्तव में है, हम उसे वैसे देखते हैं जैसी मान्यताएँ उसके बारे में हमारे ज़ेहन में डाले गए हैं और अक्सर ये मान्यताएँ 'आधी हकीकत, आधा फ़साना' ही होते हैं। धीरे-धीरे हमारी सोच, व्यवहार और काम भी इन्हीं मान्यताओं और इनके बनाए नज़रिए के मुताबिक़ ढल जाते हैं।

हम सभी दुनिया को अपने-अपने यकीनों के चश्मों से देखते हैं। आपको यकीन नहीं आता? मुझे भी तब तक नहीं आया था जब तक मैंने हाई स्कूल में मनोविज्ञान के दो सेमेस्टर नहीं पढ़ लिए और **प्लेसिबो प्रभाव, पाइग्मेलियन प्रभाव, और सेल्फ फुलफिलिंग प्रोफेसीज़** (खुद ही खुद को साकार करने वाली अपेक्षाएँ) के बारे में नहीं जान लिया। इन चीज़ों के बारे में पढ़ने पर पता चलता है कि वास्तव में हमारे विचार और विश्वास कितने ताकतवर होते हैं! मगर यह 'विश्वास' होता क्या है? चेतन या अवचेतन के तल पर मौजूद वह जानकारी जिसे हम सच मानते हैं। रॉबर्ट डिल्ट्स का मानना है कि 'विश्वास' असल में अपने बारे में, दूसरों के बारे में, और अपने आस-पास की दुनिया के बारे में हमारी राय और हमारे आकलन होते हैं। 'विश्वास' वह विचार होता है जिसे दोहराते रहने के हम आदी होते हैं। जब कोई किसी बात को सच मान लेता है (भले वह सच हो या न हो) तो फिर वो इस तरह जीता है मानो अपने उस मानने को (जो झूठ भी हो सकता है) सच साबित करने के लिए प्रमाण इकट्ठे कर रहा हो।

विश्वास सेल्फ फुलफिलिंग प्रोफेसीज़ की तरह होते हैं। वे इस तरह काम करते हैं :

आपके विश्वास आपकी भावनाओं को प्रभावित करते हैं, आपकी भावनाएँ आपके कार्यों को प्रभावित करती हैं, और आपके कार्य आपको मिलने वाले नतीजों को प्रभावित करते हैं! इसलिए आप वैसी ही ज़िन्दगी जीते हैं जैसी आपकी विश्वास-प्रणाली होती है।

मैं चाहता हूँ कि आप इस बात को समझें कि ज़िन्दगी में कुछ भी अपने आप नहीं होता! जो कुछ भी होता है वो आपके विचारों, विश्वासों, और अपेक्षाओं का नतीजा होता है। इसलिए अगर आपको अपनी ज़िन्दगी बदलनी है तो पहले अपने सोचने-विचारने का तरीका बदलना होगा।

बेशक हमारे ज़्यादातर यकीन बचपन की हमारी परवरिश की देन होते हैं, मगर हम अभी भी उन्हें बदल सकते हैं। **कोई भी मान्यता आप पर थोपी नहीं जा सकती।** जब तक आप उसे अपनाने को तैयार न हों, वो आपके अवचेतन में दाखिल नहीं होती। खुद में यकीन रखना या न रखना हमारे अपने हाथ में ही होता है न। हैनरी फोर्ड की एक बात हमेशा याद रखिएगा। वो कहते थे, "अगर आपको लगता है कि आप नहीं कर पाएँगे; अगर आपको लगता है कि ऐसा करना नामुमकिन है, तो फिर आप चाहे जी-तोड़ कोशिश कर लीजिए मगर आप उस चीज़ को हासिल नहीं कर पाएँगे।"

कई दशकों तक यह माना जाता रहा कि किसी धावक का चार मिनट से कम में एक मील की दूरी तय कर पाना नामुमकिन है। बाकायदा ऐसे वैज्ञानिक शोध-पत्र और अध्ययन भी प्रकशित हुए जो इस मान्यता की पुष्टि करते थे। मगर 6 मई 1954 को रोजर बैनिस्टर ने ऑक्सफोर्ड में हुई एक दौड़ में इन सारे अध्ययनों और शोध-पत्रों को गलत साबित कर दिया। तब से अब तक और हज़ार से भी ज़्यादा लोग ऐसा कर चुके हैं।

इसलिए मेरी आपसे गुज़ारिश है कि कमतर महसूस कराने वाले इस तरह के विश्वासों को मन से निकाल दें :

- कोई भी पूरी तरह खुश नहीं रह सकता क्योंकि हर समय कुछ न कुछ गलत होता ही रहता है।
- ज़िन्दगी बड़ी कठिन है।
- अपनी भावनाएँ प्रकट करना कमज़ोरों की निशानी होती है।
- मौका बस एक ही बार दरवाज़ा खटखटाता है।
- मैं लाचार हूँ, ज़िन्दगी पर मेरा कोई ज़ोर नहीं।
- मैं इसके लायक ही नहीं हूँ।
- मैं नहीं कर सकता।
- यह नामुमकिन है।

और कुछ इस तरह के बेहतर महसूस कराने वाले यकीन अपनाएँ :

- मैं अपनी तकदीर खुद लिखता हूँ।
- जब तक मैं न चाहूँ, कोई भी मुझे आहत नहीं कर सकता।
- ज़िन्दगी शानदार है!
- हर चीज़ की कोई न कोई वजह होती है।
- सब अच्छा हो जाएगा।
- मैं कर सकता हूँ!

खुद से ये प्रश्न पूछें :

- खुद को लेकर मेरी क्या मान्यताएँ हैं?

- पैसे को लेकर मेरी क्या मान्यताएँ हैं?
- अपने रिश्ते-नातों को लेकर मेरी क्या मान्यताएँ हैं?
- अपने शरीर को लेकर मेरी क्या मान्यताएँ हैं?

किसी गलत मान्यता को बदलने के लिए नीचे दिए गए अभ्यास करें और खुद से कहें :

- यह सिर्फ हकीकत की मेरी तर्जुमानी है; मेरा विश्वास/मान्यता है कि यह हकीकत है। इसका यह मतलब नहीं कि वास्तव में हकीकत यही है।
- भले मैं ऐसा मानता हूँ, पर ज़रूरी नहीं कि मेरा मानना सही ही हो।
- उस विश्वास के उलट भावनाएँ पैदा करें।
- उस विश्वास के उलट कल्पना करें।
- इस बात के प्रति सजग रहें कि आपका विश्वास हकीकत की आपकी कल्पना मात्र है, वास्तव में हकीकत नहीं है।
- हर दिन सिर्फ 10 मिनट के लिए उसे नकारें, जो आपको हकीकत जान पड़ता है और खुद को यह यकीन दिलाने की कोशिश करें कि आप जो चाहते थे वो आपको मिल गया है (खुद को ढेर सारा पैसा खर्च करते देखें, सेहतमंद होते देखें, खूब सारी कामयाबी हासिल करते देखें, वगैरह-वगैरह।)।

कुछ और अभ्यास भी कर सकते हैं :

- उन मान्यताओं को लिखें जो आपको कमतर महसूस कराते हैं।
- इस क्रम को याद रखें : मान्यता — भावनाएँ — काम — नतीजे।
- कुछ अलग नतीजे पाने के लिए आपको किस तरह काम करना होगा?
- अलग ढंग से काम करके अलग नतीजे हासिल करने के लिए आपको मन में किस तरह की भावनाएँ पैदा करनी होंगी?
- अलग तरह से महसूस करने, अलग तरह से काम करने, और अलग तरह के नतीजे हासिल करने के लिए आपको किस तरह की मान्यताओं को अपनाना होगा?

7

रवैए का महत्व

"आप किसी से उसका सबकुछ छीन सकते हैं, सिवाए एक चीज़ के - इंसान के तौर पर उसे हासिल 'किन्हीं भी हालात में कैसा भी रवैया अपनाने' की आज़ादी।"

—विक्टर फ्रैंकल

आपकी ख़ुशी या नाखुशी आपके रवैए पर निर्भर है! अपना रवैया बदलकर आप हालात को देखने का अपना नज़रिया और उनका सामना करने का अपना तरीका; दोनों पूरी तरह बदल सकते हैं। अगर आप ज़िन्दगी के नियमों को मानकर चलेंगे तो उतने परेशान नहीं होंगे। ज़िन्दगी एक-दूसरे से उलट चीज़ों से मिलकर बनी है। दिन के बाद रात और रात के बाद दिन आता ही है। ख़ुशी और गम दोनों ज़िन्दगी का हिस्सा हैं; आप किसी एक को नहीं चुन सकते। अपने हिस्से की मुश्किलें भी हमें स्वीकार करनी ही पड़ती हैं, चाहे हँस के करें या फिर रोकर। अगर आप मुश्किलों के प्रति अपना रवैया बदल लें तो आपके लिए न केवल उन्हें स्वीकार करना आसान हो जाता है वरन आप उन्हें अवसरों में भी बदल सकते हैं।

खराब से खराब स्थिति में भी हमेशा चीज़ों का सकारात्मक पक्ष ही देखना चाहिए, हर बुराई में कुछ न कुछ अच्छाई ज़रूर छिपी होती है, भले उसे सामने आने में कुछ समय लगे।

मैं आपसे फिर कहूँगा कि अहम यह नहीं है कि आपके साथ क्या हो रहा है; अहम यह है कि जो हो रहा है उसे आप किस तरह ले रहे हैं। इसी से तय होता है कि आपकी ज़िन्दगी कैसी होगी। सभी की ज़िन्दगी में सब तरह के पल आते हैं –

अच्छे भी, बुरे भी। पर कौन उन पलों का कैसा इस्तेमाल करता है इसी से तय होता है कि कौन कामयाब होगा और कौन नाकाम; कौन खुश होगा और कौन दुखी। उदाहरण के तौर पर, आपका जीवनसाथी आपको छोड़कर चला गया। अब आप क्या करेंगे? ज़िन्दगी भर बैठकर रोते रहेंगे, या उस बात को भुलाकर किसी नए और बेहतर इंसान की तलाश शुरू कर देंगे? इसी तरह नौकरी छूट जाने को आप नए मौकों की आमद के लिए रास्ता बनने की तरह ले सकते हैं।

कुछ सालों पहले कामयाबी के गुर सिखाने वाले उस्ताद और सकारात्मक सोच रखने वाले लोग कहा करते थे : "अगर ज़िन्दगी ने आपकी किस्मत में नीम्बू ही लिखा है तो भी कोई बात नहीं, आप उसमें थोड़ी शक्कर मिलाकर शिकंजी बना लीजिए।" मुझे लगता है कि आजकल के युवा पाठक कहेंगे : "अगर ज़िन्दगी ने आपकी किस्मत में नीम्बू ही लिखा है तो उससे थोड़ा नमक और टकीला (शराब) भी माँग लीजिए।" आप समझ रहे हैं न मैं क्या कहना चाह रहा हूँ?

अच्छा रवैया कैसा होता है? कुछ उदाहरणें देख लेते हैं

- गलतियाँ करने से न हिचकिचाएँ, उनसे सीखने को तैयार रहें।
- इस बात को स्वीकार करें कि आप सबकुछ नहीं जानते।
- मदद माँगने का हौसला रखें और मिल रही मदद को खुले दिल से स्वीकार करें।
- आपको ठीक-ठीक पता होना चाहिए कि आपने ज़िन्दगी में अब तक क्या किया है और आप अब आगे क्या करना चाहते हैं (या इससे भी बेहतर, क्या करेंगे!)।

ये अभ्यास करें :

कोई नकारात्मक परिस्थिति लें और सोचें कि उसका सामना करने के लिए सही रवैया क्या होना चाहिए।

8

सबकुछ नज़रिए पर निर्भर है

"आशावादी इंसान को डोनट दिखाई पड़ता है,
जबकि निराशावादी को सिर्फ बीच का छेद।"

–ऑस्कर वाइल्ड

"निराशावादी आदमी वह होता है, जो मौके के दरवाज़ा खटखटाने
पर शोर की शिकायत करता है।"

–ऑस्कर वाइल्ड

विलिअम शेक्सपीअर ने कहा था, "कुछ भी अच्छा या बुरा नहीं होता; हमारी सोच उसे अच्छा या बुरा बनाती है।" अपना नज़रिया सही रखना बहुत ज़रूरी है। आप किसी समस्या को जितने ज़्यादा करीब से देखेंगे और जितने ज़्यादा उसमें घुसे होंगे, उतना ही आपके लिए उसको पूरी तरह देख पाना मुश्किल होगा। लेकिन अगर आप समस्या को दूर खड़े होकर या थोड़ा ऊपर उठकर देखेंगे तो आपको वह अपने पूर्ण एवं वास्तविक स्वरूप में नज़र आने लगेगी।

समझें कि जब आपका किसी समस्या से सामना होता है तब आप कैसा महसूस करते हैं और इस बात का हिसाब लगाए कि उस समस्या की असल अहमियत क्या है। अगर आप समस्याओं को चुनौतियों की तरह देखने लग जाए तब तो कहना ही क्या! हर बुरे अनुभव में कुछ न कुछ अच्छाई छिपी रहती है, उसे तलाशें! अगर आप हर चीज़ में कुछ न कुछ अच्छाई तलाश लेने की आदत डाल लें तो आपकी ज़िन्दगी बहुत बेहतर हो जाएगी।

अनुभव अपने आप में निरपेक्ष होते हैं – न अच्छे, न बुरे। हमारा नज़रिया ही उन पर अच्छे या बुरे का लेबल लगाता है। ज़िन्दगी और दुनिया के प्रति आपका नज़रिया ही तय करता है कि अमुक चीज़ अच्छी है और अमुक चीज़ बुरी। जिस घटना को त्रासदी की तरह लेकर आपने ज़िन्दगी से लड़ने का माद्दा खो दिया, उसी घटना को मैंने 'अपनी ज़िन्दगी की कमान अपने हाथों में ले लेने की चेतावनी' की तरह देखा और अपनी ज़िन्दगी को पहले से बेहतर बना लिया। कोचिंग में हम अपने क्लाइंट्स का किसी घटना के प्रति नज़रिया बदलने के लिए जो अभ्यास करवाते हैं उसका नाम है 'रीफ्रेमिंग'। मतलब, नया नज़रिया तैयार करना।

मेरे पसंदीदा 'रीफ्रेमिंग' अभ्यासों में से एक है नाकामी को 'सबक' या 'सिखाने वाले अनुभव' में बदलना।

अगर आपको कहना पड़े कि **"अपने पिछले रिश्ते में मैं बुरी तरह नाकाम रहा,"** तो आपको कैसा महसूस होगा?

अब अगर इसी बात को आप कहें कि **"मैंने अपने पिछले रिश्ते से बहुत कुछ सीखा है, और मुझे यकीन है कि मैं अब उन गलतियों को दोहराऊँगा नहीं!"** फर्क महसूस हुआ आपको? 'रीफ्रेमिंग' के कुछ और उदाहरण देखिए:

मैं बेरोज़गार हूँ	अभी मेरे पास यह पता करने का समय है कि पैसा कमाने के लिए मैं वास्तव में क्या करना चाहूँगा।
मैं बीमार हूँ	शरीर की सफाई हो रही है; शरीर को थोड़ा आराम करने का मौका मिल रहा है।
ऐसा ही हूँ मैं	मैं कोई और नज़रिया भी अपना सकता हूँ।
मैं नहीं कर सकता	देखूँ मेरे पास क्या-क्या विकल्प हैं।
नामुमकिन	मकिन।
समस्या	खुद को बेहतर बनाने की चुनौती/मौका।

नाकामी	सबक सिखाने वाला अनुभव।
मुझे करना पड़ेगा/मुझे करना चाहिए	मुझे ऐसा करना है/मैं ऐसा करूँगा।
कोशिश करूँगा	मैं कर लूँगा।
हमेशा	अब तक।
कभी नहीं	कभी-कभी।

ये अभ्यास करें :

अपनी ज़िन्दगी की कम से कम पाँच ऐसी परिस्थितियाँ लिखिए जिन्हें पहले आपने 'नकारात्मक' माना था, मगर कुछ वक़्त बाद आपने पाया कि उनसे कुछ न कुछ अच्छे नतीजे हासिल हुए।

9

धैर्य रखो और कभी हार न मानो

"हमारी सबसे बड़ी कमज़ोरी है, हार मानकर कोशिश छोड़ देना। कामयाब होने का सबसे यकीनी तरीका है हमेशा एक और बार कोशिश करते रहना।"

–थॉमस अल्वा एडीसन

"कोई कामयाबी इतनी बड़ी नहीं होती कि उसके आगे हासिल करने को और कुछ न हो। कोई नाकामी इतनी बड़ी नहीं होती कि उसको पीछे छोड़कर आगे न बढ़ा जा सके। असल चीज़ है लगातार चलते रहने का हौसला।"

–विंस्टन चर्चिल

प्रतिभा, बुद्धिमत्ता, और रणनीति से कहीं ज़्यादा ज़रूरी है दृढ़ता। **कभी हार न मानना सबसे बड़ा गुण है**। जब चीज़ें अपने मुताबिक़ न हो रही हों तब भी हमें लगातार आगे बढ़ते रहना चाहिए, भले धीमी गति से बढ़ें पर चलते रहें। **आप कामयाबी हासिल करेंगे या नाकामी, आपकी ज़िन्दगी में मनचाहा बदलाव आएगा या आप हमेशा जहाँ के तहाँ ठहरे रहेंगे, यह तय करने में जिन दो आदतों की सबसे अहम भूमिका होती है वे हैं - धैर्य और दृढ़ता।**

एकदम से कामयाबी किसी को नहीं मिलती; अक्सर कामयाबी की राह में पहले कई सारी बाधाएँ आती हैं। जब कभी भी आपकी कोई योजना विफल हो तो उसे स्थाई विफलता समझने की बजाए अस्थाई हार जानें। नए सिरे से नई योजना बनाएँ और फिर से कोशिश करें। अगर यह योजना भी कामयाब न हो तो एक बार फिर योजना में संशोधन करके पुनः प्रयास करें और ऐसा तब तक करते रहें जब

तक कि कामयाब नहीं हो जाते। यही वह प्रक्रिया है जो सफल और असफल लोगों में फर्क पैदा करती है। असफल लोगों में इतना धैर्य और इतनी दृढ़ता नहीं होती कि वे बारम्बार नई योजनाएँ बनाकर सफलता मिलने तक प्रयास जारी रख पाएँ।

मगर यहाँ एक सावधानी रखना ज़रूरी है। लगातार प्रयास करने का मतलब असफल योजना को बारम्बार दोहराना नहीं है। दृढ़ता का मतलब गलतियों को दोहराते जाना नहीं है। जो योजना काम न कर रही हो उसे बदलना ज़रूरी होता है। आपको हर बार संशोधित योजना के साथ नए सिरे से प्रयास करना होगा। जब कभी नाकामियों से सामना हो तो धैर्य रखें। जब कभी चीज़ें सोचे मुताबिक़ न हो रही हों तो धैर्य रखें।

कभी-कभार दुर्भाग्य से सामना हो जाने पर या ज़रा सी अड़चन आते ही लक्ष्य को छोड़ देने की गलती न करें। ऐसे समय में थॉमस एडिसन और बिजली का बल्ब बनाने की उनकी दस हज़ार कोशिशों का किस्सा ख्याल में ले आया करें। एडिसन अपनी उन दस हज़ार कोशिशों को नाकामी नहीं मानते थे; वह उन्हें कामयाबी की दिशा में बढ़ाए गए दस हज़ार कदम मानते थे। **आप भी उनकी तरह नाकामियों से कामयाबी की राह बनाने की कोशिश कीजिए!** दृढ़ता दिमाग की एक अवस्था है। आपको भी अपने दिमाग को इस अवस्था में लेकर आना है। इससे कोई फर्क नहीं पड़ता कि आप कितनी बार गिरते हैं बशर्ते हर बार गिरने के बाद आप उठ खड़े होते हों और कपड़ों की धूल झाड़कर फिर से अपने लक्ष्यों की दिशा में आगे बढ़ने लगते हों।

हर हाल में डटे रहने की आदत इस तरह पैदा की जा सकती है –

1. दिमाग में एक स्पष्ट लक्ष्य और दिल में उसे हासिल करने की ज्वलंत इच्छा रखें।
2. एक स्पष्ट योजना बनाएँ और हर दिन छोटे-छोटे क़दमों की मदद से उस पर अमल करें।
3. खुद को सभी तरह के नकारात्मक और हतोत्साहित करने वाले प्रभावों से बचाकर रखें।
4. ऐसे लोगों की संगति करें जो आपको लगातार अपने लक्ष्यों को हासिल करने और उसके लिए निरंतर काम करते रहने को प्रेरित करते हों।

10

'एडिसन मानसिकता' अपनाएँ

"मैंने अपनी नाकामियों से ही कामयाबी की राह बनाई है।"

–थॉमस अल्वा एडीसन

"बेशक नाकाम होना बुरा लगता है, मगर उससे भी ज़्यादा बुरा है, नाकामी के डर से कामयाब होने के लिए कोशिश ही न करना।"

–थियोडोर रूजवेल्ट

चलिए विफलता के बारे में बात करते हैं! यह विषय बहुत महत्वपूर्ण है, मगर ज़्यादातर लोगों की इसकी समझ गलत है! पाउलो कोएल्हो ने इसी बात को इन शब्दों में कहा है, **"सिर्फ एक चीज़ है जो किसी सपने को हासिल करना नामुमकिन बना सकती है - नाकामी का डर।"** नाकामी का डर सपनों का सबसे बड़ा हत्यारा है। मगर क्यों? आखिर हम नाकामी से इतना डरते क्यों हैं? क्यों हम इसे नेपोलियन हिल की तरह नहीं देख पाते? नेपोलियन हिल कहते हैं, "हर दुश्वारी, हर नाकामी, दिल टूटने की हरेक घटना अपने गर्भ में उसी अनुपात में या उससे भी अधिक लाभ का बीज छिपाए होती है।" अगर हम नाकामी को नेपोलियन हिल की तरह देखने लगें तो हमारी ज़िन्दगी किस कदर बदल जाएगी? **हम नाकामी को आगे बढ़ने के लिए ज़रूरी उस सबक की तरह क्यों नहीं देखते जो हमें अपनी अब तक की गलतियों से अवगत कराता है और एक नई समझ के साथ आगे बढ़ने के लिए प्रेरित करता है?** अगर आप इस बात को पूरी तरह आत्मसात कर लें कि नाकामी असल में कामयाबी की दिशा दिखाने वाला संकेतक होता है, तो क्या होगा?

'एडिसन मानसिकता' अपनाइए। एडिसन खुद अक्सर इस तरह की बातें कहते थे, "मैंने अपनी नाकामियों से ही कामयाबी की राह बनाई है" या "मैं नाकाम नहीं हुआ हूँ, मैंने तो ऐसे दस हज़ार तरीके खोजे हैं जिनसे बल्ब नहीं बनाया जा सकता।" इसी मानसिकता की वजह से एडिसन इतने सारे आविष्कार कर पाए। कभी हार न मानने की उनकी आदत ने ही उन्हें इतना महान आविष्कारकर्ता बनाया।

अपनी गलतियों को फीडबैक की तरह लें और उनसे सीखें! खुशकिस्मती से बचपन में हमारी मानसिकता ऐसी नहीं थी जैसी अब हो गई है। अगर होती तो हममें से बहुत सारे लोग कभी चलना ही नहीं सीख पाते! आपने चलना कैसे सीखा? बारम्बार गिरकर मगर उतनी ही बार उठकर फिर से चलने की कोशिश करके। बदकिस्मती से वयस्क होने की प्रक्रिया में पता नहीं कब और कैसे आपके दिमाग में यह बात घर कर गई कि नाकामी खराब चीज़ है। नतीजा यह हुआ है कि आज किसी काम में सिर्फ एक बार नाकाम होने पर ही हम उस काम से हाथ खींच लेते हैं क्योंकि हमें लगता है कि हम इसमें कामयाब नहीं हो सकते। दुनिया अगर हमें एक बार खारिज करती है तो हम खुद को हमेशा के लिए खारिज कर देते हैं।

नाकामी को लेकर अपनी मानसिकता बदलने का समय आ गया है। अब से आप नाकामी को इस तरह देखना शुरू कर दीजिए - **हर नाकामी एक बेशकीमती मौका है अपनी गलतियों को जानने और उनसे सबक लेकर बेहतर ढंग से आगे बढ़ने का।**

आजकल की बहुत सारी कम्पनियाँ अब एक नई मानसिकता को बढ़ावा दे रही हैं। वे अपने कर्मचारियों को गलतियाँ करने की आज़ादी दे रही हैं, क्योंकि उन्होंने पाया है कि जब उनके कर्मचारी गलतियाँ करने से डरते हैं तो उनकी रचनात्मकता और नवाचार मर जाता है, जिसके चलते कंपनी की तरक्की प्रभावित होती है।

लब्बोलुआब यह कि **सफलता सही निर्णयों का नतीजा होती है। सही निर्णय अनुभव का नतीजा होते हैं। और अनुभव गलत निर्णयों का नतीजा होता है।**

नाकामियों की एक बहुत ही प्रेरक और रोचक दास्तान है, जिसमें नाकामियों ने ही अंततः कामयाबी की राह बनाई-

- 1832 में नौकरी चली गई
- 1832 में ही लेजिस्लेचर का चुनाव हार गए

- 1833 में व्यवसाय में नाकामी मिली
- 1834 में लेजिस्लेचर के लिए चुने गए
- 1835 में प्रेयसी (ऐन रटलेज) की मौत हो गई
- 1836 में नर्वस ब्रेकडाउन हुआ
- 1838 में स्पीकर के चुनाव में हार
- 1843 में कांग्रेस के लिए नामांकन में हार
- 1843 में दोबारा नामांकन के प्रयास में भी हार
- 1849 में लैंड ऑफिसर के लिए खारिज किए गए
- 1854 में सीनेट के चुनाव में हार
- 1856 में उप-राष्ट्रपति के नामांकन में हार
- 1858 में फिर से सीनेट का चुनाव हारे
- 1860 में राष्ट्रपति बने।

यह **अब्राहम लिंकन** की कहानी है। क्या आप उन्हें एक नाकाम इंसान के तौर पर याद करेंगे?

नामचीन लोगों की इसी तरह की और भी कई कहानियाँ हैं जिन्होंने शुरुआती नाकामियों से ही कामयाबी की राह बनायी -

माइकल जॉर्डन

इन्हें इनकी हाईस्कूल बास्केटबॉल टीम से निकाल दिया गया था।

स्टीवन स्पीलबर्ग

फिल्म स्कूल ने दाखिले के लिए तीन बार खारिज किया।

वॉल्ट डिज़्नी

एक अखबार के सम्पादक ने यह कहते हुए नौकरी से निकाल दिया था कि इनके पास रचनात्मक विचारों और कल्पना-शक्ति का अभाव था।

अल्बर्ट आइंस्टीन

इन्होंने बोलना सीखने में आम बच्चों की तुलना में बहुत ज़्यादा समय लिया। स्कूल वालों ने इन्हें मंदबुद्धि करार दे दिया था।

जॉन ग्रिशम

इनके पहले उपन्यास को सोलह एजेंट्स और बारह प्रकाशन संस्थानों ने खारिज कर दिया था।

जे.के. राउलिंग

हैरी पॉटर लिखते समय यह तलाकशुदा थीं, बच्चों की ज़िम्मेदारी अकेले उठा रही थीं, और इनके माली हालात इतने खराब थे कि ये वेलफेयर स्कीम पर आश्रित थीं।

स्टीफन किंग

इनकी पहली पुस्तक 'कैरी' को 30 प्रकाशकों ने खारिज कर दिया था, जिससे निराश होकर उन्होंने इसे कचरे के डब्बे में फेंक दिया था। इनकी पत्नी ने वहाँ से उसे निकाला और इन्हें दुबारा नए सिरे से कोशिश करने के लिए प्रेरित किया।

ओपराह विन्फ्री

इन्हें टेलीविज़न पर पत्रकारिता की नौकरी से यह कहकर निकाल दिया गया था कि "वह टेलीविज़न के लिए सही नहीं थीं।"

दि बीटल्स

एक रिकॉर्ड कम्पनी ने इनसे कह दिया था कि "शो बिज़नेस में इनका कोई भविष्य नहीं था।"

इन सवालों के जवाब दीजिए:

- हालिया बरसों में आपको किन्हीं नाकामियों का सामना करना पड़ा है?
- आपने उन नाकामियों से क्या सीखा?
- आपने उनमें क्या अच्छाई देखी?

11

बदलाव और असुविधा को सहजता से लें

"असहज होने के लिए राज़ी रहें। असहज होने में सहज रहें। हो सकता है आपको यह मुश्किल लगे, पर सपनों को साकार करने की यह छोटी-सी कीमत तो बनती है।"

–पीटर मैकविलियम्स

सफलता का रास्ता बदलाव और असहजता के जंगल से होकर ही गुज़रता है। अगर आपको तरक्की की सीढ़ियाँ चढ़ते रहना है तो हमेशा थोड़ा असहज महसूस करते रहना ज़रूरी है। **उन चीज़ों को करने की आदत डालिए जिन्हें और लोग करने के इच्छुक नहीं होते।** 'अपनी बेहतरी के लिए जो भी किया जाना ज़रूरी है मैं करूँगा ही करूँगा, भले उसमें कितनी भी असुविधा हो,' ऐसी मानसिकता बनाइए। जैसे कि क्या? जैसे कि मन में बैर पालने की बजाए माफ़ कर देना; 'यह किया ही नहीं जा सकता' कहने की बजाए दोगुनी ताकत से काम करने लगना; दूसरों को दोषी ठहराने की बजाए अपने कार्यों और अपने व्यवहार की पूरी ज़िम्मेदारी लेना। ज़्यादातर लोग सोचते हैं कि ज़िन्दगी को बदलने के लिए बहुत बड़े-बड़े बदलाव करने पड़ेंगे, और फिर इन बड़े-बड़े बदलावों की बड़ी-बड़ी अपेक्षाओं से वे इतने आतंकित हो जाते हैं कि अंततः कुछ करते ही नहीं और पुराने ढर्रे पर ही चलते रहते हैं। इस समस्या का समाधान है छोटे-छोटे बदलाव। उन छोटी-छोटी चीज़ों को बदलने से शुरुआत करें जिनके लिए अधिक प्रयास की आवश्यकता नहीं होती। यही छोटे-छोटे बदलाव आखिर में बड़े बदलावों के लिए ज़मीन तैयार कर देंगे। दफ्तर या दुकान जाने के लिए अभी तक जो रास्ता पकड़ते आए हैं, उसे बदल लीजिए। हमेशा जिस रेस्तरां में खाते आए हैं, उसकी जगह कोई

और रेस्तरां आज़माकर देखिए। जिन लोगों से रोज़ मिलते हैं उनकी बजाए नए लोगों से मिलकर देखिए।

ये अभ्यास करें :

1. हर दिन कुछ ऐसा ज़रूर करें जिसे करने में आपको थोड़ी असुविधामहसूस होती हो।
2. कल आप क्या बदलेंगे - अपनी दिनचर्या? व्यायाम? सेहतमंद खाना?

12

जो 'नहीं है' उसकी बजाए, 'जो चाहिए' उस पर ध्यान दें

"जब चारों तरफ निराशा का घनघोर अँधेरा छाया हो, तब हमें आशा की किरण पर ध्यान केन्द्रित करना चाहिए।"

–अरस्तू ओनासिस

लोग शिकायत करते हैं कि ज़िन्दगी में उन्हें वो नहीं मिलता जो वे चाहते हैं। इसकी सबसे बड़ी वजह यह है कि वे जानते ही नहीं हैं कि वे क्या चाहते हैं। दूसरी सबसे बड़ी वजह यह है कि **जब वे खुद को यह बता रहे होते हैं कि उन्हें क्या चाहिए, तब असल में उनका सारा ज़ोर इस पर होता है कि उन्हें क्या नहीं चाहिए। और आपको तो पता ही है कि जिस भी चीज़ पर हम सबसे ज़्यादा ज़ोर देते हैं वही चीज़ हमारी ज़िन्दगी में बढ़ने लगती है!**

इसीलिए अब से आपका सारा ज़ोर इस बात पर होना चाहिए कि आपको क्या चाहिए। ज़ोर का मतलब है ध्यान। आपका ध्यान किस पर है - सकारात्मक पर या नकारात्मक पर? अतीत पर या वर्तमान पर? समस्याओं पर या समाधानों पर? यह बेहद अहम है।

ज़्यादातर लोगों का सबसे ज़्यादा ध्यान नकारात्मक पहलुओं पर, अतीत पर, और समस्याओं पर रहता है। यही वजह है कि 'आकर्षण का नियम' उनके मामले में उल्टा असर दिखाता है, जिसके चलते वे हारकर बदलाव की कोशिशें छोड़ देते हैं। वे चाहत तो रखते हैं धन-दौलत और समृद्धि को आकर्षित करने की, मगर उनका ध्यान हमेशा लगा रहता है इन बातों पर कि मुझे अभी इतने सारे बिल

चुकाने हैं; पैसा रुक ही नहीं रहा है; कमाई बढ़ ही नहीं रही है, इत्यादि। ऐसे में क्या होता है? जिन परिस्थितियों पर उनका ध्यान होता है वे ही परिस्थितियाँ बढ़-चढ़ कर उनके जीवन में आने लगती हैं। मतलब, वे उन्हीं चीज़ों को आकर्षित करने लगते हैं जो उन्हें नहीं चाहिए!

आप जिन चीज़ों पर अपना सबसे ज़्यादा ध्यान केन्द्रित करेंगे, आपके साथ वही चीज़ें सबसे ज़्यादा होंगी! आपकी ऊर्जा उसी तरफ बहेगी जिस तरफ आपका ध्यान होगा, और आप जिन चीज़ों पर ध्यान केन्द्रित करते हैं वही चीज़ें दुनिया के प्रति आपका नज़रिया तय करती हैं। आप अवसरों पर ध्यान केन्द्रित कीजिए, आपको ज़्यादा से ज़्यादा अवसर मिलने लगेंगे! आप सफलता पर ध्यान केन्द्रित कीजिए, आपको सफलता मिलने लगेगी!

अपना ध्यान सही जगह केन्द्रित करने के लिए खुद से ये सवाल करें –

- मैं इस स्थिति को कैसे सुधार सकता हूँ?
- मैं किस चीज़ के लिए आभारी हो सकता हूँ?
- अभी मेरी ज़िन्दगी में अच्छा क्या है?
- अगर मैं अभी की स्थिति में खुश होना चाहूँ तो किस चीज़ को लेकर होऊँगा?
- क्या यह चीज़ अगले दस सालों तक मेरे लिए इतनी ही अहम रहेगी?
- इस चुनौती में क्या अच्छा है? मैं इससे क्या सीख सकता हूँ और कैसे?
- मैं चीज़ों को बेहतर बनाने के लिए क्या कर सकता हूँ?

13

अपने शब्दों पर गौर करें

"माना कि दूषित विचार भाषा को भ्रष्ट कर देते हैं, मगर भाषा की भ्रष्टता भी विचारों को दूषित कर सकती है।"

–जॉर्ज ऑरवेल, 1984

"आपको मनचाहा जीवन पाने से केवल एक ही चीज़ रोक रही है – वह उल्टी कहानी जो आप लगातार खुद को सुना रहे हैं।"

–टोनी रॉबिंस

अपने शब्दों पर गौर करें! उन्हें हल्के में न लें। वे बहुत शक्तिशाली हैं। **हम अपने अनुभवों को व्यक्त करने के लिए जिन शब्दों का उपयोग करते हैं वे शब्द ही हमारे अनुभव बन जाते हैं!** आपके साथ भी कभी न कभी ऐसा ज़रूर हुआ होगा जब सिर्फ आपके शब्दों ने ही आपका बहुत बड़ा नुकसान करा दिया होगा। और ऐसा सिर्फ दूसरों से बात करते समय ही नहीं होता; **खुद से कहे गए शब्द भी उतने ही महत्वपूर्ण होते हैं।** जी हाँ, हमारे दिमाग में खुद के साथ लगातार चलती रहने वाली बातचीत हमारी ज़िन्दगी की दशा और दिशा तय करती है।

आप वही हैं जो आप दिन भर खुद से कहते रहते हैं! आपके दिमाग में लगातार चलते रहने वाला स्व-संवाद किसी सम्मोहनकर्ता के बारम्बार दिए जाने वाले सुझावों की तरह होता है। क्या आप बहुत ज़्यादा शिकायतें करते हैं? क्या आप खुद से बहुत ज़्यादा नकारात्मक बातें करते हैं? अगर आप खुद से यही कहते रहते हैं कि 'मैं मजबूर हूँ; मेरे हाथ में कुछ नहीं है; मुझसे यह नहीं हो पाएगा; मैं बहुत कमज़ोर हूँ,' तो यकीन जानिए कि यही आपका सच बन जाएगा। लेकिन

अगर आप खुद से कहते हैं कि 'मैं हर तरह से चुस्त-दुरुस्त हूँ; मैं बहुत अच्छा महसूस कर रहा हूँ; मैं बहुत शुक्रगुज़ार हूँ कि मुझे इतनी अच्छी ज़िन्दगी मिली है; कोई भी चीज़ मुझे आगे बढ़ने से नहीं रोक सकती,' तो आप और आपकी ज़िन्दगी ऐसी ही होने लगेगी। आपकी बाहरी परिस्थितियाँ आपके भीतर चलने वाले स्व-संवाद का ही आईना होती हैं।

इसीलिए खुद से खुद के बारे में कुछ भी कहते समय सावधानी रखें। कभी मत कहिए कि 'मैं आलसी हूँ,' 'मैं नाकारा हूँ,' 'मैं कभी कुछ नहीं बन पाऊँगा,' या फिर यह कि 'मैं थक गया हूँ,' क्योंकि आप खुद से जितना ज़्यादा यह कहेंगे कि 'मैं थक गया हूँ,' उतने ही ज़्यादा आप सचमुच थकते जाएगे!

अपने स्व-संवाद पर नज़र रखना बहुत ज़रूरी है।

आपका खुद से बात करने का तरीका आपके खुद के बारे में सोचने के तरीके को बदल देता है, जिससे फिर आपका खुद के बारे में महसूस करने का तरीका बदल जाता है, जिससे फिर आपका काम करने का तरीका बदल जाता है, जो आखिरकार आपको मिलने वाले नतीजे और दूसरों की आपके बारे में राय बदल देता है। इसीलिए अपने स्व-संवाद को हमेशा सकारात्मक रखिए, मसलन 'मैं कामयाब होना चाहता हूँ,' 'मैं चुस्त-दुरुस्त होना चाहता हूँ,' 'मैं एकदम झक्कास हूँ,' वगैरह-वगैरह। क्योंकि आपका अवचेतन मन 'नहीं' शब्द को नहीं समझता। वह आपके शब्दों को छवियों के रूप में देखता है। उदाहरण के लिए, अगर मैं आपसे कहूँ कि **'गुलाबी हाथी के बारे में नहीं सोचना!'** तो क्या होगा? मैं शर्त लगाकर कह सकता हूँ कि आपके दिमाग में गुलाबी हाथी की छवि ही उभरेगी।

इसीलिए मैं फिर से दोहराना चाहूँगा– उन्हीं चीज़ों पर ध्यान लगाए जो आप चाहते हैं। इस बात को याद रखें कि आपके शब्द और खासकर वे प्रश्न जो आप खुद से पूछते हैं, उन्हीं से तय होता है कि आप अपने जीवन में क्या साकार करेंगे। मैं अपने कोचिंग क्लाइंट्स से हमेशा कहता हूँ कि मुझसे या खुद से कभी भी यह मत कहना कि तुम फलां काम नहीं कर सकते; हमेशा खुद से यह पूछना कि **'यह काम कैसे किया जा सकता है?'** जब भी आप अपने दिमाग से 'कैसे' पूछेंगे, वह जवाब तलाशने में लग जाएगा और आखिरकार तलाश ही लेगा। अच्छी बात यही है कि आप अपने शब्दों को बदलकर, खुद से सकारात्मक ढंग से बतियाकर और अलग तरह से सवाल करके अपनी ज़िन्दगी बदल सकते हैं।

तो इंतज़ार किस बात का? अभी से ही खुद से अलग तरह से सवाल करने शुरू कर दीजिए।

14

नई आदतें, नई ज़िन्दगी!

"हम उन्हीं कार्यों/व्यवहारों का नतीजा हैं, जिन्हें हम लगातार करते आ रहे हैं। इस लिहाज़ से उत्कृष्टता (एक्सीलेंस) कोई कार्य नहीं अपितु एक आदत है।"

–अरस्तू

कोई भी नई आदत डालने में तकरीबन 21 दिन लगते हैं। तकरीबन 2500 साल पहले ग्रीक दार्शनिक अरस्तु ने कहा था कि अपनी आदतें बदलकर आप अपनी ज़िन्दगी बदल सकते हैं। कोचिंग भी वस्तुतः क्लाइंट्स की आदतें बदलवाने की प्रक्रिया ही है, जिसमें हम उन्हें धीरे-धीरे छोटे-छोटे कदम बढ़ाकर पुराने व्यवहार को छोड़ने और नए ढंग से सोचने, बोलने, और काम करने के लिए प्रेरित करते हैं।

आदतें बदलने की प्रक्रिया में सबसे महत्वपूर्ण कदम है उन आदतों की पहचान करना जिन्हें बदले जाने की ज़रूरत है! आपने यह कहावत तो सुनी होगी कि अगर आप वही बोते रहेंगे जो हमेशा से बोते आए हैं तो आगे भी वही काटेंगे जो अब तक काटते आए हैं। आइंस्टीन ने भी 'बारम्बार उन्हीं कामों को करते रहने और फिर अलग नतीजों की उम्मीद करने' को विशुद्ध पागलपन की संज्ञा दी थी।

क्या आप भी ऐसे ही हैं? चिंता की कोई बात नहीं, आगे पढ़ना जारी रखिए। अगर आप कुछ अलग तरह की ज़िन्दगी चाहते हैं तो आपको चीज़ों को अलग ढंग से करना शुरू करना पड़ेगा। अगर आप थोड़ी मेहनत करने और थोड़ा अनुशासन

अपनाने को तैयार हों तो यह काम कतई मुश्किल नहीं है। ऐसी आदतें अपनाना शुरू कीजिए जो आपको आपके लक्ष्यों की दिशा में ले जाए। ऐसा करने पर आपको शर्तिया कामयाबी हासिल होगी।

ऐसी बुरी आदतों के कुछ उदाहरण देखिए जिन्हें छोड़ देना अच्छा है - हमेशा हर जगह देरी से पहुँचना, देर रात तक काम करना, जंक फ़ूड खाना, चीज़ों को टालते रहना, जब कोई बोल रहा हो तो उसे बीच में टोकना, हरदम फोन से चिपके रहना, वगैरह-वगैरह। इस अध्याय में हमारा लक्ष्य है अगले तीन महीनों के भीतर आपकी दिनचर्या में 10 अच्छी आदतों को शामिल कराना। मैं नहीं चाहूँगा कि आप बहुत दबाव महसूस करें, इसलिए क्यों न हम हर महीने 3 आदतों का लक्ष्य बनाएँ? समय के साथ ये आदतें आपकी ज़िन्दगी में ख़ासा सुधार ले आएगी और उन गलत आदतों की जगह ले लेंगी जो अब तक आपकी ऊर्जा नष्ट करती आ रही हैं।

ये अभ्यास करें –

आप कौन सी 10 आदतें अपनाएँगे?

ज़रूरी नहीं कि आप बड़े बदलाव ही करें। मेरे क्लाइंट्स आम तौर पर जो आदतें अपनाते हैं वो ये हैं -

- हफ्ते में तीन दिन व्यायाम करना।
- सकारात्मकता पर ध्यान केन्द्रित करना।
- अपने लक्ष्यों पर काम करना।
- समंदर किनारे या जंगल में टहलना।
- परिवार के साथ ज़्यादा समय बिताना।
- हरी सब्ज़ियाँ ज़्यादा खाना।
- दोस्तों से मिलना-जुड़ना।
- हर दिन कम से कम 30 मिनट पढ़ना।
- हर दिन कम से कम 15 मिनट सिर्फ खुद के साथ बिताना।

आप जो बदलाव करना चाहते हैं उन्हें अगर कहीं ऐसी जगह लिखकर टाँग दें या चिपका दें जहाँ दिन में कई बार आपकी इन पर नज़र पड़ती हो, तो सोने पे सुहागा

हो जाएगा। और अगर किसी चाहे गए बदलाव को आदत में बदल लें तो खुद को कोई ईनाम देना न भूलें!

तो शुरू हो जाइए और उन 10 आदतों की फेहरिस्त बनाइए जिन्हें आप अगले तीन महीनों के अन्दर अपनाना चाहते हैं।

15

खुद को जानें

"ज़ान प्राप्ति की यात्रा स्वयं को जानने से शुरू होती है।"

–अरस्तू

अगर आप अपनी ज़िन्दगी बदलना चाहते हैं तो सबसे पहले यह देखिए कि अभी आप कहाँ हैं, किस हाल में हैं, और आपको किस चीज़ की कमी महसूस होती है। **नीचे दिए गए सवालों के अच्छी तरह सोचकर जवाब दीजिए -**

आपके क्या-क्या सपने हैं?

____

____

____

मरते वक़्त आपको किस बात के लिए बड़ी शिद्दत से यह अफ़सोस होगा कि 'काश! यह कर लिया होता'?

____

____

____

अगर वक़्त और पैसों का मसला न हो तो आप क्या करना, होना, या पाना चाहेंगे?

____

____

____

ज़िन्दगी में क्या चीज़ है जो आपको प्रेरित करती है?

वो कौन सी चीज़ है जो आपको आगे बढ़ने से रोकती है?

पिछले बारह महीनों के दौरान आपने किन-किन मामलों में बड़ी जीत हासिल की है?

पिछले बारह महीनों के दौरान आपकी सबसे बड़ी हताशाएँ क्या रही हैं?

वे कौन सी चीज़ें हैं जो आप दूसरों की खुशी के लिए करते हैं?

वे कौन सी चीज़ें हैं जो आप अपनी ख़ुशी के लिए करते हैं?

वे कौन सी चीज़ें हैं, जिनके बारे में न जानने का आप दिखावा करते हैं?

____

आपके मुताबिक़ आपने अब तक की ज़िन्दगी में सबसे अच्छा काम क्या किया है?

आपको कैसे पता कि यही काम आपका सबसे अच्छा काम है?

आज आप जो भी काम कर रहे हैं उसकी तुलना अगर पाँच साल पहले जो करते थे उससे करें तो क्या महसूस करेंगे? आज आप क्या कर रहे हैं और पाँच साल पहले क्या करते थे?

अपने काम का कौन सा हिस्सा आपको सबसे ज़्यादा पसंद है?

अपने काम का कौन सा हिस्सा आपको सबसे कम पसंद है?

वो कौन सा काम या चीज़ है जिसे आप अमूमन टालते हैं?

____

____

____

आपको अपनी किस चीज़ पर फख्र महसूस होता है?

____

____

____

आपकी नज़र में आप क्या हैं?

____

____

____

आपके व्यवहार के वे कौन-कौन से आयाम हैं, जिनमें आपको सुधार की गुंजाइश नज़र आती है?

____

____

____

एक कामयाब ज़िन्दगी जीने की अपनी प्रतिबद्धता को आप अभी इस वक़्त किस स्तर पर पाते हैं?

____

____

____

अभी इस वक़्त आप अपने शारीरिक-मानसिक-आध्यात्मिक स्वास्थ्य को, अपनी एनर्जी को, और खुद का ख़याल रखने की अपनी प्रतिबद्धता को किस स्तर का मानते हैं?

____

____

____

अभी इस वक़्त आपको ज़िन्दगी में कितना मज़ा आ रहा है, कितना सुख महसूस हो रहा है?

____

____

____

अगर आप अपना कोई एक डर छोड़ सकते हों तो कौन सा डर छोड़ेंगे?

____

____

____

जीवन का कौन सा आयाम है, जिसमें आप ज़बरदस्त सुधार या तरक्क़ी देखने के सबसे ज़्यादा तमन्नाई हैं?

____

____

____

16

अपने 4 सबसे मूल्यवान जीवन-मूल्यों को पहचाने

"जब तक उद्देश्य और दिशा-बोध न हो तब तक प्रयास और साहस किसी काम नहीं आते।"

—जॉन एफ कैनेडी

चलिए अब बात करते हैं मूल्यों की। मगर नैतिक अर्थ में नहीं। प्रेरक अर्थ में। हम बात करेंगे उन चीज़ों की जो आपको प्रेरित करती हैं, आपको ख़ुशी और संतुष्टि देती हैं, और आपको लगातार सक्रिय बनाए रखती हैं। अपने मूल्यों को अच्छी तरह से जानना खुद को जानने की दिशा में उठाए जाने वाले सबसे महत्वपूर्ण क़दमों में से एक है।

अपने मूल्यों को जानने से आपकी मनचाही चीज़ों को आकर्षित करने की क्षमता बढ़ जाती है। अगर आपके मूल्य उस ज़िन्दगी से बहुत अलग हैं जो आप अभी जी रहे हैं, तो आप हमेशा परेशान रहेंगे। जब आप यह जान लेते हैं कि आपके मूल्य क्या हैं, तब आपके लिए खुद को और अपने कार्यों को ज़्यादा बेहतर ढंग से समझ पाना संभव हो जाता है। **अगर आपके लक्ष्य आपके मूल्यों के अनुरूप हैं तो आप देखेंगे कि आप ज़्यादा आसानी से और ज़्यादा जल्दी उन्हें हासिल करने में कामयाब रहेंगे।**

दो साल पहले जब मैंने अपने मूल्यों को ठीक तरह समझा तो मेरे लिए सबकुछ बदल गया। मुझे आखिरकार यह समझ आ गया कि मेरे निजी और कामकाजी जीवन में जो तनाव था वह किस वजह से था (मैं अपने सबसे महत्वपूर्ण मूल्यों

में से एक को भी लागू नहीं कर रहा था!)। इसके साथ ही मैं विभिन्न परिस्थितियों में अपनी प्रतिक्रियाओं को भी ठीक तरह समझ पाया। तो अब आप बताइए कि आपके लिए सबसे ज़्यादा महत्वपूर्ण क्या है?

पता लगाइए कि आपके वे सबसे महत्वपूर्ण मूल्य कौन से हैं जो आपको ख़ुशी देते हैं, मन की शान्ति महसूस कराते हैं, और आत्म-संतुष्टि से भर देते हैं। मैंने अपनी वेबसाइट पर ऐसे मूल्यों की एक फेहरिस्त डाली हुई है **(आप उसे वहाँ से फ्री में डाउनलोड कर सकते हैं)**, उस फेहरिस्त में से कोई भी 10 मूल्य ले लीजिए। **अब इनमें से आपको वे चार मूल्य चुनने हैं जो आपके लिए सर्वाधिक महत्वपूर्ण हैं।**

साथ ही इन सवालों के जवाब दीजिए –

- आपकी ज़िन्दगी में सबसे ज़्यादा महत्वपूर्ण क्या है?
- कौन सी चीज़ आपकी ज़िन्दगी को उद्देश्यपूर्ण बनाती है?
- क्या करने से आपको आंतरिक शान्ति महसूस होती है?
- क्या करने में आपको इतना ज़्यादा मज़ा आता है कि कितना वक़्त गुज़र गया उसे करते हुए यह पता ही नहीं चलता?
- आप किन लोगों के प्रशंसक हैं? क्यों हैं? उनकी कौन-कौन सी ख़ूबियाँ आपको प्रशंसा योग्य मालूम होती हैं?
- आपको किन कामों में सबसे ज़्यादा मज़ा आता है? वे कौन से पल हैं जो आपको आनंद और आत्म-संतुष्टि से भर देते हैं?
- कौन सी चीज़ें हैं जिन्हें आप बर्दाश्त नहीं कर पाते?

मन की आँखों से देखें –

थोड़ा समय लें। अब अपनी आँखें बंद कर लें और खुद को ढीला छोड़ दें।

कल्पना करें कि आज आपका 75वां जन्मदिन है। आप अपने घर में हैं और व्यवस्थाएँ बनाने में लगे हैं। आपके तमाम दोस्त और परिजन मौजूद हैं। इस अवसर पर आप अपनी ज़िन्दगी के सबसे महत्वपूर्ण इंसान, अपने सबसे अज़ीज़ दोस्त, और अपने किसी परिजन के मुँह से क्या सुनना चाहेंगे? लिखें।

1. आपकी ज़िन्दगी का सबसे महत्वपूर्ण इंसान कहता है...
2. आपका सबसे अज़ीज़ दोस्त कहता है...
3. आपका परिजन कहता है...

17

अपने मज़बूत पहलुओं को जानें

"विजेता वह व्यक्ति होता है, जो अपनी ईश्वर-प्रदत्त प्रतिभाओं को पहचानता है, उन्हें कौशलों में बदलने के लिए जीतोड़ मेहनत करता है, और फिर उन कौशलों की मदद से अपने लक्ष्य हासिल करता है।"

–लैरी बर्ड

ज़रूरी नहीं कि आप हर काम में अच्छे हों। जिन भी कामों में आप अच्छे हैं या जो भी आपके मज़बूत पहलू हैं, उन्हीं पर ध्यान केन्द्रित कीजिए। आपको पता ही है कि हम जिन भी चीज़ों पर ध्यान केन्द्रित करते हैं वे बढ़ने लगती हैं। तो बताइए कि आप किन मामलों में अच्छे हैं? नहीं मालूम? तो चलिए पता लगाते हैं।

अपनी पाँच सबसे बड़ी व्यक्तिगत और पेशेवर खूबियाँ लिखिए -

(ऐसी कौन सी खूबियाँ हैं आपमें जो औरों में नहीं हैं? अपनी किस बात पर आपको सबसे ज़्यादा नाज़ है? आप किस काम में सबसे अच्छे हैं?)

____

____

____

____

____

व्यक्तिगत और पेशेवर जीवन में अपनी सबसे बड़ी उपलब्धियाँ लिखिए -

(अपनी किन उपलब्धियों के चलते आपको सबसे ज़्यादा ख़ुशी और आत्म-संतुष्टि हासिल हुई है?)

____

____

____

____

____

व्यक्तिगत और पेशेवर जीवन में आप जिन भी चीज़ों को अपनी पूँजी (एसेट) मानते हैं उन्हें लिखिए -

(आप किन महत्वपूर्ण लोगों को जानते हैं? आपके पास कौन-कौन से कौशल हैं, किस-किस चीज़ की जानकारी है? कौन-कौन से टैलेंट आपके पास हैं? वे कौन सी चीजें हैं जो आपको औरों से अलग और प्रभावशाली बनाती हैं?)

____

____

____

____

____

अब जब आपको अपने मज़बूत पहलुओं का पता चल गया है तो अब समय है इन्हें और ज़्यादा मज़बूत बनाने का। इनका ज़्यादा से ज़्यादा अभ्यास करें, इन पर ज़्यादा से ज़्यादा ध्यान केन्द्रित करें। साथ ही उन पहलुओं की भी फेहरिस्त तैयार करें जिन्हें आप मज़बूत करना चाहते हैं। इनका भी अभ्यास करें और इनको भी ज़्यादा से ज़्यादा तवज्जो दें। (इसके लिए अध्याय 60 भी देखें।)

ये अभ्यास करें -

अपने पाँच दोस्तों और/या सहकर्मियों को ईमेल करके पूछें कि उनकी नज़रों में आपके सबसे मज़बूत पहलू कौन से हैं! इससे आपको बहुत प्रेरणा मिलेगी, साथ ही आपका आत्मविश्वास भी बढ़ेगा।

18

अब तक की उपलब्धियों के लिए अपनी पीठ थपथपाएँ

"आप अपनी ज़िन्दगी को जितना सराहते हैं और जितना उसका जश्न मनाते हैं, ज़िन्दगी में सराहने और जश्न की उतनी ही नई संभावनाएँ पैदा होती जाती हैं।"

–ओपरा विन्फ्रे

यह बेहद महत्वपूर्ण अध्याय है। अपने क्लाइंट्स के (और अपने भी) आत्म-विश्वास को बढ़ाने के लिए यह मेरा पसंदीदा अभ्यास है। इसका उद्देश्य आपको यह अहसास दिलाना है कि आप पहले से ही कितने काबिल हैं और कितना कुछ हासिल कर चुके हैं। अक्सर हमारा पूरा ध्यान उन चीज़ों में लगा रहता है, जिनमें हम उतने अच्छे नहीं हैं या जो अभी तक हमने हासिल नहीं की हैं, और इसके चलते हम उन चीज़ों को भूल ही जाते हैं जिनमें हम अच्छे हैं या जो हम हासिल कर चुके हैं। मुझे यकीन है कि हम सबने अब तक की ज़िन्दगी में कई सारी शानदार उपलब्धियाँ हासिल की हैं। इस अध्याय में आप अतीत की उन कामयाबियों को फिर से ख़याल में लेंगे और भविष्य की उपलब्धियों के लिए उनसे प्रेरणा हासिल करेंगे।

अपनी अब तक की ज़िन्दगी में आपने कौन-कौन सी उल्लेखनीय उपलब्धियाँ हासिल की हैं?

हो सकता है आपने आपने कॉलेज में झंडे गाढ़े हों, दुनिया के अलग-अलग देशों की यात्राएँ की हों, शानदार करिअर बना लिया हो, ढेर सारे अच्छे दोस्त

बनाए हों। हो सकता है आप अपने बलबूते कुछ अरसा विदेश में गुज़ार चुके हों। मुमकिन है कि आप एक ख़ासा मुश्किल बचपन गुज़ारने या निजी तौर पर बड़े-बड़े झटके झेलने के बावजूद खुद को आज एक अच्छे मकाम पर ले आए हों। अपने बच्चों को शानदार परवरिश देने में सफल रहना भी आपकी उपलब्धि हो सकती है। अभी तक आपने जिन भी चुनौतियों का सफलतापूर्वक सामना किया है या जो भी कामयाबियाँ हासिल की हैं, अब उन सबको फिर से याद करने और उनका जश्न मनाने का समय है।

आपको 'जो चाहिए उस पर ध्यान केन्द्रित करो' वाला अध्याय याद है? इस सन्दर्भ में उस बात का मतलब होगा कि अतीत की अपनी सफलताओं को आप जितना ज़्यादा याद करेंगे और सराहेंगे, उतना ही आपका आत्मविश्वास बढ़ेगा। और चूँकि आपका ध्यान पूरी तरह सफलताओं पर केन्द्रित होगा तो सफल होने के और ज़्यादा अवसर आपके सामने आएगे!

अपनी फेहरिस्त तैयार कीजिए। अपनी अब तक की कामयाबियों को याद कीजिए। अपनी पीठ थपथपाइए और कहिए 'बहुत बढ़िया!'

असल चीज़ है सफलता का अनुभव! पुरानी सफलताओं को याद करने का मतलब है फिर से वैसा ही महसूस करना जैसा तब हुआ था! फिर से उसी मनःस्थिति में जाना जिसमें आप गए थे। फिर से वही अनुभव हासिल करना जो उस समय किया था!

ये अभ्यास करें :

1. अपनी अब तक की सबसे ज़बरदस्त कामयाबियों की फेहरिस्त तैयार कीजिए।
2. इस फेहरिस्त को ऊँची आवाज़ में पढ़िए और इन शानदार उपलब्धियों के लिए खुद को बधाई दीजिए।

19

जो पाना है उसे लिख लें और हासिल करें

"जो लोग स्पष्ट और लिखित लक्ष्य सामने रखकर चलते हैं, वे ऐसा न करने वालों के मुकाबले कम समय रहते ही कल्पनातीत कामयाबी हासिल करते हैं।"

–ब्रायन ट्रेसी

"लक्ष्य का मतलब है एक ऐसा सपना जिसके साकार होने की समय-सीमा तय है।"

–नेपोलियन हिल

हम में से ज़्यादातर लोगों को इस बात का रत्ती भर भी पता नहीं है कि अपने सपनों को साकार करने की शुरुआत कहाँ से करनी है। **ज़्यादातर लोग इस बात का बढ़ा-चढ़ाकर अनुमान लगाते हैं कि वे महीने भर में कितना काम कर सकते हैं, जबकि साल भर में वे कितना काम कर सकते हैं इस मामले में उनका अनुमान हमेशा कमतर होता है।**

इसीलिए अगर आप एक बार में सिर्फ एक कदम के बारे में सोचें और लचीले बने रहें तो समय के साथ आप कल्पनातीत उपलब्धियाँ हासिल कर लेंगे। और इसकी सबसे मज़ेदार बात यह है कि जो सांसारिक उपलब्धियाँ आप हासिल करेंगे वो तो अपनी जगह हैं, पर **इस प्रक्रिया में एक व्यक्ति के तौर पर आपका जो विकास होगा वो सबसे बड़ा हासिल होगा।** मंज़िल पर पहुँचने से ज़्यादा महत्व यात्रा का है। मगर लक्ष्यों को लिखकर रखना क्यों ज़रूरी है? **क्योंकि लिखित लक्ष्य आपको लगातार काम करते रहने के लिए ज़्यादा प्रेरित करते हैं।** स्पष्ट और

कलमबद्ध लक्ष्य होना सफलता और हँसी-ख़ुशी हासिल करने की दृष्टि से बेहद महत्वपूर्ण है।

स्पष्ट और कलमबद्ध लक्ष्य जीपीएस सिस्टम की तरह हमें मंज़िल की राह दिखाते हैं। मगर इसके लिए पहले आप को यह तो पता होना चाहिए न कि आपको जाना कहाँ है! लक्ष्य-निर्धारण इतना महत्वपूर्ण विषय है कि इस पर कई-कई किताबें लिखी जा चुकी हैं। मैं इसे यथासंभव संक्षिप्त रखने की कोशिश करूँगा।

अपने सपनों को साकार करने या अपने लक्ष्यों को हासिल करने की दिशा में पहला कदम होता है उन्हें कलमबद्ध करना। जब तक मैंने इसे खुद करके नहीं देखा था तब तक मुझे इस पर ज़रा भी यकीन नहीं था, मगर जब मैंने करना शुरू किया तो मुझे मलाल हुआ कि अगर मैंने यह दो दशक पहले शुरू कर दिया होता तो कितना अच्छा होता। इस सरल से अभ्यास के चलते मेरी उत्पादकता और एकाग्रता अविश्वसनीय रूप से बढ़ गई।

जैसा कि मैंने अभी बताया, कई सालों तक मैंने लक्ष्य-निर्धारण की परवाह नहीं की थी। ईमानदारी की बात यह है कि ऐसा करने के ख़याल से ही मैं असहज हो जाता था, क्योंकि अपने लिए कुछ लक्ष्य तय करने और उन्हें कलमबद्ध करके रखने का मतलब था कि मैं यह देख सकता था कि मैंने क्या हासिल किया था और क्या नहीं किया था, और मुझमें ऐसा करने का साहस नहीं था।

अपने लक्ष्यों को कलमबद्ध करके रखने के पक्ष में कई सारे कारण दिए जा सकते हैं, जैसे -

1. जब हम किसी लक्ष्य को लिखकर रखते हैं तो हम अपने अवचेतन मन को यह बता रहे होते हैं कि हर दिन हमारे ज़ेहन में जो 50000 से 60000 विचार आते हैं, उनमें से यह वाला विचार (जिसे हमने कलमबद्ध किया है) सबसे ज़्यादा महत्वपूर्ण है।
2. आप उन गतिविधियों पर ध्यान केन्द्रित करने लगते हैं जो आपको लिखित लक्ष्यों के करीब ले जाती हैं। इससे आपकी सही निर्णय लेने की काबिलियत भी बढ़ जाती है, क्योंकि जब आपका ध्यान हमेशा अपने लक्ष्य पर केन्द्रित होता है तो आप खुद-ब-खुद इस बात के प्रति सजग रहने लगते हैं कि अभी आप जो कर रहे हैं वो लक्ष्य-प्राप्ति के हिसाब से समय का अधिकतम सदुपयोग है अथवा नहीं।
3. हर दिन अपने लिखे हुए लक्ष्यों को पढ़ने से आप लक्ष्य-प्राप्ति के लिए

ज़रूरी कदम उठाने को मजबूर हो जाते हैं। जब हर दिन आपके लक्ष्य आपकी आँखों के सामने रहते हैं तो स्वतः ही आपके दिमाग में इस तरह के सवाल आने लगते हैं कि 'अभी जो मैं कर रहा हूँ वह मुझे लक्ष्य-प्राप्ति के करीब ले जा रहा है या उससे दूर कर रहा है?' और इससे आपको यह तय करने में आसानी हो जाती है कि आज मुझे क्या करना चाहिए और क्या नहीं।

बदलाव की प्रक्रिया शुरू करने से पहले यह पता होना ज़रूरी है कि हमारा लक्ष्य क्या है। एक बार लक्ष्य निर्धारित हो जाए तो फिर उसे हासिल करने की प्रक्रिया को छोटे-छोटे चरणों में बाँट लें। इसके बाद हिसाब लगा लें कि किस चरण को पूरा होने में कितना समय लग सकता है और लक्ष्य-प्राप्ति कब तक हो पाएगी। इस अनुमान के हिसाब से काम पूरा होने की समयावधि निश्चित कर लें। अगर लक्ष्य-प्राप्ति तयशुदा तारीख को या उससे पहले न भी हो तो चिंता न करें, थोड़ा बहुत ऊपर-नीचे तो चलता है। समयावधि तय करने का इरादा बस इतना है कि लक्ष्य पर से हमारा ध्यान न भटके और हमें यह पता रहे कि काम को लगभग कितने समय में पूरा करना है।

अपनी कोचिंग के दौरान मैं अक्सर अपने क्लाइंट्स से कहता हूँ, **"अगर आप अपने सपने के साकार होने की एक तारीख तय कर दें तो वह लक्ष्य बन जाता है।"** तो चलिए शुरू करते हैं।

नीचे दिए गए अभ्यास में मैं चाहूँगा कि आप यह लिखें कि आज से 10 साल बाद आप अपनी ज़िन्दगी को किस हाल में देखना चाहते हैं। ध्यान दें, **आपको वह लिखना है जो आप 'चाहते' हैं, न कि वह जो आप 'सोचते हैं कि होगा'**। इसीलिए ज़रा भी कंजूसी न करें, अपनी कल्पना को खुला छोड़ें और कुछ बड़ा सोचें! जो भी जवाब आप यहाँ लिखेंगे वे ही आपकी ज़िन्दगी की भावी दिशा तय करेंगे। अपने दिमाग में अपने लक्ष्यों की स्पष्ट तस्वीर बनाएँ। **अपनी भीतरी आँखों से देखें कि आप उन लक्ष्यों को हासिल कर चुके हैं। कैसा महसूस हो रहा है आपको उन्हें हासिल करके? उन्हें हासिल करने के बाद आपकी ज़िन्दगी कैसी हो गई है? आपमें क्या बदलाव आया है? आपके वातावरण में क्या बदलाव आया है?**

आपके लक्ष्य आपके अपने होने चाहिए, यानी कि विशिष्ट होने चाहिए। सकारात्मक होने चाहिए और उन्हें हासिल करने को लेकर आपके अन्दर मज़बूत इच्छा-शक्ति होनी चाहिए। एक और ज़रूरी बात-जब आप अपने लक्ष्यों को

हासिल करने निकलें तो शाबासी या पुरस्कार सिर्फ लक्ष्य-प्राप्ति के लिए बचाकर न रखें, बल्कि वहाँ तक पहुँचने की प्रक्रिया में आप हर दिन जो प्रयास कर रहे हैं उन प्रयासों के लिए भी अपनी पीठ थपथपाते रहें। और किसी भी फौरी नाकामी के लिए खुद को सज़ा देने या कोसने की गलती कभी न करें! यह बात दिमाग में रखें कि भले आप आज के लिए निर्धारित लक्ष्य पूरे न कर पाए हों, मगर एक हफ्ते या एक महीने पहले आप जहाँ थे उसके मुकाबले आज कहीं आगे हैं।

आपकी लक्ष्य-निर्धारण यात्रा को और भी मंगलमय बनाने के लिए कुछेक और उपयोगी सुझाव -

- एक कार्ड पर अपने लक्ष्य लिखकर उस कार्ड को अपने बटुए में रख लें और दिन में कई बार उसे निकालकर पढ़ें।
- हर दिन के लिए कार्य-सूची बनाना बहुत फायदेमंद होगा। अपने लक्ष्यों को हासिल करने के लिए जो-जो भी कदम उठाने हैं उन सब को इस कार्य-सूची में शामिल करें और हरेक काम के साथ उसको पूरा करने की समय-सीमा का भी उल्लेख करें।
- लक्ष्यों में संतुलन बनाकर रखें (शारीरिक, आर्थिक, सामाजिक, व्यावसायिक, पारिवारिक, आध्यात्मिक)।

ये अभ्यास करें -

1. अगले दस सालों में अपनी ज़िन्दगी की दशा और दिशा बदलने को लेकर आपके क्या लक्ष्य हैं? सोचने की कोई सीमा नहीं है, इसीलिए कंजूसी न करें!
2. अपने दस-वर्षीय लक्ष्यों के करीब पहुँचने के लिए अगले पाँच सालों में आपको क्या-क्या हासिल करना होगा?
3. अपने पाँच-वर्षीय लक्ष्यों के करीब पहुँचने के लिए अगले एक साल में आपको क्या-क्या हासिल करना होगा?
4. अपने एक-वर्षीय लक्ष्यों के करीब पहुँचने के लिए अगले तीन महीनों में आपको क्या-क्या हासिल करना होगा?
5. अपने तीन महीनों के लक्ष्यों के करीब पहुँचने के लिए आप अभी क्या कर सकते हैं? कम से कम तीन काम लिखिए और उन पर अमल शुरू कर दीजिए!

20

खारिज होने के डर को खारिज करें

"खारिज किया जाना मुझे हतोत्साहित नहीं करता, बल्कि यह मेरे कान पर बजाए गए उस बिगुल की तरह होता है, जिसे सुनते ही मैं नींद से जागकर मुस्तैदी से अपने काम में लग जाता हूँ।"

–सिल्वेस्टर स्टेलोन

हमारे सबसे बड़े डरों में से एक डर यह भी है –अस्वीकृत किए जाने का डर। हम अपनी मनपसंद लड़की से डांस के लिए नहीं पूछते, क्योंकि हम अस्वीकृत होने से डरते हैं। हम अपनी पसंदीदा कम्पनी में सीवी नहीं भेजते, क्योंकि हम अस्वीकृत होने से डरते हैं। हवाईजहाज़ में हम बिज़नेस क्लास में अपग्रेड किए जाने या रेस्तरां में सबसे अच्छी टेबल दिए जाने का आग्रह भी नहीं करते, क्योंकि हम अस्वीकृत होने से डरते हैं!

अपने लक्ष्यों तक पहुँचने के लिए आपको खारिज होने के डर (अस्वीकृति) को संभालना सीखना पड़ेगा। यह ज़िन्दगी का एक अटूट हिस्सा है और इससे पार पाने के लिए आपको इस बात को समझना होगा कि असफलता की ही तरह अस्वीकृति का भी वास्तव में कोई अस्तित्व नहीं होता, यह सिर्फ हमारे दिमाग में होती है। जो सफलतम लोग हैं वो किसी और दुनिया से नहीं आए हैं। वे भी आपके और हमारे जैसे हाड़-माँस के इंसान हैं, **बस उनकी अस्वीकृति झेलने की काबिलियत हमसे बेहतर है!** कमाल की बात है न। अपने लक्ष्यों की ओर बढ़ते हुए आपको कदम-कदम पर अस्वीकृति का सामना करना पड़ेगा (सभी को करना पड़ता है)। इस पर ध्यान न दें। **और सबसे अहम बात, इसे दिल से न लगाए!**

ज़रा सोचकर देखें। अगर आपने किसी से अपने साथ घूमने चलने के लिए पूछा और उसने कह दिया कि उसका मन नहीं है आपके साथ जाने का, तो इससे आपका क्या बिगड़ गया? कुछ भी नहीं। वह पहले भी आपके साथ घूमने नहीं जा रहा था और अभी भी नहीं जा रहा है। आपकी स्थिति तो जस की तस है। आपने कहाँ कुछ खोया?

खारिज किया जाना अपने आप में कोई समस्या नहीं है; खारिज होने के बाद आप अपने आप से जो कुछ कहते हैं, वो समस्या है। "मुझे पता था मुझसे नहीं होगा। मुझे पता है मैं उतना अच्छा नहीं हूँ। पापा सही थे, मैं ज़िन्दगी में कभी भी कुछ भी हासिल नहीं कर पाऊँगा।" महत्वपूर्ण यह है कि एक 'न' सुनकर आप रुक न जाए बल्कि आगे बढ़ते रहें। जितने भी कामयाब सेल्समैन हैं वे सभी यही लक्ष्य सामने रखकर चलते हैं कि उन्हें हर दिन कम से कम 100 लोगों के मुँह से तो 'न' सुनना ही है, क्योंकि उन्हें पता होता है कि 100 लोगों के मुँह से 'न' सुनने की प्रक्रिया में कुछेक ऐसे लोग भी ज़रूर मिलेंगे जो 'हाँ' कहेंगे।

यह 'अंकों' का खेल है! मेरे दोस्तों में से सबसे ज़्यादा कामयाब 'डॉन जुआन' (लड़कियों/औरतों को रिझाने में माहिर इंसान) वे हैं जो अस्वीकृति को सबसे अच्छे से सँभालते हैं। वे जानते हैं कि अगर किसी शाम वे 25 लड़कियों से बात करेंगे तो कम से कम एक लड़की तो उनके साथ ड्रिंक्स के लिए तैयार हो ही जाएगी। जबकि बाकी के जो दोस्त हैं वे दो या तीन लड़कियों के मुँह से 'न' सुनकर ही निराश हो जाते हैं।

कामयाबी की राह पर कई-कई बार खारिज होने के लिए तैयार रहना चाहिए। इससे अप्रभावित रहते हुए आगे बढ़ते रहना चाहिए। जब भी कोई आपको कहे 'जी नहीं, शुक्रिया', तो आप सोच लीजिए, **'चलो कोई और देखते हैं।'** आपको पता है सिल्वेस्टर स्टेलोन ने 'रॉकी' फिल्म के लिए जो पटकथा लिखी थी उसे फिल्म निर्माताओं ने 70 से भी ज़्यादा बार खारिज किया था? इसी तरह जैक कैनफील्ड और मार्क विक्टर हैनसेन की लिखी किताब 'चिकन सूप फॉर दि सोल' को प्रकाशकों ने 130 बार खारिज किया था और जब कैनफील्ड ने यह कहा था कि उनके हिसाब से उनकी किताब की कम से कम 1 मिलियन प्रतियाँ बिकेंगी, तब उनका खूब मज़ाक उड़ाया गया था। उनके सम्पादक ने तो यहाँ तक कह दिया था कि अगर इसकी 20,000 प्रतियाँ भी बिक गईं तो बड़ी बात होगी। अब तो हमें पता ही है कि 'चिकन सूप फॉर दि सोल' पुस्तक श्रृंखला की पहली ही किताब की

8 मिलियन प्रतियाँ बिकी थीं, जबकि पूरी श्रृंखला को मिलाकर 500 मिलियन से भी ज़्यादा प्रतियाँ बिक चुकी हैं! यहाँ तक कि जे.के. रोलिंग की 'हैरी पॉटर' भी 12 बार खारिज हुई थी!

इन सवालों के जवाब दें -

- इस अध्याय से आपने क्या सीखा?
- अब से आप अस्वीकृति से कैसे निपटेंगे?

21

ऊर्जा बर्बाद करने वाली गतिविधियों से बचें!

"भरपूर ऊर्जा और ज़बरदस्त दृढ़ता से सबकुछ जीता जा सकता है।"

–बेंजामिन फ्रेंकलिन

"मस्तिष्क की ऊर्जा ही जीवन का सत्व है।"

–अरस्तू

मनचाहे लक्ष्य हासिल करने, आगे बढ़ने और ज़िन्दगी को खुशहाल बनाने के लिए आपके भीतर भरपूर ऊर्जा होनी ज़रूरी है। कुछ ऐसी गतिविधियाँ होती हैं, जो हमारी ऊर्जा घटाने का काम करती हैं, जबकि कुछ होती हैं जो ऊर्जा बढ़ाती हैं। अपनी कोचिंग के दौरान मैं ऐसी गतिविधियों पर बहुत ज़ोर देता हूँ जिनसे मेरे क्लाइंट्स की ऊर्जा बढ़ती हो और उन गतिविधियों को उनकी दिनचर्या से हटवाता हूँ जो उनकी ऊर्जा चूस लेती हैं। आप भी ऊर्जा के महत्व को कम करके न आँकें और अपनी ऊर्जा का स्तर ऊँचा उठाए रखने के लिए सतत प्रयत्नशील रहें।

जब आपका ऊर्जा-स्तर कम होता है तब आप अच्छा महसूस नहीं करते, खिन्न रहते हैं, किसी भी चीज़ पर ध्यान केन्द्रित नहीं कर पाते हैं, और कमज़ोर ऊर्जा-तरंगें ब्रम्हाण्ड में भेजते हैं। और आप तो जानते हैं कि आपके पास वही लौटकर आता है जो आप ब्रम्हाण्ड को भेजते हैं। इसीलिए ऐसे काम करना और ऐसी चीज़ों के संपर्क में रहना छोड़ दीजिए जो आपकी ऊर्जा घटाती हों, मसलन खानपान संबंधी गलत आदतें, शराब, ड्रग्स, कैफीन, शक्कर, तम्बाखू, व्यायाम से

जी चुराना, नकारात्मकता, नुक्ताचीनी, अस्पष्ट व अलिखित लक्ष्य, टीवी पर चलने वाली ख़बरें, दैनिक अखबार, इत्यादि।

ये सभी चीज़ें आपकी ऊर्जा घटाती हैं। इसी तरह अपने आसपास मौजूद उन लोगों से भी बचकर रहें जो आपकी ऊर्जा उसी तरह चूस लेते हैं जिस तरह वैम्पायर किसी का खून चूसता है। ये लोग कोई भी हो सकते हैं, मसलन आपके सहकर्मियों में से कोई, दोस्तों में से कोई, यहाँ तक कि परिजनों में से कोई। ऐसे लोगों के साथ समय बिताने का कोई औचित्य नहीं बनता।

अपने ऊर्जा-प्रबंधन को लेकर एकदम स्वार्थी बन जाइए -

- ध्यान भटकाने वाली सभी चीज़ों को दूर कर दीजिए।
- अधूरे कामों को जल्दी से जल्दी पूरा कर लीजिए।
- किस चीज़ को किस हद तक बर्दाश्त करना है यह तय कर लीजिए (अध्याय 29 भी देखिए)।
- उन सभी लोगों और संबंधों को अलविदा कह दीजिए जो अनावश्यक आपकी ऊर्जा सोखते हैं।

इन सवालों के जवाब दें -

कौन-कौन सी चीज़ें हैं, जो अनावश्यक आपकी ऊर्जा सोखते हैं?

____

____

____

____

खुद को इनसे दूर करने के लिए आप क्या करेंगे?

____

____

____

____

22

समय का सही उपयोग करें

"इससे ज़्यादा फ़िज़ूल बात और क्या होगी कि आप पूरी शिद्दत से किसी ऐसे काम में लगे रहें, जिसे किए जाने की ज़रूरत ही नहीं है!"

–पीटर एफ. ड्रकर

क्या आप इस बात से परेशान हैं कि हर दिन ओवरटाइम करने के बाद भी आपके काम पूरे नहीं होते, कुछ न कुछ रह ही जाता है? क्या आप उन लोगों में से हैं जो हमेशा भगवान से यही मनाते हैं कि काश मेरे पास दिन में 28 घंटे होते? बदकिस्मती से भगवान भी आपकी यह मुराद पूरी नहीं कर सकते; आपको दिन में 24 घंटों से ज़्यादा नहीं मिल सकते। और मैं आपको एक और बात बता दूँ कि समय-प्रबंधन जैसी कोई चीज़ नहीं होती! आप मन-मुताबिक़ समय को घटा-बढ़ा नहीं सकते। हाँ, आप अपने समय का समझदारी से उपयोग करने और अपनी प्राथमिकताओं का प्रबंधन करने के लिए स्वतंत्र हैं। मुझसे मिलने आने वाले तमाम लोग और मेरे ज़्यादातर दोस्त हमेशा इसी बात का रोना रोते हैं कि 'मेरे पास इस काम के लिए समय नहीं है, मेरे पास उस काम के लिए समय नहीं है।" समय की कमी पूरी करने का सबसे आसान तरीका यह है कि आप हर दिन टीवी देखने के समय में एक घंटे की कटौती कर दें, इस तरह आपको साल भर में 365 घंटे ज़्यादा मिलने लगेंगे। यानी कि हर महीने 28 घंटे ज़्यादा! यानी कि हर हफ्ते 7 घंटे ज़्यादा! ज़्यादा समय पाने का एक और अच्छा तरीका है सुबह जल्दी सोकर उठने लगना (अध्याय 25 देखें)।

प्राथमिकताएँ तय करें कि किस काम में कितना समय खर्चना सही होगा। **कब आप दूसरों के लिए उपलब्ध हैं और कब नहीं इसके सन्दर्भ में स्पष्ट नियम**

तय करें और लोगों को अपना समय नष्ट न करने दें। आप जितनी अपने समय की कद्र करेंगे उतना आपके पास समय बढ़ता जाएगा, क्योंकि तब दूसरे लोग भी आपके समय की कद्र करने लगेंगे। अगर आप लोगों को यह मौका देंगे कि वे जब चाहें आकर आपके काम में व्यवधान डाल दें, तो इससे उनको सन्देश यह जाएगा कि आपका समय ज़्यादा कीमती नहीं है, और तब वे और भी ज़्यादा व्यवधान डालने लगेंगे। फलस्वरूप आप अपना काम एकाग्र होकर नहीं कर पाएँगे, जिसके चलते आपको हमेशा समय की कमी महसूस होगी – भले आप कितने भी घंटे काम क्यों न करें। हालिया अध्ययनों में यह बात सामने आई है कि काम के दौरान 5 मिनट का व्यवधान असल में 12 मिनट के काम का नुकसान करवाता है, क्योंकि आपके दिमाग को वापस काम पर एकाग्र होने में 7 मिनट लग जाते हैं! दिन भर में कितनी बार 5-5 मिनट के व्यवधान पड़ते हैं आपके काम में – 10? 12?

सोचकर देखिए कि अगर आप इन व्यवधानों की संख्या को घटा लें तो कितना सारा समय बचा सकते हैं। 3 मिनट के हरेक व्यवधान के लिए आपको 10 मिनट की कीमत चुकानी पड़ती है। अगर मान लें कि हर दिन आप औसतन 12 बार इस तरह के व्यवधानों का सामना करते हैं, तो इसका मतलब हुआ कि आपके 2 घंटे बर्बाद हो गए! अगर महीने भर का हिसाब लगाए तो पूरा एक हफ्ता बर्बाद हो जाता है! इसीलिए काम करते समय किसी को भी (चाहे वो सहकर्मी हों, दोस्त हों, या क्लाइंट्स हों) डिस्टर्ब न करने दें। इस बारे में स्पष्ट नियम बनाएँ।

आपके समय के लुटेरों में अगला नाम है सोशल मीडिया और ई-मेल का। **अगर आप सोशल मीडिया के उपयोग और ई-मेल्स चेक करने का समय तय करके चलें तो आपका बहुत सारा समय बच जाएगा।** 'न' कहना सीखकर मैंने कार्यस्थल पर बहुत सारा समय बचाना शुरू कर दिया है। (अध्याय 24 देखें।) समय बचाने का मेरा सबसे पसंदीदा उपाय है रविवार को 30-60 मिनट खर्च करके अगले पूरे हफ्ते की कार्य-योजना बना लेना। मैं रविवार को बैठकर अगले हफ्ते के लिए अपने निजी और पेशेवर लक्ष्य तय करता हूँ और उन्हें एक एक्सेल शीट में दर्ज भी कर लेता हूँ।

अगले हफ्ते का कार्यक्रम तय करते समय मैं उसमें खाली समय के लिए भी प्रावधान रखता हूँ। खाली समय मतलब जिसमें मैं आराम कर सकूँ, योग, व्यायाम या ध्यान कर सकूँ, कुछ पढ़ सकूँ, बीच-बीच में थोड़ी देर के लिए झपकी ले सकूँ, या मनोरंजन कर सकूँ। इसके अलावा कुछ समय मैं इमरजेंसी या अचानक आ

जाने वाले ज़रूरी कामों के लिए भी रखता हूँ। मैं हर दिन सोने से पहले 15 मिनट का समय अगले दिन की योजना बनाने के लिए भी सुरक्षित रखता हूँ। इससे मेरे अवचेतन मस्तिष्क को रात भर उन चीज़ों पर काम करने का मौका मिल जाता है जिन्हें अगले दिन करने की योजना मैंने बनायी होती है। इससे यह फायदा होता है कि अगले दिन उठने के बाद मुझे ज़्यादा कुछ सोचना नहीं पड़ता, मैं तुरंत काम पर लग जाता हूँ।

समय की बचत करवाने वाले कुछ और सुझाव :

- कार्य-सूची बनाएँ, जिसमें कामों के आगे उनको पूरा करने में लगने वाला समय भी लिखें।
- अपने हर फोन कॉल के लिए अधिकतम 5 मिनट की समय-सीमा तय कर लें।
- किसी को फोन लगाने से पहले ही यह तय कर लें कि क्या और कितनी बात करनी है, ताकि इधर-उधर की बातों में समय ज़ाया न हो।
- समय के साथ होड़ लगाते हुए काम करें, मसलन किसी भी काम को शुरू करने से पहले घड़ी में अलार्म लगा लें और तय कर लें कि अलार्म बजने से पहले-पहले आपको काम ख़त्म करना ही है। इससे आपके काम जल्दी होने लगेंगे।
- हर रात सोने से पहले उन पाँच कामों की फेहरिस्त तैयार करें जिन्हें आप अगले दिन करना चाहते हैं। कामों को प्राथमिकता के क्रम में लिखें।
- दिन को छोटे-छोटे काल-खण्डों में बाँटकर काम करें। मसलन, 90-90 मिनट के कालखण्ड।
- अपने समय का हिसाब रखें। अभी आप दिन भर में किन-किन कामों में कितना-कितना समय खर्चते कर रहे हैं इस पर नज़र रखें।
- नापसंद काम पहले करें।

समय बर्बाद करने वाली इन आदतों को बदलें :

- किसी काम को पूरा करने के लिए ज़रूरी जानकारी जुटाए बिना ही काम शुरू कर देना।

- हर काम खुद करने की कोशिश करना। (मिल-बाँटकर काम करना अच्छा है।)
- आसानी से ध्यान भंग होना। (ध्यान केंद्रित करें और सीमाएँ निर्धारित करें!)
- फोन पर लम्बी-लम्बी बातें करना। (अधिकतम पाँच मिनट की समय-सीमा तय करें।)
- काम की फाइलें ढूँढने में बहुत समय लगाना। (व्यवस्थित रहना शुरू करें!)
- चीज़ों को एक ही तरह से करते रहना और यह न सोचना कि उन्हें करने का कोई और बेहतर तरीका भी हो सकता है।
- यह मानकर चलना कि आपको हर समय, हर जगह, हर किसी के लिए उपलब्ध रहना ज़रूरी है। (वाकई?)

तो अब से आप क्या करेंगे? अभी भी अपने अधूरे कामों के लिए यही सफाई देंगे कि आपके पास पर्याप्त समय नहीं है, या फिर इस अध्याय में बताए गए किसी उपाय को अमल में लाकर समय की बचत शुरू करेंगे और बदलावों का आनंद लेंगे? आप ही को तय करना होगा कि आप अपनी आदतें बदलना चाहते हैं या नहीं।

ये अभ्यास करें :

वो कौन सी पाँच चीज़ें हैं जो आप अब से करना शुरू करेंगे?

____

____

____

____

____

____

____

____

____

____

23

व्यवस्थित रहना शुरू करें!

"व्यवस्थित होने का मतलब है किसी काम को करने से पहले वो सब करना, जिससे काम करते समय ऊर्जा, समय, और संसाधनों की बर्बादी न हो!"

–ए.ए. मिल्ने

"व्यवस्थित होने में खर्च किया गया हर एक मिनट एक घंटे की बचत करवाता है!"

–अनाम

क्या आप भी उन लोगों में से हैं जो 'व्यस्तता' के चलते खुद को व्यवस्थित नहीं रख पाते? क्या आपकी टेबल पर भी तमाम तरह के कागजों और पोस्ट-इट नोट्स का अम्बार लगा रहता है? और क्या आपके साथ भी ऐसा होता है कि काम के मारे आपको साँस लेने की भी फुर्सत नहीं मिलती, मगर काम है कि फिर भी पूरा होने को नहीं आता? **अगर हाँ, तो अब मैं जो कहने जा रहा हूँ उसे ध्यान से पढ़िएगा, यह खासकर आप ही के लिए है।**

ऐसा नहीं है कि बहुत व्यस्त होने के चलते आप व्यवस्थित नहीं रह पाते, बल्कि सच यह है कि चूँकि आप व्यवस्थित नहीं हैं इसलिए आप हरदम व्यस्त रहते हैं! और मैं आपको एक बात बताऊँ? **व्यस्त रहने का मतलब हरगिज़ यह नहीं होता कि आप ज़्यादा काम कर रहे हैं! दफ्तर में सबसे ज़्यादा फैलारा आपकी टेबल पर है इसका मतलब यह नहीं कि दफ्तर में सबसे ज़्यादा काम आप करते हैं!** बहुत सारे अध्ययनों में सामने आया है कि आजकल के

कर्मचारियों का 30-50% समय तो काम के कागज़ तलाशने में खर्च हो जाता है!

अगर आप भी इन्हीं कर्मचारियों में से हैं तो नीचे दिए गए छोटे-छोटे से सुझावों को अमल में लाइए, इनमें आपकी ज़िन्दगी बदल देने की क्षमता है। पहले मैं भी आपकी ही तरह था, मगर इन सुझावों पर अमल करके मैंने अपनी ज़िन्दगी में बड़े बदलाव हासिल किए हैं।

- कामकाजी दिन के शुरुआती 15 मिनट यह तय करने में लगाइए कि आज कब-कब क्या-क्या करना है।
- हफ्ते में एक घंटा अपने कागजों को व्यवस्थित करके फाइल में लगाने पर खर्च कीजिए।
- दिन में 15 मिनट का समय उन कागजों को टेबल पर से हटाने में खर्च कीजिए जो अब काम के नहीं हैं।
- कामकाजी दिन के आख़िरी 15 मिनट यह तय करने में लगाइए कि अगले दिन कौन-कौन से काम करने हैं और उनमें से कौन-कौन से महत्वपूर्ण हैं और कौन-कौन से अर्जेंट।
- अपने ईमेल इनबॉक्स को कार्य-सूची की तरह इस्तेमाल करें। जो काम पूरे हो जाए उन्हें 'आर्चीव्ड' फोल्डर में डाल दें और जिन्हें करना बाकी है वे इनबॉक्स में ही रहने दें।
- जिन भी ईमेल्स को आप पाँच मिनट या उससे कम में पढ़ सकते हों या जिन भी कामों को आप पाँच मिनट या उससे कम में पूरा कर सकते हों, उन्हें तुरंत पढ़ डालें! हमेशा!
- जब तक आपके पास पर्याप्त समय न हो, नए काम हाथ में न लें।
- हर काम को पहली बार में ही परफेक्ट तरीके से करें ताकि वह लौटकर आपके पास न आए। लौटकर आए हुए काम को ठीक करने में पहले के मुकाबले ज़्यादा समय भी लगता है और वह आपका शेड्यूल भी गड़बड़ा देता है।

कभी न कभी आपका भी वास्ता किसी ऐसे सहकर्मी से ज़रूर पड़ा होगा जो समय बचाने के चक्कर में जल्दी-जल्दी काम करता है, मगर उसके हर काम में हमेशा कई सारी कमियाँ रह जाती हैं, जिसके चलते आपको बारम्बार उसके पास जाकर

कहना पड़ता है कि इसमें अमुक-अमुक सुधार करें या अमुक-अमुक जानकारी उपलब्ध कराएँ। अगर वो उस काम को एक बार में ही अच्छी तरह जाँच-परख के करे तो उसे 15 मिनट लगेंगे, मगर जल्दी के चक्कर में वो उस काम को 5 मिनट में करने की कोशिश करता है, जिसका नतीजा यह होता है कि वो काम जब सुधार के लिए बारम्बार उसके पास लौटकर आता है तब उसे पूरा करने में तकरीबन 35 मिनट लग जाते हैं। ऐसे में समय की बचत होती है या बर्बादी? हमेशा हर काम को एक बार में ही सही ढंग से करने की आदत डालें।

यह कहने से पहले कि इस आदत से (व्यवस्थित रहने की आदत) मुझे कोई फायदा नहीं हुआ या इसने मेरे मामले में काम नहीं किया, कम से कम दो सप्ताह तक इसका अभ्यास करें। उसके बाद भी अगर आपको लगे कि काम नहीं बन रहा है तब बेझिझक मुझे ईमेल भेजकर अपनी शिकायत दर्ज कराएँ।

इन प्रश्नों के उत्तर दें :

ऊपर दिए गए सुझावों में से सबसे पहले आप किस पर अमल करके देखेंगे?

24

उन्हें 'न' और खुद को 'हाँ' कहें!

*"मुझे नहीं पता कि कामयाबी की कुंजी क्या है,
मगर नाकामी की कुंजी है सभी को खुश करने की कोशिश!"*
–बिल कॉस्बी

यहाँ मैं आपको एक और ऐसे छोटे से अभ्यास के बारे में बताने जा रहा हूँ, जिसने मेरी ज़िन्दगी को बहुत बेहतर बनाया है - हर किसी को खुश करने के चक्कर में हर बात के लिए 'हाँ' कहना छोड़ दें और 'न' कहने की आदत डाल लें। जब आप अपनी सुविधा-असुविधा, अपनी ख़ुशी-नाखुशी का ध्यान रखते हुए अपनी मर्ज़ी से दूसरों को 'न' कहते हैं तब वास्तव में आप खुद को 'हाँ' कह रहे होते हैं!

जब तक मैंने 'न' कहना नहीं सीखा था तब तक अक्सर ऐसा होता था कि मन न होने पर भी मैं सैर-सपाटे के दोस्तों के आग्रह को टाल नहीं पाता था, या ऐसे कार्यक्रमों में भी चला जाता था जिनमें मुझे बिल्कुल भी मज़ा नहीं आता था। नतीजतन मैं शारीरिक रूप से तो उनके साथ होता था पर मेरा मन कहीं और रहता था। इसके चलते न तो मैं पूरी तरह खुश रह पाता था और न मेरे साथ के लोगों को उतना मज़ा आ पाता था। मगर जब मैंने तय कर लिया कि मन होने पर ही 'हाँ' कहूँगा वर्ना स्पष्ट 'न' कर दूँगा, तब से मैं ज़्यादा खुश रहने लगा। शुरू-शुरू में ऐसा करने में मुश्किल तो हुई, पर धीरे-धीरे आदत पड़ गई। अब मैं कभी-कभी ही दोस्तों के साथ बाहर जाने के लिए 'हाँ' करता था, मगर जब भी जाता था तो पूरे मन से उनके साथ होता था।

इस बदलाव का मेरी कामकाजी ज़िन्दगी में और भी गहरा असर देखने को मिला। जब मैंने पहली बार काम करना शुरू किया था (स्पेन में) तब मेरी हरसंभव कोशिश होती थी कि मैं एक अच्छा कर्मचारी बनकर दिखाऊ। इसके चक्कर में मैं हर उस आदमी को हाँ कह देता था जो मुझसे अपना कोई काम करवाना चाहता था। इसका नतीजा क्या हुआ? काम कर-करके मेरी हालत खराब हो गई, क्योंकि मुझसे काम निकलवाने वालों की तादाद अच्छी खासी हो गई थी – और अमूमन लोग मुझे वे काम पकड़ा जाते थे जिन्हें करने को कोई और तैयार नहीं होता था।

आखिरकार जब पानी मेरे सिर से ऊपर निकलने लगा तो मैंने खुद से कहा, "बस, बहुत हो गया!" तब से कोई भी मेरे पास अपना काम लेकर आता तो मेरा छूट जवाब होता, "नहीं, मैं नहीं कर पाऊँगा। अभी मैं बहुत बिज़ी हूँ! सॉरी!" जब से मैंने 'न' कहना शुरू किया तब से मेरी कामकाजी ज़िन्दगी में सुधार आना शुरू हो गया और मेरे पास बहुत सारा खाली समय बचने लगा।

ध्यान इस बात का रखें कि 'न' कहते समय आपको कोई अपराध-बोध महसूस न हो! जिसको 'न' कह रहे हैं उसे समझाएँ कि आप उसके प्रति किसी दुर्भावना के चलते ऐसा नहीं कर रहे हैं बल्कि खुद को काम के बोझ और तनाव का शिकार होने से बचाने के लिए आपका ऐसा करना ज़रूरी हो गया है। बेशक कभी-कभी किसी सहकर्मी की दरख्वास्त पर उसकी मदद के लिए हम उसका कुछ काम कर सकते हैं, मगर तभी जब हमारी मर्ज़ी हो और हमारे पास पर्याप्त समय हो। मतलब, आप खुद तय करेंगे कि करना है या नहीं करना है। और जब करें भी तो उस सहकर्मी को यह बात ज़रूर बता दें कि आप सिर्फ उसकी सहायता के उद्देश्य से एक बार ऐसा कर रहे हैं और वह बारम्बार ऐसी किसी मदद की उम्मीद न लगाए।

स्वार्थी? बेशक! मगर इस बात को न भूलें कि आपकी ज़िन्दगी में सबसे अहम इंसान कौन है। बिलकुल ठीक! आपकी ज़िन्दगी के सबसे अहम इंसान आप खुद हैं! इसीलिए सबसे पहले अपनी भलाई सुनिश्चित करें। जब आप स्वस्थ व प्रसन्न होंगे तभी किसी और के लिए कुछ कर पाएँगे। इसीलिए मदद करने या भले बनने के चक्कर में अपना सुख-चैन दाँव पर न लगाए। अगर आप एकदम से तय नहीं कर पा रहे हों कि 'हाँ' कहें या 'न', तो कह दें कि "देखता हूँ, अगर मुमकिन होगा तो बताऊँगा।" इससे आपको थोड़ा वक़्त मिल जाएगा निर्णय करने का। यकीन जानिए, 'न' कहना सीख लेने से ज़िन्दगी बहुत आसान हो जाती है!

खुद से ये सवाल करें -

- आप किसके लिए जी रहे हैं? अपने लिए, या दूसरों को खुश करने और उनकी अपेक्षाएँ पूरी करने के लिए?
- आप किसको और किस चीज़ के लिए 'न' कहकर इस आदत को अपनाने की शुरुआत करेंगे?

ये अभ्यास करें -

उन चीज़ों की फेहरिस्त तैयार करें जिन्हें करना छोड़ना है।

25

सुबह जल्दी उठें! कम सोए!

"सूरज उगने से पहले जाग जाना एक अच्छी आदत है, इससे स्वास्थ्य, सम्पदा और बुद्धिमत्ता में वृद्धि होती है!"

–अरस्तू

एक घंटा जल्दी उठने लगने का पहला फायदा यह है कि आपको साल में 365 घंटे ज़्यादा मिलने लगते हैं! 365! फिर आपकी यह शिकायत भी दूर हो जाएगी कि 'मेरे पास टाइम कहाँ है!' जब मेरे क्लाइंट्स आकर मुझसे कहते हैं कि उन्हें ज़रूरी कामों के लिए पर्याप्त समय नहीं मिलता तो मैं पहली चीज़ उनसे यह पूछता हूँ कि वे दिन में कितने घंटे टीवी देखते हैं। इस समय में कटौती करने पर उन्हें सभी ज़रूरी कामों के लिए समय मिलने लगता है। जिन्हें ऐसा करने के बाद भी पर्याप्त समय नहीं मिल रहा होता, उन्हें मैं एक घंटा पहले जाग जाने के लिए कहता हूँ।

सुबह सूर्योदय से पहले का जो वक़्त होता है उस दौरान वातावरण की ऊर्जा अद्भुत होती है। जब से मैंने सुबह 5.30 से 6 बजे के बीच सोकर उठने की आदत डाली है, मेरी ज़िन्दगी पूरी तरह बदल गई है। अब मैं पहले से ज़्यादा शांत और संयत रहता हूँ और दिन की मेरी शुरुआत पहले की तरह भागमभाग और तनाव भरी नहीं होती। अमूमन मैं सूर्योदय से आधा घंटा पहले दौड़ने निकल जाता हूँ ताकि लौटते वक़्त भूमध्य सागर के क्षितिज से उगते सूरज का नज़ारा कर सकूँ। क्या खूब नज़ारा होता है यह! सुबह-सुबह मुझे ख़ुशी और उमंग से भर देता है! फिर यही ऊर्जा दिन भर के काम के दौरान मेरे साथ रहती है।

आप में से जो लोग समंदर के करीब नहीं रहते हैं वे निराश न हों। खेतों, जंगलों, यहाँ तक कि शहरों की इमारतों के पीछे से उगता सूरज भी उतना ही आकर्षक और ऊर्जावान होता है। आप चाहे जहाँ भी रहते हों, उगते हुए सूरज का नज़ारा ज़रूर करें और मुझे अपना अनुभव बताए। दिन की ऐसी शुरुआत आपको ख़ुशी और इत्मीनान से भर देगी। सुबह जल्दी उठने का और एक फायदा यह है कि इससे आपके अन्दर आत्म-अनुशासन और आत्म-सम्मान बढ़ता है। बहुत सारे कामयाब और विश्वस्तरीय नेता भी सुबह जल्दी उठने वालों की फेहरिस्त में शामिल रहे हैं और अब भी हैं, जैसे कि नेल्सन मंडेला, महात्मा गाँधी, बराक ओबामा और अन्य भी कई।

विज्ञान ने सिद्ध किया है कि एक वयस्क व्यक्ति के लिए रात को छह घंटे की नींद और दोपहर में 30-60 मिनट की झपकी पर्याप्त होती है। आप कितने सजग और उत्पादक रहेंगे यह आपकी नींद की गुणवत्ता पर निर्भर है, न कि नींद के घंटों पर।

हालाँकि अलग-अलग लोगों के लिए ज़रूरी नींद का समय थोड़ा-थोड़ा अलग हो सकता है (जो कि आपको खुद ही पता लगाना पड़ेगा कि सुबह सोकर उठने पर तरोताज़ा महसूस करने के लिए आपको कम से कम कितने घंटों की नींद चाहिए होती है), मगर आप छह घंटे वाली इस सलाह को एक बार अपनाकर ज़रूर देखिए। इससे आपकी ज़िन्दगी की गुणवत्ता बहुत बढ़ जाएगी। याद रखें कि चूँकि यह एक नई आदत होगी, इसलिए अपने शरीर और दिमाग को इसके मुताबिक़ ढलने के लिए थोड़ा समय देना होगा। पहले हफ्ते में हो सकता है कि जल्दी उठने के कारण आपको थोड़ी थकान या उनींदापन महसूस हो, मगर जल्दी ही स्थिति सामान्य हो जाएगी।

किसी भी आदत को पक्का होने में कम से कम 3-4 हफ्ते लगते हैं। शुरू में अगर एक घंटा पहले उठना बिल्कुल ही संभव न हो पाए तो आधा घंटा पहले उठने की कोशिश करें। एक बात याद रखें, किसी भी आदत को सफलतापूर्वक अपनाने में इस बात का भी बड़ा हाथ होता है कि उस आदत को अपनाने को लेकर हम क्या सोच रहे हैं, कैसा रवैया अपना रहे हैं, हमारा नज़रिया और हमारी मान्यता क्या है।

यह बात मुझे हमेशा बड़ा हैरान करती थी कि काम के दिनों में रात को 7-8 घंटे सोने के बाद भी काम पर जाने के लिए सुबह 6.45 पर उठना मुझे बहुत मुश्किल मालूम होता था, जबकि हर बार जब मुझे छुट्टियों में कहीं बाहर जाना

होता था तो रात को बमुश्किल 4 घंटे सोने के बाद भी मैं अलस्सुबह घड़ी का अलार्म बजने से पहले ही जाग जाता था और तब भी पूरी तरह तरोताज़ा और ऊर्जावान महसूस करता था! कहने का मतलब है कि सुबह जल्दी उठना है या नहीं, यह हमारे ही ऊपर होता है। यह हमारा ही निर्णय होता है। और यह निर्णय इस बात पर निर्भर करता है कि हमारे लिए एक अच्छी जीवन-शैली और ज़्यादा समय कितना मायने रखता है।

26

मास मीडिया के जंगल में भटकना बंद करें!

"कोई भी लोकतांत्रिक सभ्यता खुद को तभी बचा पाएगी, जब वह छवियों की भाषा को तार्किक चिंतन बढ़ाने वाले माध्यम में बदले, न कि सम्मोहन के निमंत्रण में।"

–अम्बर्टो ईको

"समाचार असल में महिमामंडित 'गॉसिप' है।"

–मोकोकोमा मोखोआना

आप तेज़ी से तरक्क़ी की सीढ़ियाँ चढ़ना चाहते हैं, है न? तो यहाँ मैं आपको एक ऐसी सलाह दूँगा जिससे आपका बहुत सारा समय और ऊर्जा नष्ट होने से बचेगी, जिसे काम के काम में लगाकर आप अपनी तरक्क़ी की रफ़्तार तेज़ कर सकते हैं। आप हर दिन कितना वक़्त टीवी के सामने बैठकर गुज़ारते हैं? एक आम अमरीकी हर दिन लगभग 4-5 घंटे टीवी देखता है, और यही हाल यूरोप के लोगों का भी है।

इस तरह वे हफ्ते में 28-35 घंटे टीवी देखने में ज़ाया करते हैं। यह कोई छोटी-मोटी अवधि नहीं होती। अगर इसी समय को वे काम के कामों में लगाए तो कितना कुछ हासिल कर सकते हैं। दूसरी बात, टीवी देखने से सिर्फ समय का ही नुकसान नहीं होता, इससे हमारी ऊर्जा भी घटती है। बल्कि कहा जाए कि टीवी देखना अपनी ऊर्जा नष्ट करने के सबसे बड़े साधनों में से एक है तो अतिशयोक्ति

नहीं होगी। आपको कभी टीवी देखकर ऐसा लगा है कि आपका दिल-ओ-दिमाग तरोताज़ा हो गया है, नई ऊर्जा से भर गया है? **टीवी पर ख़बरें देखना बंद कर दीजिए, बल्कि अच्छा तो यही होगा कि टीवी देखना ही छोड़ दीजिए!**

टीवी, और खासकर समाचार देखकर खुद को इतनी नकारात्मकता के हवाले क्यों करना? अपने दिल-ओ-दिमाग में इतना कचरा क्यों भरना? टीवी देखने की खराब आदत को सैर करने, परिवार के साथ समय बिताने, या कोई अच्छी सी किताब पढ़ने जैसी किसी अच्छी आदत से बदल लीजिए।

कई बरस पहले मुझे यह अहसास हुआ कि सुबह टीवी पर ख़बरें देखने के बाद जब मैं काम पर निकलता था तो पूरे रास्ते मेरे दिमाग में वही सब नकारात्मक बातें चलती रहती थीं जो सुबह मैंने टीवी पर देखी और सुनी होती थीं। मुझे लगा कि मैं यह क्या कर रहा हूँ! दफ्तर में काम का तनाव और दबाव कुछ कम है क्या जो मैं इस बात की टेंशन और वहाँ लिए जा रहा हूँ कि आज फलां राजनेता ने यह कह दिया, फलां बैंकर ने वह कर दिया, दुनिया के इस कोने में लड़ाई छिड़ गई, उस देश में आतंकवादी हमला हो गया, वगैरह-वगैरह! बस उस दिन के बाद से मैंने टीवी देखना ही छोड़ दिया। और सिर्फ एक हफ्ते के अन्दर ही मुझे बहुत बेहतर महसूस होने लगा! आपको यकीन नहीं आता? हाथ कंगन को आरसी क्या, खुद आज़मा कर देख लीजिए। **सिर्फ एक हफ्ते के लिए ख़बरें देखना बंद कर दीजिए, फिर देखिए कि कैसा महसूस होता है।**

मैं यह नहीं कह रहा हूँ कि आप देश-दुनिया से बेखबर रहने लगें। हालाँकि हमारे स्पेन में यह कहावत है कि 'सबसे बेखबर आदमी ही सबसे सुखी आदमी होता है।" देश-दुनिया की जानकारी के लिए आप अख़बार पढ़ सकते हैं। पर उसमें भी सिर्फ हैडलाइन पढ़ें। लेकिन अगर आप अखबार भी न पढ़ें तब भी आपको तमाम ज़रूरी ख़बरें तो मिल ही जाएगी, क्योंकि आपके दोस्त, सहकर्मी, और परिवार के लोग आपको बताने से चूकेंगे नहीं। यहाँ आपको यह तय करना पड़ेगा कि आपका दिमाग बिना बीमार हुए कितना कचरा अफोर्ड कर सकता है। बस उसे ही लिमिट बना लीजिए।

अगर आपको टीवी देखना छोड़ने के लिए और कारण चाहिए तो मैं कहूँगा कि आप वे किताबें पढ़ें जिनमें बताया गया है कि किस तरह मीडिया हमारे दिमाग के साथ खेलता है और कैसे उसके द्वारा परोसी जाने वालीं लगभग तमाम बातें झूठी होती हैं! इसीलिए मेरा सुझाव है कि मीडिया के माध्यम से प्रसारित होने वालीं

बेमानी बातों को अपने दिल-ओ-दिमाग पर हावी न होने दें। केवल वे ही चीज़ें देखें और सुनें जिनसे आपके जीवन की गुणवत्ता बढ़ती हो। टीवी देखने से अच्छा है कोई डॉक्यूमेंट्री देख लें या कोई हास्य-फिल्म देख लें। कार में रेडियो पर समाचार सुनने से अच्छा है कि कोई अच्छी ऑडियो-बुक या कोई प्रेरक सीडी चला लें।

27

आप 'मजबूरन' जीते हैं या 'मर्ज़ी' से?

"आपकी नियति आपके अपने चुनावों से तय होती है, संयोगों से नहीं।"

–जीन निडेच

क्या आपकी ज़िन्दगी में ऐसे कई सारे काम हैं जिनके बारे में आपको लगता है कि वे आपको 'करने चाहिए' या 'करने ज़रूरी हैं', मगर आप कभी करते नहीं हैं? ऐसे कितने काम हैं आपकी ज़िन्दगी में? क्या आपको नियमित कसरत करनी चाहिए? हफ्ते में ज़्यादा बार जिम जाना चाहिए? सिगरेट पीना छोड़ देना चाहिए? सेहतमंद भोजन करना चाहिए? परिवार के साथ ज़्यादा वक़्त बिताना चाहिए?

ये तमाम 'करना चाहिए या करना ज़रूरी है' वाली बातें आपका कोई भला नहीं करतीं। ये बस आपको लगातार इस बात का अहसास कराती हैं कि आपको जितना अच्छा होना चाहिए उतने अच्छे आप नहीं हैं। ये आपके भीतर अपराध-बोध पैदा करती हैं और आपको खुद के बारे में खराब महसूस कराती हैं। "मैं जिम क्यों नहीं जा रहा हूँ? मैं कितना खराब हूँ! मैं कभी वज़न कम नहीं कर पाऊँगा!" इस तरह का नकारात्मक स्व-संवाद शुरू हो जाता है। **ऐसे सभी 'करना चाहिए या करना ज़रूरी है' वाले कामों की फेहरिस्त तैयार कीजिए और उन्हें भूल जाइए!**

क्या? भूल जाइए? हाँ! यह मज़ाक नहीं है। मैं पूरी गंभीरता से कह रहा हूँ कि उन्हें भूल जाइए। अगर आपने पिछले साल कोई लक्ष्य तय किया था मगर अभी

तक उसको पूरा करने की दिशा में पहला कदम भी नहीं बढ़ाया है तो बेहतर होगा कि आप उस लक्ष्य को भूल जाए। अगर आपने जिम जाने का लक्ष्य तय किया था मगर आज तक कभी गए नहीं, तो इसे दिमाग से निकाल दीजिए। लक्ष्य के साथ-साथ उसको पूरा न कर पाने की वजह से मन में घर गए अपराध-बोध को भी निकाल फेंकिए। जितने भी 'करना चाहिए' वाले ऐसे लक्ष्य हैं उन सभी को दिमाग से निकाल दीजिए और नए लक्ष्य बनाइए।

वे सारे काम छोड़ दीजिए जिनके बारे में आपको लगता है कि 'करना पड़ेंगे' और **अपनी मर्ज़ी के लक्ष्य तय कीजिए।** 'करना चाहिए' या 'करना पड़ेगा' को 'मैंने तय किया है कि...', 'मुझे यह पसंद है कि...', 'मैं ऐसा करूँगा/गी कि...' से बदल दीजिए।

'मैंने तय किया है कि अब से मैं ज़्यादा कसरत करूँगा/गी, मैं सेहतमंद खाना खाऊँगा/गी, मुझे पढ़ना पसंद है इसलिए मैं और ज़्यादा पढ़ूँगा/गी।' अब ज़्यादा अच्छा महसूस होता है न?

ज़रूरी है कि आप जो भी करें उसमें आपको मज़ा आए; जिस काम में मज़ा न आ रहा हो उसे छोड़ दें।

इस छोटे-से अभ्यास को करके देखें :

मुझे______करना पड़ेगा।
अगर मैं______नहीं करूँगा तो______हो जाएगा।
और अगर______हो गया तो फिर______हो जाएगा और फिर______होगा और फिर______होगा और फिर______होगा।

मुझे______की बजाए______पसंद है, इसलिए मैं______करूँगा।

ये काम करें :

अपनी ज़िन्दगी में मौजूद तमाम 'करना चाहिए या करना पड़ेगा' को भूल जाए या उन्हें 'मैंने तय किया है कि...' से बदल लें।

28

अपने डरों का सामना करें

"तकलीफ उठाने का डर तकलीफ से ज़्यादा तकलीफदेह होता है।"

–पाउलो कोएल्हो

डर का सामना करने का हरेक अनुभव आपको पहले से ज़्यादा शक्तिशाली, साहसी और आत्मविश्वासी बना देता है। आपको वह काम ज़रूर करना चाहिए जो आपको लगे कि आपके बस का नहीं है।"

–एलेनोर रूज़वैल्ट

अपने डरों को यह मौका न दें कि वे आपको कुंठित करने लगें, आगे बढ़ने से रोकने लगें, पंगु बनाने लगें! डेविड जोसेफ श्वार्ट्ज के शब्दों में कहें तो: "वही करो जिससे आपको डर लगता है, और आप देखोगे कि आपको डर लगना बंद हो जाता है।" यही बात मार्क ट्वेन 100 साल से भी ज़्यादा पहले से जानते थे, तभी तो उन्होंने कहा था, **"अब से 20 बरस बाद आप उन चीज़ों के बारे में सोचकर ज़्यादा निराश होंगे जो आपने इस दौरान नहीं कीं, बजाय उन चीज़ों के जो आपने कीं।"** इसी तरह की एक और कहावत है जो मुझे बहुत पसंद है - "उन चीज़ों का पछतावा कभी न करें जो आपने की हैं; सिर्फ उन चीज़ों के लिए अफ़सोस करें जो आपने कभी करके नहीं देखीं!" **इसीलिए अपने तमाम डरों का सामना करें!** कमाल की बात यह है कि हमारे नब्बे प्रतिशत डर काल्पनिक होते हैं। भ्रम! आपके ज़्यादातर डर आपके दिमाग की गढ़ी हुईं वे कहानियाँ होती हैं जिनमें नाटकीयता और त्रासदियों का इतना ज़बरदस्त तड़का लगाया गया होता है

कि आजकल टीवी पर आने वाले सास-बहू के धारावाहिक भी उनके आगे मासूम लगें। मगर हम ज़िन्दगी भर इन कहानियों को असल मानकर जीते हैं। हमारे डर हमें हमारे सुविधाओं के दायरों में कैद करके रखते हैं। मगर समस्या यह है कि ज़िन्दगी में जितनी भी बड़ी और अच्छी चीज़ें हैं – विकास, उन्नति, सफलता, सुख – वे सब सुविधा के दायरों से बाहर निकलकर ही हासिल होती हैं।

डर आपके दिमाग का अलार्म-सिस्टम है, सर्वाइवल मैकेनिज्म है। आपका दिमाग हर हाल में आपको सुरक्षित रखना चाहता है, और समस्या यह है कि हर अनजान चीज़ इसे डराती करती है। मैं भी पहले बहुत सारी चीज़ों से डरता था (अभी भी कुछेक चीज़ों से डरता हूँ), मगर मैंने सीखा कि कैसे अपने डरों से पार पाया जा सकता है। और जब मैं अपने डरों को पीछे छोड़कर आगे बढ़ा तो मैंने पाया कि मेरे लिए एक से बढ़कर एक मौके उपलब्ध थे, मगर मैं ही आगे कदम नहीं बढ़ा रहा था। इसीलिए फिर मैंने अपनी आदत ही बना ली कि जिस भी चीज़ से डर लगे उसे ज़रूर करके देखो। पहले खुद से पूछो कि "अगर मैं इसे करूँ तो बुरे से बुरा क्या हो सकता है?" फिर यह आकलन करो कि यह जोखिम लिया जाना चाहिए या नहीं।

एक बात ध्यान रखें! अगर आप जोखिम नहीं लेंगे या अपनी सुविधा के दायरे से बाहर कदम नहीं रखेंगे तो उसकी भी आपको कीमत चुकानी होगी। इसीलिए खुद से यह भी पूछें कि **"अगर मैंने यह जोखिम नहीं उठाया और यथा-स्थिति बनाए रखी तो उसकी मुझे क्या कीमत चुकानी पड़ सकती है?"** क्या यह कीमत उस कीमत से ज़्यादा है जो जोखिम उठाने पर चुकानी पड़ सकती है? कीमत को सिर्फ पैसे में मत मापिएगा; मानसिक शान्ति, हँसी-ख़ुशी, और स्वास्थ्य जैसी चीज़ें भी इस कीमत में शामिल हो सकती हैं। डर के साथ अपना संबंध बदलिए। **इसे चेतावनी देने वाले या सलाहकार के रूप में तो स्वीकार कीजिए, मगर खुद को पंगु बनाने की इजाज़त मत दीजिए!** पहले मैं भी डर को बुरी तरह खुद पर हावी हो जाने देता था। यही वजह थी कि मैं पाँच साल एक ऐसी नौकरी में अटका रहा जिसमें न तो कोई तरक्की थी और न ही संतुष्टि। मगर मुझे बदलाव से, अनिश्चितता से डर लगता था, इसलिए मैं पाँच बरस तक वहीं अटका रहा। लेकिन अब अगर कोई चीज़ मुझे डराती है या मेरे मन-मस्तिष्क में संदेह पैदा करती है तो मैं सोचता हूँ, 'अगर इतने सारे संदेह और डर मन में पैदा हो रहे हैं तो इसका मतलब है कि मैं सही रास्ते पर हूँ। मुझे आगे बढ़ते रहना चाहिए।' नई-नई चीज़ें

करके देखिए, ऐसे काम करने की कोशिश कीजिए जो अभी आपको नामुमकिन लगते हैं! दिलचस्प बात है कि जिन कामों को करने से हम सबसे ज़्यादा डरते हैं, वही काम हमारी तरक्की की सबसे बड़ी सीढ़ियाँ साबित होते हैं (बशर्ते हम अपने डर से पार पाकर उन कामों को कर गुज़रें)। जिन कामों को करने से डर लगता हो उन्हें ज़रूर करें और फिर देखें कि क्या होता है। जब भी आपको लगे कि आपको डर लग रहा है तो अपने उस डर की आँखों में आँखें डालकर देखें, उसका अच्छी तरह उलट-पुलटकर मुआयना करें, विश्लेषण करें कि वह क्या है, क्यों है, मगर उस पर विश्वास न करें। इसकी बजाए उससे कहें, **"ओ मेरे डर! मेरे यार, मेरे जिगर के छल्ले! आज फिर इधर कैसे? मुझे चेताने? या पंगु बनाने? क्या इरादा है?"**

आप किस चीज़ से डरते हैं? नाकामी से? कामयाबी से? गलती करने से? गलत फैसले ले लेने से? सुज़ैन जेफ़र्स की इस सलाह पर अमल करें - "भले डरते-डरते करें, मगर करें!" अगर आप नए मकाम हासिल करना चाहते हैं, नई ऊँचाइयों पर पहुँचना चाहते हैं तो आपको थोड़ा जोखिम तो लेना ही पड़ेगा और लगातार ऐसे काम करते रहना पड़ेगा जिन्हें करने से आपको डर लगता है। गलतियाँ करने में कोई बुराई नहीं है बशर्ते आप उनसे सबक लेकर खुद में सुधार करते चलें और पुरानी गलतियों को दोहराने से बचें। यही बात फैसले लेने पर भी लागू होती है। और वैसे भी, कोई फैसला न करना या उसे टालते रहना भी एक फैसला ही होता है!

इन सवालों के जवाब लिखें :

1. आपको अपनी मनपसंद ज़िन्दगी जीने से कौन रोक रहा है?
2. जिस हाल में हैं उसी में बने रहने के लिए आप कौन-कौन से बहाने बनाते हैं?
3. जिन चीज़ों को करने से आपको डर लगता है अगर वो आप कर डालें तो ज़्यादा से ज़्यादा क्या बिगड़ जाएगा?

29

परेशान करने वाली सभी चीज़ें हटा दें

"बड़े-बड़े काम छोटे-छोटे और परस्पर संबंधित कामों के माध्यम से ही संपन्न होते हैं।"

–विंसेंट वान गॉग

"सामने खड़े पहाड़ आपकी थकान का कारण नहीं बनते; आपके जूते में घुसा एक कंकण आपको थका देता है।"

–रॉबर्ट सर्विस

यह उन शुरुआती अभ्यासों में से है जो मैं अपने क्लाइंट्स को करवाता हूँ। **हर वो चीज़ जो आपको परेशान करती है, वो आपकी ऊर्जा घटाने का काम करती है।** इन्हें कोचिंग की भाषा में हम 'सहनशीलता की परीक्षा लेने वाली चीज़ें' कहते हैं। आपकी पसंदीदा कमीज़ का एक बटन गायब होना, गंदा टॉवेल, रसोई में बनी कोई अलमारी जिसका पल्ला जाम हो गया हो, आपके बॉस का आपकी गतिविधियों की हद से ज़्यादा निगाहबीनी करना, उधार दिया पैसा वापस न मिलना, अस्त-व्यस्त गेस्ट रूम, टूटे-फूटे उपकरण, अस्त-व्यस्त टेबल, कपड़ों की फिटिंग बदल जाना जैसी बातों को हम 'सहनशीलता की परीक्षा लेने वाली चीज़ों' की श्रेणी में रख सकते हैं। इन चीज़ों को आप जब तक सही नहीं करेंगे तब तक वे आपकी ऊर्जा घटाती रहेंगी। जैसे ही आप इन चीज़ों को सही कर लेते हैं या हटा देते हैं, वैसे ही सकारात्मक चीज़ों में लगाने के लिए पर्याप्त ऊर्जा आपको उपलब्ध होने लगती है।

तो आपके लिए अभ्यास यह है कि **अपनी निजी ज़िन्दगी में, कामकाजी ज़िन्दगी में, अपने घर में, अपने दोस्तों में, और खुद में** मौजूद उन सभी चीज़ों की फेहरिस्त तैयार करें जो आपको खिजाती हैं, परेशान करती हैं।

आपकी फेहरिस्त में 50 से 100 तक चीज़ें शामिल हो जाए तो भी घबराइएगा मत। ऐसा होना आम बात है। अब इन्हें कुछ श्रेणियों में बाँट लीजिए। इनमें से कौन-कौन सी चीज़ें ऐसी हैं जिन्हें आप आसानी से संभाल सकते हैं? कौन-कौन सी हैं जिन्हें संभालना आपके अपने बस में है? अभी उन चीज़ों को शामिल मत कीजिएगा जिन्हें हटाना या ठीक करना सिर्फ आपके बस में न हो।

दो से तीन हफ्ते बाद फिर इस फेहरिस्त पर नज़र डालें। मैंने अपने क्लाइंट्स के साथ काम करते हुए एक मज़ेदार बात यह देखी है कि जब आप परेशान करने वाली उन चीज़ों को हटाने या बदलने का ज़िम्मा उठा लेते हैं जो आपके बस में हैं, तो कई सारी वे चीज़ें अपने आप ठीक हो जाती हैं जो पूरी तरह आपके हाथ में नहीं होतीं!

उदाहरण के तौर पर, मेरी क्लाइंट मार्टिना अपने एक सहकर्मी से बहुत परेशान थीं। वह वाकई उनके लिए बहुत बड़ा सिरदर्द था और मार्टिना की बहुत सारी ऊर्जा उससे निपटने में बर्बाद हो जाती थी। मेरी सलाह पर मार्टिना ने 'सहनशीलता की परीक्षा लेने वाली' उन चीज़ों पर काम करना शुरू किया जो उनके बस में थीं। जल्दी ही उनकी फेहरिस्त में शामिल सभी ऐसी चीज़ें ठीक हो गईं। तीन महीने बाद उनके उस सहकर्मी ने नौकरी छोड़ दी और कम्पनी बदल ली! यह महज़ एक इत्तेफाक था या फिर मार्टिना के 'सहनशीलता की परीक्षा लेने वाली' चीज़ों पर काम करने का नतीजा था? आप क्या नतीजा निकालना चाहते हैं, यह मैं आप पर छोड़ता हूँ। अहम बात यह है कि अब मार्टिना अपनी कामकाजी ज़िन्दगी में पहले से कहीं ज़्यादा खुश हैं! आप भी इसे अपनाकर देखिए और मुझे बताइए कि नतीजा क्या रहा।

ये अभ्यास करें –

- अपनी निजी ज़िन्दगी में, कामकाजी ज़िन्दगी में, अपने घर में, अपने दोस्तों में, और खुद में मौजूद उन सभी चीज़ों की फेहरिस्त तैयार करें जो आपको परेशान करती हैं।

अब इन पर उसी तरह काम शुरू करें जैसी हमने अभी ऊपर चर्चा की है!

30

अपनी अलमारी साफ़ करें

"काम में न आने वाली या बिना ज़रूरत की हर चीज़ कचरा होती है और उसे हटाया जाना चाहिए।"

–चरीस वार्ड

क्या आप चाहते हैं कि आपकी ज़िन्दगी में कुछ नया हो? क्या आपने कभी इस बात पर गौर किया है कि जैसे ही आप किसी चीज़ को अपने कमरे/घर/दिमाग/ज़िन्दगी से हटाकर थोड़ी जगह खाली करते हैं, वैसे ही ब्रम्हाण्ड उस जगह को किसी नई चीज़ से भर देता है?

सारा खेल ऊर्जा का है। यदि आपने अपने घर में ऐसा बहुत सारा सामान भर रखा है जिसकी आपको कोई ज़रूरत नहीं है और इसलिए जिसे आप बपरते ही नहीं हैं, तो यह सामान आपकी ऊर्जा घटाने का काम करता है! कोचिंग का मतलब होता है क्लाइंट के पूरे परिवेश को बेहतर बनाना, और अनुपयोगी चीज़ों को हटाना भी इसमें शामिल है। चलिए शुरुआत आपकी कपड़ों की अलमारी से करते हैं। इन सुझावों पर गौर कीजिए -

- यदि किसी कपड़े को आपने साल भर से नहीं पहना है तो पूरी संभावना है कि आप अब उसे कभी नहीं पहनेंगे।
- जिस पोशाक को लेकर आपने मन में आए कि 'यह किसी दिन काम आ सकती है' या 'इससे मेरी बड़ी अच्छी यादें जुड़ी हुई हैं', उसे तुरंत बाहर निकाल दें।

मुझे जो चीज़ें हटानी होती हैं उन्हें मैं मुफ्त में बाँट देता हूँ। इससे मुझे अच्छा महसूस होता है और मैं सोचता हूँ कि 'चलो कुछ पुण्य का काम ही हो गया, शायद ज़िन्दगी आगे चलकर मुझे इसका कोई अच्छा फल दे'। जब अलमारी की सफाई हो जाए तो फिर बाकी शयन-कक्ष का नंबर लगा दीजिए। उसके बाद बैठक का। फिर गराज। इस तरह करते-करते पूरा घर और पूरा दफ्तर।

हर वो चीज़ हटा दीजिए जो अब इस्तेमाल नहीं हो रही है - कपड़े, किताबें, सीडीज़, यहाँ तक कि फर्नीचर भी। मेरे एक क्लाइंट ने हफ्ते भर के अन्दर अपने पूरे घर को अनुपयोगी चीज़ों से आज़ाद करा दिया। इससे उसे बेहद अच्छा और हल्का महसूस होने लगा और उसकी ऊर्जा इतनी बढ़ गई कि उसने छोटी अवधि के अपने सभी लक्ष्य फ़टाफ़ट पूरे कर डाले। इसके बाद उसने कभी पीछे मुड़कर नहीं देखा।

आप कब ऐसा करेंगे?

ये अभ्यास करें :

किसी सप्ताहांत पर उन सभी चीज़ों को निकाल बाहर कीजिए जिनकी अब आपको ज़रूरत नहीं है। बेहतर होगा कि इसी सप्ताहांत कर डालें।

31

'अनुपयोगी' और 'परेशान करने वाली' चीज़ें एक साथ चलती हैं

"अस्त-व्यस्तता और कुछ नहीं, बल्कि स्थगित निर्णयों का ढेर है।"

–बारबरा हेम्फिल

'अनुपयोगी चीज़ों को हटाना' और 'परेशान करने वाली चीज़ों से छुटकारा पाना' साथ-साथ होने वाले काम हैं। इस सन्दर्भ में मेरे पास आपको बताने के लिए अपने क्लाइंट लॉरेंस की ज़िन्दगी का सच्चा उदाहरण है। लीजिए लॉरेंस के ही शब्दों में सुन लीजिए :

"जब मैंने अपनी ज़िन्दगी से तमाम अनुपयोगी चीज़ों को हटाने की प्रक्रिया शुरू की तो मुझे एक अलग ही तरह की आज़ादी महसूस होने लगी। जब तक मुझे बेकार और बेकाम चीज़ों को इकट्ठा करते जाने के दुष्प्रभावों के बारे में पता नहीं चला था, तब तक मैं हर तरह का कबाड़ इकट्ठा करने में लगा हुआ था। इस कबाड़ में तमाम तरह की खराब आदतें (जैसे कि शराब या सिगरेट पीना) और हतोत्साहित करने वाले विचार भी शामिल थे। ये वे छोटी-छोटी मगर परेशान करने वाली चीज़ें थीं जिनके बारे में पहलेपहल यही लगता था कि ये इतनी मामूली हैं कि इनके होने या न होने से कोई फर्क नहीं पड़ता, मगर जैसे-जैसे वे इकट्ठी होती गईं और मुझे यह यकीन आता गया कि मेरे लिए उन्हें बदल पाना संभव नहीं था, वैसे-वैसे मेरी चेतना पर उनका भार बढ़ने लगा और मैं बहुत थका-थका महसूस करने लगा, आलस का शिकार होने लगा, कछुए की रफ़्तार से चलने लगा। चीज़ों को टालते रहना, पर्याप्त नींद न लेना, काम से संतुष्टि न मिलना, डिब्बाबंद खाने

का आदी हो जाना, जल्दी-जल्दी कामयाबी की सीढ़ियाँ न चढ़ पाने के लिए खुद को कोसना जैसी परेशान करने वाली चीज़ें मेरी ज़िन्दगी का हिस्सा बन गई थीं। इन बेकार, बेकाम, और परेशान करने वाली चीज़ों के ढेर में मेरे वास्तविक जीवन-लक्ष्य तो जैसे गुम ही हो गए थे। इतनी ज़्यादा अस्त-व्यस्तता हो गई थी, सभी कुछ इतना अव्यवस्थित हो गया था कि मैं न तो ठीक से कुछ सोच पा रहा था, न समझ पा रहा था, और न कुछ कर पा रहा था। मेरी गाड़ी पूरी तरह पटरी से उतर गई थी।

जब मेरे कोच मार्क ने मुझे अपने घर, दफ्तर, और अपनी ज़िन्दगी से सभी अनुपयोगी और परेशान करने वाली चीज़ों को हटा देने का सुझाव दिया तो यह मेरे लिए बड़े काम का साबित हुआ। मैं इसका महत्व तो तत्काल समझ गया था मगर मुझे यह समझ नहीं आ रहा था कि इसे करना कैसे है। फिर मार्क ने ही मुझे इसके तौर-तरीके बताए, जिनकी मदद से मैंने उन चीज़ों को पहचानना और हटाना शुरू किया जो मुझे परेशान कर रही थीं। मैंने सबसे पहले उन चीज़ों की पहचान की जिन्हें आसानी से हटाया जा सकता था और उन्हें फ़टाफ़ट हटा दिया, मसलन - उस खिड़की को ठीक करना जो जाम हो गई थी, स्टोर-रूम में कबाड़ की तरह पड़ीं तस्वीरों को करीने से दीवारों पर लगाना, उन गद्दों को बदलना जो अब उतने आरामदायक नहीं रह गए थे, वगैरह-वगैरह।

मैंने उन चीज़ों की भी पहचान कर ली है जिन्हें बदलने में थोड़ा ज़्यादा वक़्त लगेगा (जैसे कि काम में ज़्यादा मन लगाना, ज़्यादा मेहनत करना, और उस मेहनत से मिलने वाले फल से संतुष्टि महसूस करना) और उन पर लगातार काम भी कर रहा हूँ। मैंने इन सभी चीज़ों की एक फेहरिस्त बना ली है ताकि मुझे पता रहे कि किस चीज़ को ठीक करने की दिशा में कितनी प्रगति हुई है। जैसे-जैसे मुझे इस तरह की नई चीज़ें दिखाई पड़ती जाती हैं, मैं उन्हें भी इस फेहरिस्त में जोड़ता जाता हूँ।

अपने दिमाग, अपनी ज़िन्दगी, और अपनी प्रगति को मंथर कर देने वालीं इतनी सारी अनुपयोगी और परेशान करने वालीं चीज़ों को निकाल बाहर करने के बाद अब मुझे ऐसा महसूस होता है मानो मैं दस गुना हल्का हो गया हूँ। अब मैं पहले से कहीं ज़्यादा ऊर्जावान और उत्साही महसूस करने लगा हूँ। और मज़े की बात यह है कि साथ ही साथ मेरा घर और दफ्तर भी कबाड़मुक्त हो गया है! मेरे दिल-ओ-दिमाग और ज़िन्दगी के साथ-साथ अब मेरा घर और दफ्तर भी पहले ज़्यादा खुला-खुला और साफ़ रहने लगा है।"

32

सबसे महत्वपूर्ण घंटा

"इस बात को अच्छी तरह गाँठ बाँध लें कि हर दिन साल का सबसे बेहतरीन दिन है।"

–राल्फ वाल्डो एमर्सन

आपके दिन का सबसे महत्वपूर्ण घंटा दो आधे घंटों से मिलकर बनता है – सुबह सोकर उठने के बाद का आधा घंटा और रात को सोने से पहले का आधा घंटा। इन दो आधे घंटों के दौरान हमारा अवचेतन मस्तिष्क सबसे ज़्यादा ग्रहणशील रहता है, इसलिए इस दौरान की जाने वाली गतिविधियाँ बहुत महत्वपूर्ण होती हैं।

आप दिन की शुरुआत जिस तरह करते हैं उसी से तय होता है कि आपका बाकी का दिन कैसा बीतेगा। यकीनन आपको इस बात का अनुभव हुआ ही होगा कि जब भी आपकी दिन की शुरुआत खराब ढंग से होती है तब आपका बाकी का दिन और भी खराब बीतता है। और इसका उल्टा भी होता है, यानी कि जिस दिन सुबह उठकर आपको यह महसूस होता है कि आज तो सबकुछ मनमुताबिक ही होगा, उस दिन वाकई वैसा ही होता है। इसीलिए दिन की शुरुआत अच्छी रखना बहुत ज़रूरी होता है। हम में से ज़्यादातर लोगों की दिन की शुरुआत भागमभाग से होती है। आँख खुलते ही हम घड़ी के साथ होड़ लगाने लगते हैं और फिर बाकी के दिन भी हमारा यही हाल रहता है। कोई ताज्जुब नहीं कि आजकल ज़्यादातर लोग हरदम तनावग्रस्त और बदहवास से भागते-दौड़ते ही मिलते हैं। ऐसे लोग अगर हर रोज़ सुबह आधा या एक घंटा जल्दी जाग जाए तो उनकी ज़िन्दगी में क्या बदलाव आ सकता है?

सुबह देर से उठकर हड़बड़ी मचाने, फिर जल्दी-जल्दी नाश्ता गले से नीचे उतारने या रास्ते चलते खाने की बजाए अगर आप आधा घंटा जल्दी उठ जाए और दिन की शुरुआत इत्मीनान से करें तो कैसा रहे? यह आधा घंटा आप सिर्फ खुद के साथ बिताए। चाहें तो 10-15 मिनट ध्यान करने की आदत डाल लें। सुबह आधा घंटा जल्दी उठने की आदत आपके लिए क्या चमत्कार कर सकती है, आपको अंदाज़ा है? आइए देखते हैं कि कैसे आप इस आधे घंटे के समय को दिन का सबसे अच्छा और ज़रूरी समय बना सकते हैं :

- सकारात्मक सोचें - आज का दिन बड़ा ही शानदार जाने वाला है!
- पाँच मिनट के लिए उन चीज़ों को याद करें जिनके लिए आप ज़िन्दगी के शुक्रगुज़ार हैं।
- 15 मिनट चुपचाप बैठें। बिना कुछ किए, बिना कुछ सोचे।
- मन की आँखों से देखें कि आज का दिन कितना अच्छा बीतने वाला है।
- उगते हुए सूरज को निहारें।
- टहलने या दौड़ने निकल जाए।
- डायरी लिखें।

इतना ही महत्वपूर्ण होता है दिन का आख़िरी आधा घंटा। इस दौरान आप जो भी करते हैं वो नींद के दौरान रात भर आपके अवचेतन मस्तिष्क में रहता है। इस आधे घंटे का सदुपयोग करने के लिए ये काम किए जा सकते हैं :

- पुनः डायरी लिखें।
- दिन भर में जो कुछ किया उसे पलटकर देखें। देखें कि क्या अच्छा किया, क्या और अच्छा किया जा सकता था।
- अगले दिन की योजना बनाएँ। सोचें कि वे कौन से ज़रूरी काम हैं जो कल आपको करने हैं।
- अगले दिन किए जाने वाले कामों की सूची बनाएँ।
- मन की आँखों से देखें कि कल का दिन कितना अच्छा जाने वाला है।
- कुछ ऐसा पढ़ें जो आपको प्रेरित करता हो।
- मन-मस्तिष्क को शांत और प्रसन्न करने वाला संगीत सुनें।

सोने से पहले टीवी पर ख़बरें या कोई मानसिक रूप से परेशान करने वाला कार्यक्रम

या फिल्म हरगिज़ न देखें। ऐसा इसलिए क्योंकि सोने से पहले के आधे घंटे के दौरान हम बहुत ग्रहणशील रहते हैं। इस दौरान जो भी देखा-सुना जाता है वह सीधा हमारे अवचेतन मन में उतर जाता है। इसीलिए इस दौरान हमें सिर्फ और सिर्फ सकारात्मक चीज़ें ही देखनी-सुननी और सोचनी चाहिए। इस दौरान अगले दिन की योजना और कार्य-सूची बनाने के बहुत सारे फायदे होते हैं और अगले दिन हमारा बहुत सारा समय भी बच जाता है। रात को ही अगले दिन के कामों की प्राथमिकता तय कर लेने से हमारे अवचेतन मस्तिष्क को उन कामों के लिए पूर्व-तैयारी करने का मौका मिल जाता है, जिसके चलते अगले दिन हम उन कामों को ज़्यादा एकाग्रचित्त होकर और अपेक्षाकृत कम समय में पूरा कर पाते हैं।

खुद से ये सवाल करें :

1. अब से आपके दिन की शुरुआत और समाप्ति कैसी होगी?
2. क्या आप 30 मिनट जल्दी उठेंगे? क्या आप इन 30 मिनटों के लिए कोई काम चुनेंगे?
3. रात को सोने से ठीक पहले आप क्या-क्या काम करेंगे?

33

सोचो कि क्या करने आए हैं और वही करें

"जीवन का उद्देश्य खुश रहना नहीं है। जीवन का उद्देश्य है उपयोगी होना, सहृदय होना, सम्माननीय होना, कुछ ऐसा करना जिससे दुनिया में कुछ फर्क पैदा होता हो और ज़िन्दगी को अच्छे ढंग से जीना।"

–राल्फ वाल्डो एमर्सन

"आपकी ज़िन्दगी के दो सबसे अहम दिनों में से पहला वो होता है, जब आप पैदा होते हैं और दूसरा वो जब आपको यह समझ आता है कि आप किसलिए पैदा हुए हैं।"

–मार्क ट्वेन

ज़िन्दगी में सबसे अहम होता है यह पता करना कि हमें यह ज़िन्दगी मिली किसलिए है। यानी कि जीवन का उद्देश्य। जीवन का उद्देश्य तलाशने का मतलब है उस काम की खोज करना जिसे करने में हमें सबसे ज़्यादा मज़ा आता हो। यह पता करने के लिए आप खुद से इस तरह के प्रश्न कर सकते हैं : **"अगर कामयाबी की गारण्टी हो तो मैं कौन सा काम करना चाहूँगा?"** या **"अगर मेरे पास दस करोड़ रुपए और सात आलीशान बंगले हों और मैं दुनिया भर की अपनी मनपसंद जगहों की सैर कर चुका होऊँ, तब मैं क्या काम करूँगा?"** इन प्रश्नों के उत्तर आपको आपके जीवन के ऊदेश्य की ओर ले जाएगे।

आजकल ज़्यादातर लोगों को चाहे-अनचाहे अपना ज़्यादातर समय काम को देना पड़ता है। ऐसे में ज़रूरी है कि हम वह काम चुनें जिसे करने में हमें बेहद मज़ा आता हो! मगर साल 2013 में प्रकाशित गैलप की 'दि स्टेट ऑफ़ दि अमेरिकन वर्कप्लेस रिपोर्ट' के मुताबिक़ 70% से भी ज़्यादा लोग अपने काम से खुश नहीं हैं! इनमें से 50% ऐसे हैं जिनका अपने काम से कोई लगाव नहीं है, मन में उस काम को करने की कोई ललक नहीं है, और जो बस मशीनी तरीके से काम कर रहे हैं। बाकी 20% ऐसे हैं जिनकी काम करने की इच्छा ही मर चुकी है और जो काम करते हुए भी कुछ नहीं कर रहे होते हैं। मैं भी पाँच बरसों तक इन 50% लोगों में शामिल रहा था और यह अनुभव भयावह था।

सबसे भयावह तो यह था कि मुझे इस बात का अहसास ही नहीं था! शुरू-शुरू में सभी ऊँचे-ऊँचे लक्ष्य बनाते हैं, बड़े-बड़े सपने देखते हैं और सोचते हैं कि मैं यह करूँगा, मैं वो करूँगा, मैं यह बनूँगा, वो बनूँगा, मेरे पास यह होगा, वह होगा। मगर धीरे-धीरे सपनों और हकीकत में अंतर पैदा होने लगता है और हम नाखुश रहने लगते हैं। यहाँ पर हमें ज़रूरत पड़ती है अध्याय-16 में वर्णित जीवन-मूल्यों वाले अभ्यास की।

आदर्श स्थिति यह होगी कि आप अपने लक्ष्य अपने जीवन-मूल्यों को ध्यान में रखते हुए तय करें और कोई ऐसा काम तलाशें जो आपको इन जीवन-मूल्यों के हिसाब से जीने की सहूलियत देता हो। अभी आप जो भी काम कर रहे हैं वे अगर इस पैमाने पर खरे न उतरते हों, तो भी एकदम से उन्हें छोड़कर कुछ बिलकुल नया करने लग जाना समझदारी नहीं होगी। धीरे-धीरे बदलाव करें और एक-एक करके उन कामों को अपनाते जाएं जिन्हें करने में आपको मज़ा आता है। सुनकर शायद आपको यकीन न आए, पर जब आपको यह पता चल जाता है कि आप क्या करने के लिए पैदा हुए हैं तो सबकुछ अपने आप सही होने लगता है। खुद-ब-खुद ऐसे लोग, मौके और संसाधन आपको मिलने लगते हैं जिनकी आपको अपने लक्ष्य हासिल करने के लिए ज़रूरत होती है। कमाल-कमाल के सुखद संयोग होने लगते हैं! सफलता को सबसे ज़्यादा वे ही लोग आकर्षित करते हैं जो अपने मन का काम कर रहे होते हैं।

मेरी दोस्त इवोन क़ानून की पढ़ाई कर रही थीं, मगर उनका दिल कहीं और था। उन्होंने अपने दिल की बात मानी और क़ानून की पढ़ाई छोड़कर एक बड़े डिपार्टमेंट स्टोर में जूते बेचने का काम शुरू कर दिया। उन्हें लोगों की मदद करना

बहुत पसंद है, और उन्हें जूते भी बहुत पसंद हैं। इसीलिए उन्होंने यह काम चुना। इसके लिए लोगों ने उनका बहुत मज़ाक उड़ाया, यहाँ तक कि उन्हें 'महिला अल बंडी' भी कहा गया (जो कि कोई अच्छा कॉम्प्लीमेंट तो नहीं ही कहा जाएगा), मगर उन्होंने किसी भी चीज़ की परवाह नहीं की और वही किया जो उन्हें पसंद था। नतीजा यह हुआ कि जल्दी ही वह उस डिपार्टमेंट स्टोर की सबसे सफल सेल्सवुमन बन गईं, हर साल सैकड़ों-हज़ारों डॉलर्स के जूते बेचने लगीं, साल-दर-साल 'वर्ष के सर्वश्रेष्ठ कर्मचारी' का पुरस्कार घर ले जाने लगीं, और एक अच्छी-खासी तनख्वाह पाने लगीं। वह अपने काम में कितनी अच्छी हैं इसका अंदाज़ा इस बात से लग जाता है कि स्टोर के वीआईपी ग्राहक उनके सिवाए किसी और सेल्सवुमन की सहायता मंज़ूर नहीं करते। काम करते समय वह पल-पल का पूरा लुत्फ़ उठाती हैं।

अगर आपको भी ऐसा लगता है कि आप ज़िन्दगी की गाड़ी रास्तों और मंज़िल की जानकारी देने वाले नक़्शे या जीपीएस के बिना चला रहे हैं और नहीं जानते कि किधर जाना है, या आपको कभी पता रहा ही नहीं कि आप इस धरती पर क्यों आए हैं और किसलिए जी रहे हैं, और आपको अपने भीतर हमेशा एक खालीपन और दिशाहीनता महसूस होती है, तो यह इस बात का संकेत है कि आपको अभी तक अपना जीवन-उद्देश्य नहीं मिला है। मगर चिंता मत कीजिए, अब मिल जाएगा। अपने जीवन-मूल्यों, कौशलों, रुचियों, महत्वाकांक्षाओं, और जिन कामों में आप अच्छे हैं उन सभी पर नज़र डालकर आप अपने जीवन-उद्देश्य की झलक पा सकते हैं। नीचे कुछ और प्रश्न दिए गए हैं जो आपको अपना जीवन-उद्देश्य तलाशने में मदद करेंगे। इनका ईमानदारी से उत्तर दें और अपने उत्तरों को डायरी में दर्ज कर लें। **इन सवालों को टालें न, जैसा कि मैंने 15 सालों तक किया। इन सवालों के जवाब आपकी ज़िन्दगी बदल सकते हैं!**

इन प्रश्नों के उत्तर दें :

- मैं कौन हूँ? मैं दुनिया में क्या करने आया हूँ? मैं किसलिए जी रहा हूँ?
- इस ज़िन्दगी में मैं करना क्या चाहता हूँ?
- मैं सर्वाधिक जीवंत (उत्साह और उमंग से भरा) कब महसूस करता हूँ?
- मेरी ज़िन्दगी में अब तक क्या उल्लेखनीय घटा है?
- ऐसे कौन-कौन से काम हैं जिन्हें करते हुए मुझे समय का पता ही नहीं चलता? कौन-कौन सी चीज़ें हैं जो मुझे प्रेरित करती हैं?

- मेरी सबसे बड़ी ख़ूबियाँ क्या हैं?
- अगर कामयाबी की गारंटी हो तो मैं कौन सा काम करना पसंद करूँगा?
- अगर मेरे पास दस करोड़ रुपए और सात आलीशान बंगले हों और मैं पूरी दुनिया घूम चुका होऊँ, तब मैं क्या काम करना पसंद करूँगा?

ये अभ्यास करें:

यूट्यूब पर 'व्हाट इफ मनी वाज़ नो सब्जेक्ट' शीर्षक वाला वीडियो देखें।

34

सैर करना ज़रूरी

"सुबह-सुबह की सैर पूरे दिन के लिए वरदान है।"

–हेनरी डेविड थॉरो

जब भी संभव हो, बाहर निकलें और हरियाली के बीच समय बिताएँ। हरी-भरी जगहों पर घूमें और प्रकृति से जुड़ने का प्रयास करें। सूर्योदय और सूर्यास्त को देखें। अगर आप सुबह-सुबह घूमने या दौड़ने जाते हैं तो आप निश्चय ही हेनरी डेविड थॉरो की बात से सहमत होंगे।

हमारी ज़िन्दगी जीने की रफ़्तार हद से ज़्यादा तेज़ हो गई है, जिसके चलते हम हमेशा तनावग्रस्त रहने लगे हैं। हमें चाहिए कि थोड़ा समय निकालकर जंगलों की, पहाड़ों की, हरियाली से भरपूर जगहों की सैर करें, इससे तनाव ख़त्म होगा और अपनी जड़ों से जुड़ाव बढ़ेगा। प्राकृतिक जगहों में पसरे मौन का आनंद लें। सैर अपने शरीर और दिल-ओ-दिमाग को तरोताज़ा करने का बेहतरीन उपाय है। स्टैनफोर्ड के एक हालिया अध्ययन का निष्कर्ष है कि पैदल चलने से रचनात्मक चिंतन की क्षमता बढ़ती है। मेरी एक मित्र काम की अधिकता के चलते बहुत ज़्यादा तनावग्रस्त रहने लगी थीं, जिससे उनका स्वास्थ्य और काम की गुणवत्ता दोनों बुरी तरह प्रभावित होने लगे थे। फिर उन्होंने हर दिन काम से छूटने के बाद डेढ़ घंटे के लिए सैर पर जाना शुरू किया। इसने उन्हें दिन भर के तनाव से छुटकारा पाने, दिन भर की कामकाजी गतिविधियों के चलते उपजे गुस्से और खीज को भुलाने, और अपनी भावनाओं का विश्लेषण करने में बहुत मदद की।

इसका एक फायदा यह भी हुआ कि अब उन्हें रात को आसानी से और गहरी नींद आने लगी। सिर्फ एक हफ्ते में ही उन्हें बहुत अच्छा महसूस होने लगा!

आप हर दिन एक घंटे घूमना कब शुरू कर रहे हैं? आज से ही शुरू कर दीजिए और कम से कम 30 दिन लगातार कीजिए, फिर मुझे बताइए कि क्या अनुभव रहा।

35

आपके मानक क्या हैं?

"लोग मेरे साथ वैसा ही व्यवहार करते हैं
जैसा मैं उन्हें करने देता हूँ।"
–स्टीफन कोवे

अपनी अपेक्षाएँ और माँगें ऊँची रखिए – खुद से भी और अपने आसपास के लोगों से भी। अगर आप सचमुच अपनी ज़िन्दगी बदलना चाहते हैं तो आपको अपने मानक ऊँचे उठाने होंगे। बेहतरीन से कम पर समझौता करने की आदत, काम को टालने की आदत, और ऐसे किसी भी व्यवहार को हरगिज़ भी बर्दाश्त न करें जो आपको अपना सर्वश्रेष्ठ देने से रोकता हो!

आपके मानक कैसे होने चाहिए? कुछ ऐसे-हमेशा सच बोलना, हमेशा समय का पाबन्द रहना, लोगों की बातों को बिना बीच में रोकटोक किए ध्यान से सुनना, वगैरह-वगैरह। जितना ज़रूरी है अपने मानक हमेशा ऊँचे रखना, उतना ही ज़रूरी है अपने आसपास मौजूद लोगों के लिए सीमाएँ तय करके चलना।

सीमाओं से मतलब है व्यवहार की सीमाएँ। लोग आपके साथ किस तरह का व्यवहार कर सकते हैं और किस तरह का नहीं, यह तय करके रखें और उन्हें स्पष्ट बता दें। उदाहरण के तौर पर, लोगों को पता होना चाहिए कि आप चिल्लाकर बात किया जाना, बेतुके या भद्दे मज़ाक किया जाना, या अनादर किया जाना बर्दाश्त नहीं करेंगे। अगर कभी कोई इन सीमाओं को लाँघता है या किसी का कोई व्यवहार आपको नागवार गुज़रता है तो तत्काल उसे आगाह कर दें। इस कहावत को ध्यान में रखें : "सही लहज़े में आप सबकुछ कह सकते हैं, जबकि गलत लहज़े में कुछ

भी नहीं। किसी भी बात को सही लहज़े में कहना एक कला है।" बातों को 'तटस्थ' लहज़े में कहने का अभ्यास करें। मतलब, न तो किसी को ऐसा लगे कि आप उस पर चढ़ाई कर रहे हैं और न ही यह सन्देश जाए कि आप कमज़ोर हैं।

अगर कोई आपकी तय की हुई सीमाओं को लाँघता है तो 'तटस्थ' लहज़े में उसे इससे **अवगत** करा दें। मसलन, "मुझे वह बात अच्छी नहीं लगी" या "मुझे आपका इस लहज़े में मुझसे बात करना पसंद नहीं है।" अगर वे फिर भी उस व्यवहार को जारी रखें तो उनसे बाज़ आने की **दरख्वास्त** करें : "मेरी आपसे दरख्वास्त है कि मुझसे इस तरह से बात न करें।" आपके इतना कहते ही ज़्यादातर लोग समझ जाएगे कि आप अपनी सीमाओं को लेकर गंभीर हैं और अपना व्यवहार बदल लेंगे। मगर दो-एक ऐसे भी होंगे जो तब भी बाज़ नहीं आएगे। तब आप थोड़ी **सख्ती** बरतें। आप कहें, "मैं आपसे आख़िरी बार कह रहा हूँ कि मुझसे इस तरह बात मत कीजिए।" अगर इतने पर भी कोई बाज़ न आए तो फिर यह कहते हुए वहाँ से **हट जाइए** कि "जब तक आप अपना रवैया नहीं बदलते, तब तक आपसे कोई बात नहीं हो सकती।"

ये अभ्यास करें:

इन चीज़ों को लिखें :

- वे चीज़ें जिन्हें आप अब से अपनी ज़िन्दगी में बिलकुल भी स्वीकार नहीं करेंगे।
- लोगों के वे व्यवहार जिन्हें आप अब से बिलकुल भी बर्दाश्त नहीं करेंगे।
- जो कुछ भी आप बनना चाहते हैं।

36

शुक्रगुज़ार होना सीखें

"जो कुछ भी आपको मिला है उसके लिए शुक्रगुज़ार होना शुरू कर दीजिए; आपको और ज़्यादा मिलने लगेगा। अगर आप हरदम उन्हीं चीज़ों का रोना रोते रहेंगे जो आपके पास नहीं हैं, तो आपके पास कभी भी कुछ भी पर्याप्त नहीं होगा।"

–ओप्रा विन्फ्रे

ओप्रा की बात पर ध्यान दीजिए! जो भी कुछ आपके पास है उसके लिए हर दिन शुक्रगुज़ार होना शुरू कर दीजिए, आप देखेंगे कि आपके पास शुक्रगुज़ार होने के नए-नए मौकों की भरमार होने लगी है। कृतज्ञता आपको ऊर्जा से भर देती है और आपके आत्म-सम्मान को बढ़ा देती है। कृतज्ञता से आपके शारीरिक और मानसिक स्वास्थ्य में भी गज़ब का सुधार होता है। कृतज्ञता का भाव आपको खुशहाल ज़िन्दगी की तरफ लेकर जाता है; यह क्रोध, ईर्ष्या, तथा नाराज़गी जैसी बीमारियों का सबसे अच्छा इलाज है। इसे अपनी आदत बना लें। **जो भी आपको मिला है उसके लिए कृतज्ञता महसूस करें। हर छोटी-बड़ी चीज़ के लिए शुक्रगुज़ार रहें, यहाँ तक कि उन चीज़ों के लिए भी जो अभी आपके पास नहीं हैं!**

कभी भी ऐसा न कहें कि **"मैं तब शुक्रगुज़ार होऊँगा जब...।"** मैंने यह गलती कई सालों तक की, पर आप मत कीजिए। शुक्रगुज़ार होने को कल पर मत टालिए, आज और अभी हो जाइए, हर दिन होइए। हर दिन सुबह उठकर ब्रम्हाण्ड और अस्तित्व को शुक्रिया कहने की आदत डाल लीजिए। और अगर दिन की शुरुआत अभावों की शिकायतों से करने की आदत है तो तुरंत छोड़ दीजिए,

आप तत्काल ज़िन्दगी में एक बड़ा बदलाव महसूस करेंगे। सभी की ज़िन्दगी में सभी कुछ अच्छा हो यह संभव नहीं है, मगर यह ज़रूर संभव है कि हम सिर्फ उसी पर ध्यान केन्द्रित करें जो अच्छा है। नीचे मैं जो अभ्यास बता रहा हूँ, वे मेरे सभी क्लाइंट्स की दिनचर्या का हिस्सा हैं। आप भी इन्हें कीजिए और बताइए कि इनकी वजह से आपके जीवन में क्या चमत्कार घटे।

अभ्यास :

1. अपनी ज़िन्दगी में मौजूद उन तमाम चीज़ों की सूची बनाइए जिनके लिए आप शुक्रगुज़ार हैं। दिमाग पर ज़ोर डालकर सोचिए और छोटी से छोटी चीज़ भी लिखिए। (जितनी लम्बी सूची बना सकें उतना अच्छा।)
2. 21 दिनों तक हर दिन अपनी डायरी में 3-5 ऐसी चीज़ें लिखिए जिनके लिए आपने उस दिन कृतज्ञता महसूस की। यह काम सोने से ठीक पहले करें।

37

मन की आँखों का जादू

"भविष्य की भविष्यवाणी करनी है तो उसका सबसे अच्छा तरीका है, उसके निर्माण में लग जाए।"

–पीटर ड्रूक्कर

हम जो अनुभव लेते हैं उनमें से कुछ बाहरी आँखों से लिए गए होते हैं और कुछ भीतर की आँखों से। बल्कि यह कहना ज़्यादा सही होगा कि मन की या भीतर की आँखों से हम जो कुछ भी अनुभव करते हैं वही बाहरी जगत में साकार होने लगता है। ऐसा इसलिए है क्योंकि हमारा अवचेतन मन भीतर की आँखों से देखी गईं काल्पनिक चीज़ों और बाहर की आँखों से दिखाई पड़ने वाली वास्तविक छवियों में अंतर नहीं कर पाता। इसका अर्थ है कि यदि आप अपनी भीतर की आँखों से अपने लक्ष्यों को पूरा होते हुए देखने लगें (पूरी बारीकी से और बिलकुल उन्हीं भावनाओं को महसूस करते हुए जो आपको उन्हें सचमुच हासिल करने पर महसूस होंगी), तो आपके अवचेतन मन को यकीन हो जाएगा कि यह सचमुच घटित हो रहा है। और ऐसा होते ही वह आपको वैसी ही प्रेरणाएँ, अवसर, तथा विचार उपलब्ध कराने लगेगा जिनकी मदद से आप अपनी ज़िन्दगी को वैसी बना सकें जैसी आपने मन की आँखों से देखी है। इसे कहते हैं मानसिक दृश्यावलोकन का चमत्कार। यह मैं क्या कह रहा हूँ? क्या सिर्फ मानसिक दृश्यावलोकन से किसी खेल का अभ्यास किया जा सकता है और उस अभ्यास से खेल में प्रदर्शन बेहतर किया जा सकता है?

बिल्कुल किया जा सकता है। मानसिक दृश्यावलोकन की शक्ति को सिद्ध करने वाले बहुत से अध्ययन हो चुके हैं। 1980 के दशक में टोनी रॉबिन्स ने

अमरीकी सेना के साथ काम करते हुए मानसिक दृश्यावलोकन तकनीक की मदद से फौजियों की सटीक निशाना लगाने की क्षमता में आश्चर्यजनक सुधार किया था। इस तरह के अध्ययन भी पर्याप्त हैं जो बताते हैं कि किस तरह मानसिक दृश्यावलोकन की मदद से बास्केटबॉल खिलाड़ियों के सफलतापूर्वक फ्री थ्रो करने के प्रतिशत को बढ़ाया जा सकता है। यदि आपको सफल खिलाड़ियों के मनोविज्ञान का अध्ययन करने का मौक मिले तो आप पाएँगे कि वे सभी मैदान में उतरने से पहले ही मन की आँखों से पूरा मैच खेल चुके होते हैं। चाहे वे स्की करने वाले हों, गोल्फर हों, फ़ॉर्मूला वन ड्राईवर हों, टेनिस खिलाड़ी हों, या फिर फुटबाल खिलाड़ी; ये सभी मैदान में जाने से कई दिनों या घंटों पहले ही मन की आँखों से यह देखना शुरू कर देते हैं कि मैदान में कब क्या कैसे होगा; कौन कहाँ कैसे खेलेगा; और कैसे वे हर बाधा को पार करते हुए जीत तक पहुँचेंगे; और यह भी कि जीत की ट्रॉफी उठाते हुए उन्हें कैसा महसूस होगा। जैक निकलॉस, वेन ग्रेट्ज़की, और ग्रेग लुगानिस ऐसे ही कुछ नाम हैं जो मानसिक दृश्यावलोकन के माध्यम से अपने लक्ष्य हासिल करने के लिए जाने जाते हैं। कोचिंग में हम लोग भी लक्ष्य-प्राप्ति के लिए इस तकनीक का उपयोग करते हैं। हम अपने क्लाइंट्स से कहते हैं कि वे मानसिक दृश्यावलोकन के माध्यम से यह महसूस करें कि उन्होंने अपने लिए जो लक्ष्य तय किए थे वे पूरे हो गए हैं। इस अभ्यास में सभी इन्द्रियों का उपयोग करके एकदम जीवंत दृश्यावलोकन करना होता है। आपका दृश्यावलोकन जितना अधिक जीवंत होता है (उसमें जितनी अधिक भावनात्मक तीव्रता होती है), उसका प्रभाव उतना ही ज़्यादा होता है। अगर आप हर दिन 15 मिनट मानसिक दृश्यावलोकन करने की आदत डाल लें तो कुछ ही समय में आपको चामत्कारिक परिणाम देखने को मिलेंगे। इस काम को या तो सुबह उठने के बाद के पहले आधे घंटे में करें या फिर रात को सोने से पहले के आधे घंटे में।

आप एक काम और कर सकते हैं। पत्र-पत्रिकाओं में से अपने लक्ष्य से जुड़ीं विभिन्न तस्वीरों या चित्रों या वाक्यों को काटकर उन्हें एक A3 शीट पर चिपका लें और उसे अपने शयन-कक्ष या किसी ऐसी जगह टांग लें जहाँ सुबह-शाम आपकी इस पर नज़र पड़ती हो। यदि आप कंप्यूटर या लैपटॉप पर काम करते हैं तो इन तस्वीरों या वाक्यों को जोड़कर डेस्कटॉप इमेजेस या स्क्रीन-सेवर्स भी बना सकते हैं। यदि आपका लक्ष्य धन-सम्पदा कमाना है तो अपने मनपसंद बंगले की या डॉलर्स की या किसी भी ऐसी चीज़ की तस्वीर सामने रखें जो आपके लिए धन-सम्पदा का प्रतीक हो। यदि आप गूगल पर 'विज़न बोर्ड' करके सर्च

करेंगे तो आपको बहुत सारे उदाहरण मिल जाएगे। हर दिन अपनी बनायी A3 शीट या स्क्रीन-सेवर्स को सुबह उठने के बाद पाँच मिनट और रात को सोने से पहले पाँच मिनट ज़रूर देखें और कल्पना करें कि आपका वह लक्ष्य हासिल हो चुका है।

38

क्या होगा अगर...?

"हमारी अपेक्षाओं का प्रभाव सिर्फ इस बात पर नहीं पड़ता कि हम वास्तविकता को किस तरह देख रहे हैं; हमारी अपेक्षाएँ वास्तविकता को भी प्रभावित करती हैं।"

–डॉ. एडवर्ड ई. जोन्स

हमेशा सर्वश्रेष्ठ की अपेक्षा रखें। ज़िन्दगी हमेशा हमें वह नहीं देती जो हम चाहते हैं, बल्कि वह देती है जिसकी हम अपेक्षा करते हैं! क्या आप सफलता की अपेक्षा करते हैं? या फिर आपका अधिकांश समय असफलता की चिंता करते हुए बीतता है? हमारी खुद से और औरों को लेकर जो अपेक्षाएँ हैं वे हमारे अवचेतन में दर्ज धारणाओं से उपजी हैं और यही तय करती हैं कि ज़िन्दगी में हम क्या हासिल करेंगे। जैसी हमारी अपेक्षाएँ होती हैं वैसा ही हमारा नज़रिया होता है, और हमारी कामयाबी या नाकामी हमारे नज़रिए पर ही निर्भर करती है।

आपकी अपेक्षाएँ कार्य करने की आपकी इच्छा और दूसरों के साथ आपके बात-व्यवहार को भी प्रभावित करती हैं। हममें से बहुत से लोग ये सब जानते हैं, मगर फिर भी किसी काम को करने या न करने को लेकर बारम्बार खुद से 'क्या होगा अगर?' पूछ-पूछकर मन में नकारात्मक परिणामों की अपेक्षाएँ पालते रहते हैं। यानी, "अगर इस चीज़ ने काम नहीं किया तो क्या होगा?", "अगर उसने डेट पर चलने से मना कर दिया तो क्या होगा?", "अगर मुझे यह नौकरी नहीं मिली तो क्या होगा?", "अगर मेरी तनख्वाह नहीं बढ़ी तो क्या होगा?", "अगर मेरी नौकरी चली गई तो क्या होगा?"

जब भी हम खुद से 'क्या होगा अगर?' सवाल करते हैं तब हमारा पूरा ध्यान उस परिणाम पर केन्द्रित रहता है जिससे हम डर रहे होते हैं। इस परिणाम के बारे में सोचना हमें अच्छा नहीं लगता, और अच्छा होता भी नहीं है। इसकी बजाए अगर हम सकारात्मक परिणाम की अपेक्षा करके चलें और उत्साह बढ़ाने वाली संभावना पर ध्यान केन्द्रित करें तो ज़्यादा अच्छा होगा। किसी भी काम को करने से पहले खुद से इस तरह के सवाल करें : "कितना अच्छा हो अगर यह चीज़ शानदार ढंग से काम कर जाए?", "कितना अच्छा हो अगर वह मेरे साथ डेट पर चलने को राज़ी हो जाए?", "कितना अच्छा हो अगर मेरी तनख्वाह बढ़ जाए?", "कितना अच्छा हो अगर मेरा यह आईडिया काम कर जाए और मैं करोड़पति बन जाऊँ?", "कितना अच्छा हो अगर मुझे ज़रूरी संसाधन मिल जाए?", "कितना अच्छा हो अगर मैं यह मुमकिन कर दिखाऊँ?", "कितना अच्छा हो अगर इस बारे में कुछ करने का सही समय यही हो?", "कितना अच्छा हो अगर यह किताब सचमुच मेरी ज़िन्दगी बदल दे?"

सवाल करने के तरीके में एक ज़रा सा बदलाव आपको, आपकी ऊर्जा को, और आपको मिलने वाले जवाब को पूरी तरह बदल सकता है। यह आपके सोचने के तरीके और आपके आंतरिक स्व-संवाद को बदल देता है। अचानक से आप नकारात्मक की बजाए सकारात्मक अपेक्षाएँ रखने लगते हैं। और इस बदलाव के निम्नलिखित परिणाम होते हैं :

- तनाव, डर, और दुश्चिंता ख़त्म हो जाती है।
- आप ज़्यादा इत्मीनान महसूस करने लगते हैं।
- आपका एनर्जी लेवल बढ़ जाता है।
- आप अपने मनचाहे अनुभव पैदा कर पाते हैं।

इसका अभ्यास करके देखिए। अभी इसके बारे में पढ़कर आपको कैसा लगा? अपने दिमाग में उठने वाले सभी डरों और "क्या होगा अगर?" वाले नकारात्मक प्रश्नों की सूची बनाइए और फिर उन्हें सकारात्मक ढंग से पूछिए।

39

जो बीत गई सो बात गई

"हमने जो ज़िन्दगी जी रखी है जब तक उसको छोड़ेंगे नहीं तब तक वो ज़िन्दगी कैसे जिएँगे जो आगे आने वाली है।"

–जोसेफ कैम्पबेल

"जैसे ही मैं उसे छोड़ देता हूँ जो 'मैं हूँ', वैसे ही मैं वो बन जाता हूँ जो 'मैं बन सकता हूँ'। जैसे ही मैं वो सब छोड़ देता हूँ जो 'मेरे पास है', वैसे ही वो पा जाता हूँ जो 'मेरे पास होना चाहिए'।"

–ताओ ते चिंग

अतीत में बिताया हुआ हर पल वर्तमान या भविष्य से चुराया गया होता है। जितना ज़्यादा आप अतीत की गलियों में भटकेंगे, वर्तमान और भविष्य में उतने ही रास्ते बंद होते जाएगे। इसीलिए मेरी आपको सलाह है कि अतीत में चाहे जो कुछ भी हुआ हो, उससे चिपके रहने और बारम्बार उसे याद करते रहने का कोई लाभ नहीं है। **उसे अपनी स्मृति से निकाल दीजिए!** जब तक आप पुराने को छोड़ने का साहस नहीं दिखाएँगे, तब तक नए का स्वागत कैसे कर पाएँगे!

'ऐसा हो सकता था' या 'वैसा होना चाहिए था' या 'जैसा मैंने सोचा था वैसा नहीं हुआ' जैसी बातों के बारे में सोच-सोचकर अपना वक़्त बर्बाद मत कीजिए। इससे कुछ भी हासिल नहीं होगा। जो हो चुका है उसे आप बदल नहीं सकते! **'जो नहीं चाहते' उस पर ध्यान देने की बजाए 'जो चाहते हैं' उस पर ध्यान केन्द्रित करें।** अगर आप अतीत के उन पलों को ही याद करते रहेंगे जब चीज़ें आपके मन-मुताबिक़ नहीं हुई थीं, तो आगे भी ऐसे ही पल आपकी ज़िन्दगी में आएगे।

अतीत के अनुभवों से सबक लें और आगे बढ़ जाए। अब से आपको यही करना है। आसान है न? भविष्य में आप जो अच्छा करना चाहते हैं उस पर ध्यान केन्द्रित करें, न कि अतीत में जो अच्छा नहीं हुआ उस पर। अतीत से मुक्त होना ज़रूरी है ताकि नई चीज़ें ज़िन्दगी में शामिल हो सकें! पुराना बोझ उतार कर फेंक दें, जो अधूरा रह गया है उसे पूरा कर लें, और लोगों के करीब आए। दीपक चोपड़ा सही कहते हैं, **"मैं स्मृतियों का उपयोग करता हूँ, मगर स्मृतियाँ मेरा उपयोग करने लगें ऐसा मैं नहीं होने दे सकता।"** अतीत में जो भी कुछ अधूरा रह गया है उसे पूरा कर लें, ताकि वर्तमान का आनंद लेने के लिए मुक्त हो सकें।

अब से यह मानसिकता बना लें कि आप ज़िन्दगी के किसी भी आयाम में कोई भी काम या मसला अधूरा नहीं छोड़ेंगे। इसी तरह आप अतीत से मुक्त रह पाएँगे, और जब अतीत से मुक्त होंगे तभी तो भविष्य की ओर कदम बढ़ा पाएँगे।

ये अभ्यास करें :

आपकी ज़िन्दगी में क्या अधूरा है? ऐसी चीज़ों की सूची बनाएँ और उन्हें पूरा करने के लिए ज़रूरी कदम उठाएँ।

40

अपनी जीत का जश्न मनाए

"जो भी कुछ आप ज़्यादा से ज़्यादा चाहते हों, उसका जश्न मनाना शुरू कर दें।"

–थॉमस पीटर्स

अपनी ज़िन्दगी बदलने और तय किए गए लक्ष्यों को हासिल करने की यात्रा करते हुए ज़रूरी है कि आप समय-समय पर रुककर यह देखें कि अब तक रास्ते में आपने कौन-कौन सी उपलब्धियाँ हासिल की हैं। न सिर्फ देखें बल्कि उन कामयाबियों का जश्न भी मनाए! **इस बात का जश्न मनाए कि आज आपकी ज़िन्दगी, आपका व्यवहार, आपके आगे बढ़ने की रफ़्तार पिछले हफ्ते या महीने से बेहतर है। छोटी-छोटी कामयाबियों का महत्व बड़ी सफलताओं से किसी भी तरह कम नहीं होता, इसलिए उनको अनदेखा न करें।**

अपने सभी क्लाइंट्स के साथ काम करते हुए मैं इस बात का लगातार ध्यान रखता हूँ कि वे अपनी छोटी-छोटी कामयाबियों का जश्न मनाने से न चूकें। अपनी यात्रा का एक छोटा सा भी चरण अगर आपने पूरा कर लिया है तो उसका जश्न मनाइए!

इस किताब में मैंने जो भी अभ्यास सुझाए हैं उनमें से हरेक को पूरा कर लेने पर खुद को कोई उपहार देना न भूलें, मसलन कोई ऐसी चीज़ खरीद लाए जिसे आप बहुत समय से खरीदना चाह रहे थे, या कोई फिल्म देख आए, या कुछ भी ऐसा करें जिससे आपको ख़ुशी मिलती हो।

अगर आपने कुछ नई आदतें अपनाने में कामयाबी पा ली हो और खुद में ख़ासा सुधार भी कर लिया हो, तो कहीं घूम आए। आपका हक़ बनता है इस

पुरस्कार पर! अभी तक आपने जो प्रगति की है उसके लिए आप खुद को क्या पुरस्कार देना चाहेंगे? स्पा जाना चाहेंगे, या किसी शानदार रेस्तरां में डिनर करना चाहेंगे? या फिर एक लम्बी सैर पर जाना चाहेंगे?

1. ______________________________
2. ______________________________
3. ______________________________
4. ______________________________
5. ______________________________

41

आज में खुश रहें

"ख़ुशी ही ज़िन्दगी के मायने हैं और
ख़ुशी ही ज़िन्दगी का मकसद।"
–अरस्तू

ख़ुशी एक सफ़र है, मंज़िल नहीं! खुश रहना या न रहना हमारा अपना चुनाव होता है! यह एक आंतरिक अवस्था है, न कि कोई बाहरी परिस्थिति। खुश रहना एक आदत है, दिमाग की एक अवस्था है। ख़ुशी कितना कुछ है!

पर ख़ुशी से जुड़ी सबसे ज़रूरी बात यह है कि 'आपके लिए ख़ुशी क्या है?' आप अभी इस पल में खुश हो सकते हैं! आपको यकीन नहीं आता? ठीक है। अपनी आँखें बंद कर लीजिए ज़रा। अब अतीत के किसी ऐसे मौके के बारे में सोचिए जबकि आप बहुत-बहुत खुश थे। उस मौके पर जो भी कुछ हुआ था उसे मन की आँखों से दुबारा देखिए। सिर्फ देखना नहीं है बल्कि पूरी भावनात्मक तीव्रता से दुबारा जीना है। उस समय मन में जो उत्साह, उमंग, और आनंद का भाव था उसे दुबारा महसूस कीजिए। कैसा लगा? दुबारा वही ख़ुशी महसूस हुई? ख़ुशी आपकी कार या आपके मकान या किसी भी बाहरी चीज़ पर निर्भर नहीं होती। आप जिस पल चाहें उस पल खुश हो सकते हैं, वो भी बगैर कुछ खर्च किए!

भविष्य की बड़ी-बड़ी खुशियों के पीछे भागिए, मगर ज़िन्दगी की उन छोटी-छोटी खुशियों को अनदेखा मत कीजिए जो अभी आपके पास हैं। अपने आसपास मौजूद ख़ूबसूरती का लुत्फ़ उठाइए। छोटी-छोटी चीज़ों का मज़ा लीजिए! ज़िन्दगी

जीने को उस दिन के लिए मत टालिए जब आपकी लॉटरी लग जाएगी या जब आप रिटायर हो जाएगे। अभी आपके पास जो कुछ भी है उसका तो पूरा-पूरा मज़ा ले लीजिए।

हर दिन इस तरह जिए जैसे यह आपकी ज़िन्दगी का आख़िरी दिन हो! हर दिन की शुरुआत खुश होकर करें। ज़्यादा से ज़्यादा मुस्कराएँ, मन न हो तब भी मुस्कराएँ क्योंकि ऐसा करके आप अपने मस्तिष्क को सकारात्मक संकेत भेजते हैं।

लम्बी और खुशहाल ज़िन्दगी जीने के लिए, कामकाजी ज़िन्दगी को संतुष्टिदायक बनाने के लिए, व्यक्तिगत संतुष्टि के लिए, रिश्तों में मधुरता बनाए रखने के लिए, और ज़िन्दगी में संतुलन कायम रखने के लिए मौज-मस्ती और हास-परिहास का होना बहुत ज़रूरी है। इसलिए खूब हँसें और खूब मज़े करें!

अभी खुश होने के लिए आपके पास निम्नलिखित में से कौन-कौन से कारण मौजूद हैं?

- आपके पास एक शानदार नौकरी है।
- आपको अपने काम से प्यार है।
- आपके प्यारे-प्यारे बच्चे हैं।
- आपको बहुत अच्छा जीवन-साथी/संगिनी मिला/ली है।
- आपके माता-पिता बहुत अच्छे हैं।
- आप मुक्त हैं।
- ----

प्रश्न :

- आपके लिए ख़ुशी क्या है? (अपना मत बताए।)
- पिछले हफ्ते आपने कितनी मुस्कराहटें उपहार में दीं?
- कितनी मुस्कराहटें आपको उपहार में मिलीं?

ये अभ्यास करें :

उन अवसरों को याद करें जब आप सबसे ज़्यादा खुश हुए थे। ऐसे कम से कम पाँच अवसर लिखिए जब आपने अपने भीतर बेहद ख़ुशी महसूस की थी।

1. ______________________________
2. ______________________________
3. ______________________________
4. ______________________________
5. ______________________________

इन अवसरों को मन की आँखों से दुबारा जिए। पूरी भावनात्मक तीव्रता के साथ। और मुझे बताए कि आपने कैसा महसूस किया।

42

मल्टीटास्किंग झूठ है!

"मल्टीटास्किंग सिर्फ एक भ्रम है। हमें लगता है कि हम एक साथ कई सारे काम कर पा रहे हैं, पर हकीकत में हम एक काम से दूसरे काम पर आने-जाने में वक़्त बर्बाद करने के सिवाए कुछ भी नहीं कर रहे होते हैं।"

–बोस्को जान

एक बार में एक ही काम करें! नवीनतम अध्ययन इस बात की पुष्टि करते हैं कि मल्टीटास्किंग करते हुए हमारी उत्पादकता उतनी नहीं होती (ज़्यादा की तो बात ही छोड़ दीजिए) जितनी एक बार में एक काम को पूरी एकाग्रता से करते समय होती है।

कुछ अध्ययन तो यहाँ तक कहते हैं कि मल्टीटास्किंग करने से हमारा दिमाग धीमा, बल्कि कुंद भी होने लगता है!

भले ही आपको लगे कि आप एक साथ बहुत सारे काम कर रहे हैं (मल्टीटास्किंग), मगर हकीकत तो यही है कि हम एक बार में एक से ज़्यादा काम कर ही नहीं सकते। भले आपके हाथ में पाँच काम हों, मगर आप उन पाँचों को एक साथ एक ही समय पर नहीं कर सकते। हमारा दिमाग एक बार में एक ही काम करने के लिए बनाया गया है। उदाहरण के तौर पर, आप एक ईमेल लिख रहे हैं। तभी आपका फोन बजने लगता है। जैसे ही आप फोन उठाकर बात करना शुरू करते हैं, वैसे ही आपका लिखना रुक जाता है। दुबारा लिखना तभी शुरू हो पाता है जब आप फोन रख देते हैं। थोड़ी देर में आपका कोई सहकर्मी आ जाता है कुछ

पूछने के लिए। उससे बात करने के लिए आपको फिर लिखना रोकना पड़ता है। इसीलिए मैं कहता हूँ कि मल्टीटास्किंग संभव नहीं है।

एक बार में एक ही काम करें और पूरी एकाग्रता से करें!

43

ज़िन्दगी को सरल बनाएँ

"ज़िन्दगी बहुत सरल है,
हम ही इसे पेचीदा बनाने पर आमादा रहते हैं।"
कन्फ्यूशियस

अगर आपने अब तक इस किताब में पढ़ीं कुछेक सलाहों को अमल में लाना शुरू कर दिया होगा तो आपकी ज़िन्दगी पहले ही थोड़ी आसान हो गई होगी। क्या आपने चीज़ों को व्यवस्थित करना शुरू किया? अपनी अलमारी साफ़ की? परेशान करने वालीं कुछेक चीज़ों से छुटकारा पाया? कुछेक नकारात्मक लोगों को अपनी ज़िन्दगी से बाहर किया? स्टीफन कोवे ने सही ही कहा था कि "हममें से ज़्यादातर लोग 'अर्जेंट' कामों में इतना ज़्यादा समय खर्च करते हैं कि हमारे पास 'महत्वपूर्ण' कामों के लिए पर्याप्त समय बचता ही नहीं है।"

क्या आपने अपनी प्राथमिकताएँ तय की हुई हैं? क्या आप अपनी प्राथमिकताओं के हिसाब से चलते हैं, या फिर जब जो काम सामने आकर खड़ा हो जाता है (जिसे और टालना मुमकिन नहीं होता) उन्हें ही करने में लगे रहते हैं? मतलब, आप अपना समय 'महत्वपूर्ण' कामों में लगाते हैं या 'अर्जेंट' कामों में? अगर आप भी अर्जेंट कामों में उलझे रहने वाले इंसान हैं तो इस आदत को बदल दीजिए और महत्वपूर्ण कामों को करने के लिए भी समय निकालिए। **ज़िन्दगी को आसान बनाने की दिशा में एक बड़ा कदम है उन गतिविधियों पर ध्यान केन्द्रित करना जो 'महत्वपूर्ण' और 'औचित्यपूर्ण' हैं और बाकी सभी गतिविधियों को हटाना या कम करना।** ऐसा करने के कई तरीके हो सकते हैं, जैसे कि स्वचालित प्रक्रियाएँ अपनाकर, काम को औरों के साथ बाँटकर, कुछेक कामों को हटाकर, या

किसी को नौकरी पर रखकर। क्या आपकी दिनचर्या ज़रूरत से ज़्यादा व्यस्त है? क्या आपने ज़रूरत से ज़्यादा ज़िम्मेदारियाँ ले रखी हैं? ज़िन्दगी को सरल बनाने का मतलब है कटौती करना और कम में जीना सीखना। **आप किन चीज़ों में कटौती कर सकते हैं?** क्या आपके पास ज़रूरत से ज़्यादा कपड़े या जूते व अन्य सामान है? क्या खाना बनाने में आपका बहुत सारा समय खर्च हो जाता है? आप इसमें किसी की मदद क्यों नहीं ले लेते? या फिर ऐसे व्यंजन बनाना सीख लें जो जल्दी बन जाते हों। घर में कौन है जो आपकी मदद कर सकता है?

क्या ऑनलाइन बैंकिंग के इस्तेमाल से आप अपने वित्तीय जीवन को सरल बना सकते हैं? क्यों न आप ऐसा करें कि हर चीज़ के लिए नकद भुगतान करें और केवल वे ही चीज़ें खरीदें जिनकी वाकई आपको ज़रूरत हो? आपकी ऑनलाइन ज़िन्दगी कैसी है? क्या आप सोशल मीडिया पर ज़रूरत से ज़्यादा वक़्त बिताने वालों में से हैं? यदि हाँ, तो आपको थोड़ा अनुशासित होने की ज़रूरत है। ऑनलाइन होने के लिए कुछ निश्चित नियम बनाएँ और कड़ाई से उन पर अमल करें। ज़रूरी हो तो टाइमर लगाकर रखें!

अपने कंप्यूटर के डेस्कटॉप और अपने ईमेल के इनबॉक्स को व्यवस्थित करें। बिना काम की चीज़ें हटाएँ और काम की चीज़ों को सही क्रम में जमाएँ। मेरे क्लाइंट मार्क ने ऐसा ही किया और इस 'वर्चुअल' साफ़-सफाई और व्यवस्था का भी उस पर वही असर हुआ जो घर और दफ्तर की सफाई का होता है। उसके सिर से मानो बहुत भारी बोझ उतर गया और उसे अपने भीतर पहले से ज़्यादा ऊर्जा महसूस होने लगी। ईमेल्स चेक करने के लिए दिन में एक या दो बार का समय निश्चित कर लें, उस समय के अतिरिक्त दिन में किसी और वक़्त आप ईमेल नहीं देखेंगे। फोन में ईमेल्स और टेक्स्ट मैसेज के आने पर जो नोटिफिकेशन टोन बजती है, उसे बंद कर दें ताकि हर समय आपका ध्यान भंग न हो। मुझे यकीन है कि आपने भी ऐसी कई सारी पत्र-पत्रिकाओं या ब्लॉग वगैरह के डिजिटल सब्सक्रिप्शन ले रखे होंगे जिन्हें पढ़ने की आपको कभी फुर्सत ही नहीं मिलती और जो हफ्ते-दर-हफ्ते आपके इनबॉक्स में आकर वहाँ भीड़ बढ़ाने के अलावा कुछ नहीं करते। आखिर आपको हर दिन तीन अलग-अलग तरह के अखबार पढ़ने की ज़रूरत क्या है? क्या आपको काम पर आने-जाने के लिए काफी फासला तय करना पड़ता है? आप अपने बॉस से इस बारे में बात करके हफ्ते में एक या दो बार घर से काम करने (वर्क फ्रॉम होम) की अनुमति ले सकते हैं।

क्या आप ज़रूरत से ज़्यादा घंटे काम में बिता रहे हैं? 'समय का हिसाब रखें' और 'व्यवस्थित रहना शुरू करें' अध्यायों को फिर से पढ़ें, उनमें सुझाए गए तरीकों से आपको अपने काम के घंटे कम करने और मनपसंद चीज़ों के लिए ज़्यादा समय निकालने में मदद मिल सकती है। और खुद पर एक मेहरबानी करें, दफ्तर का काम घर न लाए–न तो भौतिक रूप से और न ही मानसिक रूप से। अगर आप दफ्तर का काम दफ्तर में ही ख़त्म नहीं कर पा रहे हैं तो अपनी काम करने की आदतों पर गौर करें और उनमें ज़रूरी बदलाव लाए। यह बेहद महत्वपूर्ण है। **जब घर पर हों तब काम के बारे में न सोचें। अभी जिस चीज़ को बदलना संभव न हो उसके बारे में सोचना ऊर्जा की बर्बादी है।** कल दफ्तर जाकर आप इसके बारे में क्या कर सकते हैं वो सोचें और अभी के लिए इसे भूल जाए।

प्रश्न :

1. ज़िन्दगी के किस आयाम में आपको चीज़ों की अधिकता दिखाई पड़ती है?
2. क्या आपके पास ऐसी चीज़ों की भरमार है जिनकी आपको न तो ज़रूरत है और न ही वे आपके उपयोग में आती हैं?
3. क्या आप हमेशा अति व्यस्त रहते हैं?
4. क्या आपकी दिनचर्या में खुद के लिए जीने की गुंजाइश है? उन कामों को करने के लिए गुंजाइश है जिनमें आपको मज़ा आता है?
5. आपकी रोज़मर्रा की ज़िन्दगी में (घर या दफ्तर में) शामिल सबसे महत्वपूर्ण काम कौन से हैं?
6. इनमें से कौन-कौन से काम आसानी से दूसरों को सौंपे जा सकते हैं, स्वचालित प्रक्रिया के माध्यम से किए जा सकते हैं, या हटाए जा सकते हैं?

44

ज़्यादा से ज़्यादा मुस्कराएँ

"कभी-कभी हम आनंदित होने के चलते मुस्कराते हैं, मगर कभी-कभी मुस्कराना हमारे लिए आनंद का कारण बन सकता है।"

–थिच हैट हान

मुस्कराइए! भले आपका मन न हो मुस्कराने का! मुस्कराने से आपके जीवन, स्वास्थ्य, और संबंधों की गुणवत्ता बढ़ जाती है। अगर आप अभी तक ऐसा नहीं करते आए हैं तो अब से करना शुरू कर दीजिए – जान कर मुस्कराइए! बहुत सारी 'स्व-सहायता' (सेल्फ हेल्प) पुस्तकों और ब्लॉग्स में एक अध्ययन के हवाले से बताया गया है कि 4-6 बरस की उम्र के बच्चे दिन में 300-400 बार हँसते-मुस्कराते हैं, जबकि वयस्क लोग सिर्फ 15 बार। मेरे पास इस अध्ययन की पुष्टि करने वाला कोई प्रमाण तो नहीं है, पर बच्चों के साथ अपने निजी अनुभवों के चलते मुझे लगता है कि यह सच हो सकता है।

यह बात तो पक्की है कि हँसना-मुस्कराना सेहत के लिए बहुत अच्छा होता है! विज्ञान ने यह साबित किया है कि हर दिन पर्याप्त हँसने-मुस्कराने से शारीरिक-मानसिक स्वास्थ्य के साथ-साथ रचनात्मकता में भी वृद्धि होती है। इसलिए खूब हँसिए-मुस्कराइए!! मैंने हर दिन कम से कम एक घंटा कोई कॉमेडी मूवी या वीडियो देखने या कोई मज़ाकिया किताब पढ़ने और जब तक हँसते-हँसते आँखों में आँसू न आ जाए तब तक हँसने की आदत अपना ली है। जबसे मैंने यह आदत अपनाई है, मैं पहले से बहुत बेहतर और कहीं अधिक ऊर्जावान महसूस करने लगा हूँ। आप भी करके देखिए।

कैनसस विश्वविद्यालय में तारा क्राफ्ट और सारा प्रेसमैन द्वारा किए गए एक अध्ययन से यह प्रदर्शित हुआ कि मुस्कराने से कठिन परिस्थितियों से निपटने की आपकी क्षमता बढ़ जाती है और आप कम तनावग्रस्त महसूस करते हैं। अध्ययन में पाया गया कि भले हम अन्दर से खुश महसूस न कर रहे हों, मगर फिर भी अगर मुस्कराने लगें तो भी हमारी हृदय-गति धीमी हो जाती है और तनाव का स्तर घट जाता है। मुस्कराने से दिमाग को यह संकेत जाता है कि सबकुछ बढ़िया है। इस बारे में और अधिक जानकारी के लिए अध्याय-60 और अध्याय-61 भी देखें। अगली बार जब भी आप तनावग्रस्त हों या किसी भी वजह से परेशान हों तो इस नुस्खे को आज़माकर देखिएगा और मुझे बताइएगा कि आपको क्या अनुभव हुआ। अगर आपको लगता हो कि आपके पास मुस्कराने की कोई वजह है ही नहीं तो एक काम कीजिए, पेन या चॉपस्टिक को दाँतों से पकड़ लीजिए। इससे आपकी भाव-भंगिमा मुस्कराने जैसी हो जाएगी और संभवतः आपको वही लाभ हासिल होगा जो असल में मुस्कारने पर होता है।

यदि आपको मुस्कराने के लिए और भी अधिक प्रोत्साहन की आवश्यकता महसूस हो तो मुस्कराहट पर वेन विश्वविद्यालय द्वारा किए गए उस अध्ययन को गूगल करें जिसमें मुस्कराहट और लम्बी उम्र के बीच सीधा संबंध पाया गया है! जब आप मुस्काराते हैं तो आपका पूरा शरीर संसार को सन्देश भेजता है कि 'ज़िन्दगी शानदार है!' अध्ययनों में पाया गया है कि हमेशा मुस्कराते रहने वाले लोग ज़्यादा आत्मविश्वासी नज़र आते हैं और लोग उन्हें ज़्यादा विश्वसनीय मानते हैं। ऐसे लोगों के आसपास रहना सभी को अच्छा लगता है। मुस्कराने के कुछ और लाभ इस प्रकार हैं :

- सेरोटोनिन हॉर्मोन निकलता है (जो कि हमें अच्छा महसूस कराता है)।
- एंडोर्फिन हॉर्मोन निकलता है (जो कि दर्द कम करता है)।
- बढ़ा हुआ रक्तचाप कम होता है।
- दिमाग में स्पष्टता बढ़ती है।
- रोग-प्रतिरोधक तंत्र मज़बूत होता है।
- जीवन के प्रति सकारात्मक नज़रिया विकसित होता है। (मुस्कराते हुए आप निराशावादी नहीं रह सकते!)

ये अभ्यास करें :

अगले सात दिनों तक हर दिन शीशे के सामने खड़े हों और एक मिनट तक खुद को देखकर मुस्कराएँ। दिन में कम से कम तीन बार ऐसा करें और देखें कि आपको कैसा महसूस होता है।

45

दिन में झपकी लेना शुरू करें

"जब समझ न आ रहा हो कि क्या करें, तो एक झपकी ले लें।"

–मेसन कूली

मेरे सबसे पसंदीदा कामों में से एक। विज्ञान ने भी सिद्ध किया है कि दोपहर में एक छोटी सी झपकी ले लेने से हम अधिक ऊर्जावान हो जाते हैं, हमारा दिमाग तरोताज़ा हो जाता है, और हमारी उत्पादकता बढ़ जाती है। मेरे मामले में विज्ञान के उपरोक्त सभी दावे शत-प्रतिशत सही सिद्ध हुए हैं।

अपनी कामकाजी ज़िन्दगी के सबसे ज़्यादा तनावग्रस्त दौर में, जबकि लगातार क्लाइंट्स की शिकायतें और धमकियाँ सुनना मेरे लिए असहनीय हो चला था और मुझे लगने लगा था कि तनाव के चलते मेरा सिर फट जाएगा, मैंने दोपहर में झपकी लेना शुरू किया और उससे मुझे खुद में अकल्पनीय बदलाव महसूस हुआ। मैं शिकायतें सुनते और उनका समाधान तलाशते समय पहले से ज़्यादा शांत रहने लगा और मेरा तनाव बहुत कम हो गया। मैं दिन में 20-25 मिनट की झपकी लेता था। शुरू में कुछ समय मैं अपने दफ्तर के पास के एक पार्क में बनी एक बेंच पर जाकर सोया, मगर बाद में मैंने दो कुर्सियों को जोड़कर दफ्तर में ही सोना शुरू कर दिया।

इससे अचानक मेरा कार्यदिवस दो हिस्सों में बँटा मालूम होने लगा और दोपहर का समय मध्यांतर लगने लगा। अब मैं दिन के दूसरे हिस्से में हमेशा तरोताज़ा रहने लगा और मेरी उत्पादकता भी बढ़ गई क्योंकि पहले दोपहर के भोजन के बाद 2-5 बजे के बीच जो थकान रहती थी वह अब नहीं होती थी। **क्या आप भी यह आदत अपनाकर देखना नहीं चाहेंगे? तो कब से शुरू कर रहे हैं?**

46

हर दिन आधा घंटा पढ़ें

"साक्षर होकर भी यदि आप नियमित रूप से पढ़ते नहीं हैं, तो आपमें और किसी निरक्षर व्यक्ति में कोई अंतर नहीं है।"

–मार्क ट्वेन

हर दिन आधा घंटा पढ़ने का मतलब है हफ्ते में साढ़े तीन घंटे और साल में 182 घंटे पढ़ना! सोचिए कि हर दिन सिर्फ आधा घंटा देकर साल भर में आप कितना ज्ञान हासिल कर सकते हैं! कोचिंग के अपने प्रशिक्षण के दौरान जिन लक्ष्यों को मैंने सबसे पहले कलमबद्ध किया था उनमें से एक था 'ज़्यादा पढ़ना'। और यह उस समय की बात है जब मैंने सालों से कोई किताब नहीं पढ़ी थी।

और अब मैं हफ्ते में औसतन दो पुस्तकें तो पढ़ ही लेता हूँ। पिछले छह महीनों में मैंने जितनी किताबें पढ़ी हैं उतनी उससे पहले के पंद्रह सालों में (जिनमें इंटरनेशनल बिज़नेस स्टडीज़ के साल भी शामिल हैं) कुल मिलाकर भी नहीं पढ़ीं थीं। **आप भी हमेशा कुछ न कुछ पढ़ते रहें।** अगर आप रात को सोने से पहले टीवी देखने या उससे भी खराब काम, यानी कि ख़बरें देखने की आदत को कोई अच्छी किताब पढ़ने की आदत से बदल दें तो आपके ज्ञान का स्तर बढ़ने के साथ-साथ आपकी रात की नींद की गुणवत्ता भी बढ़ जाएगी।

पढ़ने का एक और लाभ यह है कि इससे आपकी रचनात्मकता बढ़ जाएगी। तो फिर किस बात का इंतज़ार कर रहे हैं? उन छह किताबों की सूची बनाइए जो आप अगले तीन महीनों में पढ़ने वाले हैं। अगर आपको कोई नाम न सूझ रहा हो

तो मेरे वेबपेज पर चले जाइए, वहाँ आपको बहुत सारी अच्छी-अच्छी किताबों के नाम मिल जाएगे। मगर इस काम को कल पर मत टालिए, **आज और अभी यह सूची बनाइए!**

47

बचत करना शुरू करें

"निजी तौर पर मैं फ़िक्र इस बात की करता हूँ कि मैं बचत कितनी कर पा रहा हूँ, न कि इसकी कि खर्च कितना कर पा रहा हूँ।"

—पॉल क्लिथेरो

सभी वेल्थ गुरु यही सलाह देते हैं। कई बरस पहले टैलेन मिदानर की किताब 'कोच योरसेल्फ टु सक्सेस' पढ़ते समय पहली बार मेरा इस सलाह से वास्ता पड़ा था और इस इकलौती सलाह ने मेरी ज़िन्दगी को आमूलचूल बदल दिया था। इस पर अमल करने के चलते ही मैं आगे चलकर नौकरी छोड़ने और लोगों को कोचिंग देने का अपना सपना पूरा करने का निर्णय ले पाया था।

एक बार आप इतना पैसा जमा कर लें जितने से आपका लगभग एक साल का खर्च चल सकता हो, तब चीज़ें बदलनी शुरू हो जाती हैं। तब आप अपनी मर्ज़ी से जीने की स्थिति में आ जाते हो। फिर आप अपने बॉस के मूड पर निर्भर रहना बंद कर देते हो। फिर आप उससे यह कहने की स्थिति में आ जाते हो कि "अगर आपको मेरे काम से दिक्कत है तो बता दीजिए।"

अभी आप जहाँ काम कर रहे हैं वहाँ अगर लोग आपकी तय की हुई सीमाओं का सम्मान नहीं कर रहे हैं या आपको प्रताड़ित कर रहे हैं तो आप अपनी नौकरी छोड़कर दूसरी तलाशने का विकल्प चुन सकते हैं या कुछ दिनों का अवकाश भी ले सकते हैं, बशर्ते आपके पास साल भर के गुज़ारे लायक पैसे जमा हों। इस स्थिति में जब आप नई नौकरी के लिए इंटरव्यू देने जाते हैं तब एकदम याचक की मुद्रा में नहीं होते, क्योंकि आपके दिमाग में होता है कि यह नहीं मिली तो कोई और मिल जाएगी, अभी साल भर तक कोई परेशानी नहीं होने वाली।

बतौर कोच, साल दो साल के गुज़ारे लायक पैसा बचा के रखना मेरे लिए पहले भी बहुत महत्वपूर्ण था और अब भी है। इसी से मुझे सिर्फ अपनी पसंद के क्लाइंट्स के साथ काम करने और पसंद न आने वाले क्लाइंट्स को न बोलने की आज़ादी मिलती है। किसी भी कोच के लिए ऐसा करना बहुत ज़रूरी होता है क्योंकि कोचिंग तभी काम करती है जब कोच और क्लाइंट की केमिस्ट्री मेल खाए। अगर आप सिर्फ पैसों की ज़रूरत की वजह से काम करेंगे तो उसके उतने अच्छे नतीजे हासिल नहीं होंगे। 9, 12, या 18 महीनों के वेतन के बराबर (और ज़्यादा हो तो और भी अच्छा है) धनराशि यदि आपके पास जमा है तो आपका दिमाग तनावरहित रहता है, आप सुरक्षित महसूस करते हैं, और आपके दिल-ओ-दिमाग में शान्ति रहती है। बचत के लिए खर्चों में कटौती करना कोई मुश्किल काम नहीं होता, आपको बस इस बात का हिसाब रखने की ज़रूरत होती है कि आपका पैसा कहाँ खर्च हो रहा है। बचत करने का सबसे अच्छा तरीका है यह व्यवस्था करना कि महीने की पहली तारीख को ही आपके वेतन खाते से उतनी रकम (जितनी आप बचाना चाहते हों) अपने आप कटकर बचत खाते में जमा हो जाए।

प्रश्न :

- क्या आप बचत शुरू करेंगे?
- अगर नहीं तो क्यों नहीं? या आपने अब तक बचत शुरू क्यों नहीं की?

48

अपने साथ गलत करने वालों को माफ़ कर दें (...और खासकर खुद को)

"दुर्बल क्या क्षमा करेगा किसी को; क्षमा तो बलवान का गुण है।"

—महात्मा गाँधी

"लोग आपकी कल्पना से कहीं अधिक क्षमाशील हो सकते हैं। परन्तु आवश्यक है कि आप स्वयं को क्षमा कर पाएँ। भीतर जो कड़वाहट पाल रखी है, उससे मुक्त हों और आगे बढ़ें।"

—बिल कॉस्बी

अगर आप ज़िन्दगी में कामयाबी, तृप्ति, और ख़ुशी पाना चाहते हैं तो क्षमा का गुण आपको विकसित करना ही पड़ेगा। मुझे खुद को यह बात समझने में एक बेहद लम्बा अरसा लगा! अगर किसी ने मेरे साथ गलत किया है और उसमें गलती सिर्फ उसी की है तो मैं क्यों उसे माफ़ करूँ? **इसका संक्षिप्त-सा उत्तर है : अपने भले के लिए!** आप यह अपने लिए करेंगे, किसी और के लिए नहीं। कौन सही है और गलती किसकी है, यह देखने की ज़रूरत नहीं है। आपको बस इतना सोचना है कि इस में आपका ही हित है।

क्षमा करने का अर्थ है खुद को सकुशल रखना और व्यर्थ अपनी ऊर्जा गँवाने से बचना। उन बातों को बारम्बार याद करना जिनसे आपके मन में गुस्सा, नाराज़गी, तथा नफ़रत की भावनाएँ उपजती हों, बड़ी मात्रा में अपनी ऊर्जा का अपव्यय करना है। आप जिससे नाराज़ हैं उसकी रातों की नींद हराम हुई है

या आपकी खुद की? कौन हर समय गुस्से से उबलता रहता है – वह या आप? कौन पुरानी बातों को सोच-सोचकर कुढ़ता है और वर्तमान का आनंद लेने से चूक जाता है – वह या आप? आप। जिसके प्रति आपने गुस्सा या नफरत पाल रखी है उसको कोई फर्क नहीं पड़ता, फर्क सिर्फ आपको पड़ता है। इसलिए अपने सुख-चैन की खातिर उसे माफ़ कर दीजिए और उन बातों को भूल जाइए।

एक बार एक पत्रकार ने दलाई लामा से पूछा कि चीनियों ने जिस तरह से उनके देश पर कब्ज़ा कर लिया है और उन्हें निर्वासित जीवन जीने को मजबूर कर दिया है, क्या इसको लेकर उनके मन में चीनियों के लिए गुस्सा नहीं है? इस पर उन्होंने जवाब दिया, "बिलकुल भी नहीं! मेरे मन में उनके लिए केवल प्रेम एवं क्षमा के भाव उपजते हैं। उनके लिए मन में गुस्सा रखने का कोई लाभ नहीं है। इससे उनको तो कोई फर्क नहीं पड़ेगा पर मेरा गुस्सा मेरे लिए अल्सर ज़रूर बन जाएगा, और इससे उनको बहुत लाभ होगा।"

आप भी दलाई लामा जैसा रुख अपनाइए और उन लोगों को माफ़ करते चलिए जिन्होंने जाने-अनजाने आपके साथ कुछ गलत किया हो। ऐसे लोगों को, उनकी बातों को, और उनके किए को माफ़ कर दीजिए, भूल जाइए, और आगे बढ़ जाइए।

याद रखिए, माफ़ करने के साथ-साथ भूल जाना भी ज़रूरी होता है। **अगर आप कहें कि "मैं माफ़ तो कर देता हूँ मगर भूल नहीं पाता", तो इसका मतलब होगा कि आपने सच में माफ़ नहीं किया है।** माफी तभी संभव है जब आप सारी बातों को भूलकर आगे बढ़ने को राज़ी हों। मगर इसका मतलब यह भी नहीं है कि आप लोगों को कैसा भी बर्ताव करने की छूट दे दें और कुछ गलत करने पर उनको आड़े हाथों न लें। जहाँ लड़ना ज़रूरी हो वहाँ लड़ना ही पड़ता है, मगर लड़ाई ख़त्म होने के बाद भी उस बात को याद-याद करके कुढ़ते रहना नासमझी है। अब उसे भूल जाए और आगे देखें।

इसी तरह कभी-कभी हम भी किसी के साथ कुछ गलत कर बैठते हैं, किसी का दिल दुखा देते हैं। तो जैसे हमें क्षमा करने में संकोच नहीं करना चाहिए, वैसे ही हमें क्षमा माँगने में भी देर नहीं करनी चाहिए। जैसे ही आपको अहसास हो कि आपने कुछ गलत किया है, तत्काल फोन लगाकर 'सॉरी' बोल दें। अगर फोन पर कहना कठिन लग रहा हो तो ख़त लिख दें।

और सबसे ज़रूरी है खुद को माफ़ करना। जैसे ही आप खुद को माफ़ करना सीख जाएगे, वैसे ही आपके लिए दूसरों को माफ़ करना आसान हो जाएगा। करके देखिए। इससे आपके भीतर जो बदलाव आएगा वो अद्भुत होगा।

ये करें :

1. उन सभी लोगों के नामों की फेहरिस्त बनाएँ जिन्हें आपने अभी तक माफ़ नहीं किया है।
2. उन सभी चीज़ों की भी फेहरिस्त बनाएँ जिनके लिए आपने अभी तक भी खुद को माफ़ नहीं किया है।
3. अब एक-एक करके इन सभी को माफ़ करना शुरू कर दीजिए।

प्रश्न :

- अगर आप खुद को जस का तस स्वीकार कर लें, किसी भी चीज़ में कोई भी मीन-मेख निकाले बगैर और किसी भी बात के लिए अपनी आलोचना किए बगैर, तो आपकी ज़िन्दगी कैसी होगी?
- अगर आप खुद को और बाकी सभी को भी माफ़ कर दें तो आपकी ज़िन्दगी कैसी होगी?

49

दस मिनट जल्दी पहुँचें

"जितनी देर हम किसी को इंतज़ार कराते हैं, उतनी देर वह हमारी कमियों के बारे में ही सोचता रहता है।"

–फ्रांसीसी कहावत

समय की पाबंदी अनुशासन का लक्षण है और इससे यह भी ज़ाहिर होता है कि आप दूसरों की कद्र करते हैं। जो लोग समय के पाबन्द नहीं होते उनका दूसरों पर अच्छा प्रभाव नहीं पड़ता; भले वे दुनिया के सबसे अच्छे इंसान क्यों न हों, पर लोगों को लगता है कि वे गलत इंसान हैं। निश्चित रूप से इस मामले में भी सांस्कृतिक भिन्नता मायने रखती है। उदाहरण के लिए, जहाँ मैक्सिको और स्पेन के लोग समय की पाबंदी को ज़्यादा महत्त्व नहीं देते हैं, वहीं जर्मनी में समय का पाबन्द न होने को निहायत ही गैर-पेशेवर रवैया माना जाता है और इस गुण के बिना वहाँ आपका किसी भी क्षेत्र में आगे बढ़ पाना बहुत मुश्किल है।

टालेन मिदानेर की किताब 'कोच योरसेल्फ टु सक्सेस' में एक और ऐसी बात कही गई है जिसे मैंने पढ़ने के बाद से अपनी आदत में शामिल कर लिया है। मिदानेर कहते हैं कि आप अपनी हर मुलाक़ात के लिए निर्धारित समय से दस मिनट पहले ही पहुँच जाए – सामने वाले के प्रति विशेष शालीनता दिखाने के लिए नहीं बल्कि खुद के लिए। इन दस मिनटों में हम खुद को शांत और संयत करके मुलाक़ात के लिए अच्छे ढंग से तैयार कर लेते हैं। इन दस मिनटों में हमें वातावरण से समायोजित होने और दिमाग में उन बातों को दोहरा लेने का मौका मिल जाता है जो उस मुलाक़ात में की जानी हैं। इसके अलावा, जब हम किसी भी मुलाक़ात के लिए समय से दस मिनट पहले पहुँचते हैं तो इससे हमारी छवि शिष्ट, पेशेवर और

दूसरों के समय की कद्र करने वाले व्यक्ति की बनती है। अब मुझे इस दस मिनट वाले नियम की ऐसी आदत पड़ गई है कि अगर मैं नियत समय पर भी पहुँचूँ तो मुझे लगता है कि मैं लेट हो गया हूँ। **आप भी इस आदत को अपनाकर देखें और फिर मुझे बताए कि क्या इससे आपके जीवन में भी वैसा ही फर्क पैदा हुआ है जैसा कि मेरे जीवन में।**

50

बोलें कम, सुनें ज़्यादा

"जब कोई बोल रहा हो तो एकाग्र होकर सुनें।
ज़्यादातर लोग कभी सुनते ही नहीं हैं।"
–अर्नेस्ट हेमिंग्वे

'सक्रिय रूप से सुनने' का कौशल विकसित करना मेरे कोचिंग प्रशिक्षण के दौरान सीखे गए सबसे महत्वपूर्ण सबकों में से एक है। और यह कौशल किसी भी कोच के लिए सबसे महत्वपूर्ण उपकरण होती है।

सक्रिय रूप से सुनने का मतलब होता है अपना पूरा ध्यान सामने वाले व्यक्ति की बात पर लगाना और उसके अलावा कुछ और न सोचना। हमारी सहज प्रवृत्ति है कि किसी के बोलना शुरू करने के 30 सेकण्ड्स के भीतर ही हमारे दिमाग में ये विचार आने शुरू हो जाते हैं कि वक्ता की बात पर क्या प्रतिक्रिया देनी है, क्या सलाह देनी है, या क्या समाधान सुझाना है। और ऐसा होते ही हम सुनना बंद कर देते हैं।

हकीकत यही है कि ज़्यादातर लोगों का ध्यान जो कहा जा रहा है उसे समझने पर नहीं बल्कि क्या प्रतिक्रिया देनी है उस पर होता है। वे इंतज़ार ही कर रहे होते हैं कि कब वक्ता ज़रा सी देर को रुके, ताकि वे बोलना शुरू कर सकें। **अगर आपका दिमाग पूरा समय इसी बात की रिहर्सल करने में लगा है कि इसके बाद मुझे क्या बोलना है, तो इसका मतलब है कि आप सुन नहीं रहे हैं।** किसी के बोलते समय बीच में टोका-टाकी न करें। जब तक वक्ता अपनी बात पूरी न कर ले तब तक पूरी तवज्जो सिर्फ सुनने पर लगाए। अगर आप बीच में कोई सलाह देना

चाहते हों तो पहले वक्ता से अनुमति ले लें। प्रायः आप देखेंगे कि अगर आप वक्ता को बात पूरी करने का मौका देते हैं तो वो खुद ही समाधान भी प्रस्तुत कर देता है।

इस आदत को अपनाकर देखिए। जब लोगों को यह अहसास होगा कि आप उनकी बातें ध्यान से सुनते हैं तो आपकी बातचीत और आपके संबंध एक अलग ही स्तर पर पहुँच जाएगे। अच्छे श्रोता बनें!

51

हम बदलेंगे, जग बदलेगा!

"जो बदलाव आप दुनिया में देखना चाहते हैं,
वो पहले खुद में लाए।"
—महात्मा गाँधी

क्या आप भी लोगों को बदलने की कोशिश में लगे रहते हैं? अगर हाँ, तो रुक जाइए। आप किसी को भी नहीं बदल सकते। यह नामुमकिन है! आप उसकी मदद कैसे कर सकते हैं जो आपसे मदद लेना ही नहीं चाहता? इसी तरह, जो बदलना ही नहीं चाहता उसे आप कैसे बदलेंगे? अपनी कीमती ऊर्जा इस व्यर्थ के काम में गँवाना बंद कीजिए और वह कीजिए जो आपके बस में है - दूसरों के लिए उदाहरण बनना!

जो बदलाव आप दूसरों में देखना चाहते हैं वो बदलाव खुद में ले आइए। असल में हमारे आसपास के लोग हमारा आईना होते हैं। हमें उनमें जो कमियाँ या बुराइयाँ नज़र आती हैं वे असल में हमारा ही प्रतिबिम्ब होती हैं। यानी कि हम खुद उन्हीं कमियों और बुराइयों के शिकार होते हैं।

पहले जब मैं ट्रेन या बस में सफ़र करता था तो हमेशा इस बात पर गुस्से से भर जाता था कि नई पीढ़ी के लोग इतने अशिष्ट हो गए हैं कि बुज़ुर्गों को खड़े देखकर भी सीट से नहीं उठते हैं। ऐसे तमाम मौकों पर मेरे भीतर नकारात्मक संवाद शुरू हो जाता था कि 'क्या हाल हो गया है हमारी दुनिया का! नए लोगों में अदब, इंसानियत और तहज़ीब नाम की कोई चीज़ ही नहीं रही! मैं क्यों उठूँ? मैं तो खुद 40 साल का उम्रदराज़ व्यक्ति हूँ! वगैरह-वगैरह।' लेकिन एक दिन कुछ

ऐसा हुआ कि मैंने नए लोगों की लानत-मलामत करने की बजाए अपनी खुद की सीट एक बुज़ुर्ग को दे दी। उस दिन मुझे इतना अच्छा लगा कि बता नहीं सकता!

मेरा दूसरों के व्यवहार पर ज़ोर नहीं चल सकता। मगर मैं अपने व्यवहार को ज़रूर नियंत्रित कर सकता हूँ। दूसरों के लिए उदाहरण प्रस्तुत करके मुझे दोतरफा फायदा होता है - पहला तो यह कि मेरे भीतर नकारात्मक संवाद नहीं पनप पाता, और दूसरा यह कि मेरे मन में यह भाव आता है कि मैंने वह किया जो सही था, और यह भाव बड़ा अच्छा महसूस कराता है। वैसे एक तीसरा फायदा भी है इसका। हो सकता है कि मुझे किसी बुज़ुर्ग के लिए सीट छोड़ते देखकर किसी नौजवान के मन में आ जाए कि अगर मुझसे बड़ी उम्र का व्यक्ति ऐसा कर रहा है तो मुझे भी करना चाहिए।

मेरी सलाह पर मेरे क्लाइंट्स जब 'दूसरों को बदलना चाहिए' वाले दृष्टिकोण को छोड़कर 'अगर मैं ही बदल जाऊँ तो कैसा रहे? हो सकता है कि मुझे देखकर बाकी लोग भी बदल जाए!' वाला नज़रिया अपना लेते हैं, तब उनकी ज़िन्दगी में सबकुछ बदल जाता है।

आप दूसरों को नहीं बदल सकते। आप सिर्फ इतना कर सकते हो कि उन्हें जस का तस स्वीकार करो और उनके लिए अच्छे से अच्छा उदाहरण बनो।

क्या आप भी अपने सहकर्मियों, परिजनों या दोस्तों की कमियों की शिकायत करते रहने के आदी हैं? ऐसा करना छोड़िए और खुद एक शानदार सहकर्मी, दोस्त, जीवनसाथी बनकर दिखाइए। क्या आपको लगातार अपने कर्मचारियों से शिकायत रहती है? पहले आप खुद एक आदर्श बॉस बनकर दिखाइए। क्या आप चाहते हैं कि लोग आपको जस का तस पसंद करें? तो पहले आप लोगों को जस का तस पसंद करना शुरू कीजिए।

प्रश्न :

1. आप क्या बदलना चाहते हैं?
2. इस बदलाव की शुरुआत आप खुद से क्यों नहीं करते?
3. आप क्या बदलाव लाएगे खुद में?

52

कोशिश छोड़ें, काम करना शुरू करें!

"कोशिश मत करो। या तो करो, या मत करो।
कोशिश जैसी कोई चीज़ नहीं होती।"
—मास्टर योदा, स्टार वार्स

खुद पर यह अहसान कीजिए कि 'कोशिश' शब्द का इस्तेमाल बंद कर दीजिए। इस शब्द को अपने शब्दकोष से ही निकाल दें! **कोशिश का मतलब ही होता है नाकामी।** अगर आप किसी व्यक्ति को कोई काम सौंपना चाहते हैं तो आप उससे क्या सुनना चाहेंगे : "मैं कोशिश करूँगा कि हो जाए," या "मैं अभी इसमें लग जाता हूँ"? या तो करो, या मत करो।

अपने कोचिंग करियर के शुरुआती दौर में जल्दी ही मुझे यह बात समझ आ गई थी कि जो क्लाइंट्स होमवर्क करने की 'कोशिश' करते थे, वे अक्सर नहीं कर पाते थे। जो इसके लिए ज़्यादा समय निकालने की 'कोशिश' करते थे, नहीं निकाल पाते थे। जो हफ्ते में तीन दिन व्यायाम करने की 'कोशिश' करते थे, नहीं कर पाते थे।

तब से मैंने यह नियम बना लिया कि जब भी कोई मुझसे कहता "मैं कोशिश करूँगा", मैं उससे पूछ लेता, "तुम करोगे या नहीं करोगे?" **कोशिश जैसा कुछ नहीं होता। अगर करना है तो बस कर डालो।** अगर आपने किया और बढ़िया से हो गया तो बहुत ही अच्छी बात है! आपको साधुवाद है! आपने किया, मगर नहीं हो पाया, कोई बात नहीं। इस बात का पता लगाइए कि कहाँ चूक हुई। देखिए कि अभी जिस तरह से किया उस तरीके में क्या बदलाव लाने होंगे जिससे कि अपेक्षित

परिणाम मिले। सोचिए कि इस अनुभव से क्या सीखा जा सकता है। और दुबारा कीजिए। **सिर्फ कोशिश करने से आप कहीं नहीं पहुँचेंगे। मैं मास्टर योदा की इस बात से पूरी तरह सहमत हूँ : "या तो करो, या मत करो!"**

53

अवचेतन की प्रोग्रामिंग

"एक बड़ी कमाल की बात है – हम शत-प्रतिशत यकीन के साथ जो भी निर्देश देते हैं, हमारा अवचेतन मन उसको न सिर्फ ग्रहण करता है, बल्कि उसका अक्षरशः पालन भी करता है। हालाँकि ऐसा एक बार में नहीं होता वरन हमें निर्देशों को बारम्बार दोहराना पड़ता है, तभी अवचेतन मन उन्हें ठीक तरह ग्रहण कर पाता है।"

–नेपोलियन हिल, थिंक एंड ग्रो रिच

सकारात्मक स्व-संवाद के महत्व पर तो हम पहले ही चर्चा कर चुके हैं। सकारात्मक स्व-संवाद का ही एक प्रभावशाली तरीका है सकारात्मक कथनों के दोहराव के माध्यम से अवचेतन को प्रोग्राम करना। अंग्रेज़ी में इसे 'अफर्मेशन' कहते हैं। इसमें हम कुछ सकारात्मक कथनों को इतने यकीन के साथ दिन में कई-कई बार और कई-कई हफ़्तों और महीनों तक दोहराते हैं कि अवचेतन मन उनको सच मानने लगता है। और आप तो जानते ही हैं कि हमारा ज़्यादातर व्यवहार हमारे अवचेतन मन से नियंत्रित और निर्देशित होता है। तो जब अवचेतन इन कथनों को सच मान लेता है तो फिर हम उन्हीं कथनों के मुताबिक व्यवहार करने लगते हैं, उन्हीं के अनुकूल परिस्थितियों, लोगों, तथा अवसरों को आकर्षित करने लगते हैं।

अफर्मेशन वाले कथन हमेशा सकारात्मक ढंग से और वर्तमान काल में कहे जाने चाहिए, ताकि अवचेतन यह न समझ पाए कि जो कहा जा रहा है वह अभी हुआ नहीं है। इसके अलावा उन कथनों का व्यक्तिगत, विशिष्ट, तथा भावनात्मक ऊर्जा से युक्त होना भी ज़रूरी है। उदाहरण के तौर पर :

- मेरे पास पैसा आसानी से आता है, बिना किसी मशक्कत के आता है।
- मेरी ज़िन्दगी में अवसरों की भरमार है।
- मेरे लिए ढेर सारे लोगों के सामने खड़े होकर बोलना आसान है।
- मैं अपने व्यापार-व्यवसाय में बहुत सफल हूँ।
- मैं स्वस्थ और चुस्त-दुरुस्त हूँ।

अफर्मेशंस का उपयोग करके आप अपनी मनचाही चीज़ों को आकर्षित कर सकते हैं। जितना ज़्यादा आप अभ्यास करेंगे, उतने ही अच्छे परिणाम आपको मिलेंगे। पहली बार जब आप कहेंगे कि "मेरे पास पैसा आसानी से आता है" तो आपके भीतर से आवाज़ आएगी, "क्यों झूठ बोल रहे हो, कहाँ आता है आसानी से!" लेकिन अगर आप हफ्ते भर तक हर दिन 200-300 बार इस कथन को दोहराएँ तो आपके अन्दर से उठने वाला विरोधी स्वर शांत हो जाएगा। मगर उसके बाद भी आपको इस बात को दोहराते रहना है, ताकि यह आपके अवचेतन में मज़बूती से बैठ जाए।

किसी भी अफर्मेशन को दोहराते रहने के साथ-साथ इस बात पर नज़र रखना भी ज़रूरी होता है कि उसका क्या असर हो रहा है। कुछ अध्ययनों में दावा किया गया है कि अगर हमारा आंतरिक विरोधी स्वर शांत न हो पाए तो फिर अफर्मेशंस का नकारात्मक प्रभाव पड़ना शुरू हो जाता है। तो यदि काफी समय तक दोहराने के बाद भी कोई अफर्मेशन काम नहीं कर रहा है तो बेहतर होगा कि आप कोई दूसरी तकनीक अमल में लाए (जैसे कि अवचेतन टेप्स) या फिर खुद से कुछ अलग तरह के प्रश्न पूछें, जैसे कि "मैं इतना खुश क्यों हूँ? सभी कुछ इतने अच्छे से काम कैसे कर रहा है?"

नूह सेंट जॉन ने खुद से सही सवाल पूछने के चमत्कार पर 'बुक ऑफ़ अफर्मेशंस' नाम से एक पूरी किताब लिखी है, उसे पढ़िए, आपके बहुत काम आएगी।

54

दिन में 25 बार लिखें

*"हम जिन अफ़र्मेशंस को बारम्बार दोहराते हैं,
हमारा अवचेतन उनको सच मानने लगता है और उसका यह
मानना जब कट्टर विश्वासों में तब्दील हो जाता है,
तब वे विश्वास हकीकत में बदलने लगते हैं।"*

–मुहम्मद अली

अपनी इच्छाओं (अफरमेशनों) को बारम्बार लिखने के इस अभ्यास का उद्देश्य उन्हें अपने अवचेतन में तब तक हथौड़े की तरह बजाते रहना है जब तक कि उसे यह यकीन न आ जाए कि वे आपकी कल्पना नहीं बल्कि हकीकत हैं! हमारा अवचेतन मन इसी तरह काम करता है। हमारा अवचेतन मन ही हमारी विश्वास-प्रणाली है; वह जिन चीज़ों में यकीन रखने लगता है, वही चीज़ें हमारे जीवन में साकार होने लगती हैं। और अवचेतन में कोई नया विश्वास पैदा करने का एक ही उपाय है – उसे बारम्बार दोहराना। भले आपको यह अभ्यास उबाऊ लगे, मगर लिखते रखिए। कैसे करना है?

1. अपनी इच्छा चुनें।
2. इसे निजी बनाएँ, 'मैं' से शुरू करें।
3. इच्छा सकारात्मक होनी चाहिए।
4. वर्तमान काल में होनी चाहिए। उदाहरण के तौर पर, "मैं हर महीने इतने लाख रुपये कमा रहा हूँ।"

5. इस अभ्यास को सुबह उठते साथ ही करें। आँख खुलने के बाद सबसे पहला काम यही होना चाहिए।

अच्छा होगा अगर आप इसके लिए एक छोटी सी डायरी या नोटबुक बना लें। आप चाहें तो इस अभ्यास को दिन में दो बार करके (एक सुबह उठने के ठीक बाद और दूसरा रात को सोने से ठीक पहले) और भी ज़्यादा लाभ पा सकते हैं।

55

बहाने बनाना छोड़ें

"सिर्फ एक चीज़ है जो आपको आपके लक्ष्य हासिल करने से रोक रही है – वह बकवास कहानी जो आप इस बात की सफाई के तौर पर खुद को लगातार सुनाते रहते हैं कि क्यों आप इन लक्ष्यों को हासिल नहीं कर सकते।"

–जॉर्डन बेलफोर्ट

जब भी आप अपने सुविधा के दायरे से बाहर कदम रखने की कोशिश करते हैं तो क्या होता है? डर और आत्म-संदेह के चलते आपका दिमाग कमाल-कमाल के बहाने ईजाद करने लगता है : "अभी सही समय नहीं आया है इस काम को करने का," "अभी तो मैं बहुत छोटा हूँ," "मेरी तो उमर हो चली है अब," "यह नामुमकिन है," "मुझसे नहीं हो पाएगा," और मेरा सबसे पसंदीदा बहाना, "मेरे पास पैसा ही नहीं है।" और जिन लोगों के पास पैसा होता है वे कहते हैं, "मेरे पास समय कहाँ है!"

हो सकता है आप कहें कि **"ठीक है, पर मेरा मामला थोड़ा अलग है।"** नहीं, कुछ अलग नहीं है! मेरा यकीन करें। सही वक़्त सिर्फ अभी होता है, और कभी नहीं। आप या तो अभी शुरू कर सकते हैं या फिर कभी नहीं। हर संकट में एक अवसर छिपा होता है। किसी भी काम को करने के लिए कोई भी उम्र न तो बहुत कम होती है और न ही बहुत ज़्यादा। ज़रा इन्टरनेट पर सर्च करके देखिए, आपको ढेरों ऐसे उदाहरण मिल जाएगे जब लोगों ने खासी उम्र हो चुकने के बाद भी अपने सपनों को साकार किया या बहुत छोटी उम्र में ही कोई बड़ी कम्पनी या व्यापार खड़ा कर लिया।

आपके पास पैसा नहीं है? या फिर आप अपना पैसा गलत जगहों पर खर्च कर रहे हैं – किसी प्रशिक्षण कार्यक्रम में शामिल होने की बजाए आप अपना पैसा नया टीवी या वीडियो गेम कंसोल खरीदने में लगा रहे हैं? कमाल की बात है कि पैसा न होने का बहाना बनाने वाले ये लोग जब किसी अच्छे वित्तीय सलाहकार या कोच की मदद लेते हैं तो अचानक से उन्हें अपने पास पैसा नज़र आने लगता है! इसी तरह मेरे पास जो लोग इस बात की शिकायत करते हुए आते हैं कि 'उनके पास समय नहीं है," मेरी कोचिंग के पास अचानक से उन्हें अपने पास समय ही समय मालूम पड़ने लगता है।

अब यह आपके ऊपर है कि आप इन बहानों में ही जीते रहना चाहते हैं या फिर इन्हें छोड़कर अपने लक्ष्यों को पूरा करने की दिशा में कदम बढ़ाना चाहते हैं। कोई भी फैसला करने से पहले यह याद रखिएगा कि अगर आपने उसी तरह जीना और काम करना जारी रखा जिस तरह अब तक जीते या करते आए हैं, तो आपको आगे भी वैसे ही नतीजे मिलते रहेंगे जैसे अब तक मिलते आए हैं।

प्रश्न :

- अब से आप क्या चुनेंगे – बहाने या संकल्पपूर्वक काम?
- खुद में बदलाव न करना पड़े इसके लिए आप खुद से क्या-क्या बहाने बनाते हैं?

56

अपेक्षाएँ कम और प्रदर्शन ज़्यादा

"हमेशा उम्मीद से बढ़कर प्रदर्शन करें।"

–लैरी पेज

यह मेरी अब तक सीखी हुईं सभी समय-प्रबंधन तकनीकों में से संभवतः सबसे अच्छी तकनीक है। इसके उपयोग से मेरी निजी और पेशेवर ज़िन्दगी में असाधारण बदलाव आया और काम के दौरान होने वाला तनाव बिलकुल ख़त्म ही हो गया। काम के दौरान तनाव होने की सबसे बड़ी वजह थी किसी भी काम को पूरा करने के लिए नियत समयावधि का होना। इन समयावधियों के दबाव से मैं अकेला ही नहीं बल्कि हमारी पूरी इंटरप्राइस ही हमेशा पीड़ित रहती थी। इनके चलते हमारे लिए वे दिन बेहद तनावपूर्ण और कष्टदायक रहते थे जिन दिनों हमें क्लाइंट्स को अपने उत्पाद डिलीवर करने होते थे। जिस समय सीज़न पूरे उठाव पर होता था उस समय ऐसे दिनों की संख्या बहुत बढ़ जाती थी, तो उसी अनुपात में हमारा तनाव भी बढ़ने लगता था।

तमाम कोशिशों के बाद भी हम लगभग हमेशा ही समय-सीमा की आखिरी दहलीज़ पर या कभी-कभार दो-एक घंटे की देरी से डिलीवर कर पाते थे, जिसके चलते मुझे हमेशा नाराज़ और कभी-कभी तो पागलपन की हद तक गुस्साए क्लाइंट्स को शांत करना पड़ता था। फिर मैंने इसका अनूठा समाधान निकाला। मैंने क्लाइंट्स को असल डिलीवरी तारीख से कुछ दिनों बाद का वादा करना शुरू कर दिया। असल में मैंने यह पाया कि हमारी जिन भी डिलीवरीज़ में देरी होती थी उनमें से 90% मामलों में वह देरी महज़ दो-एक घंटों की होती थी। यह जानने के बाद मैंने अपने बॉस से अपना खुद का डिलीवरी शिड्यूल बनाने की अनुमति

हासिल की। इस शिड्यूल के बारे में सिर्फ मुझे पता होता था। तो मैं क्या करता था कि अगर प्रोडक्शन वाले मुझे 5 अप्रैल की तारीख देते थे डिलीवरी की, तो मैं क्लाइंट को 10 अप्रैल बोलता था। अब अगर हम 5 की बजाए 7 अप्रैल को भी डिलीवर करते थे तो ग्राहक नाराज़ होने और जुर्माने की धमकी देने की बजाए इस बात के लिए आभार व्यक्त करता था कि हमने तीन दिन पहले डिलीवरी दे दी।

अगले तीन सालों में हमने देरी से डिलीवरी के मामलों को 50% से घटाकर 0% तक लाने में कामयाबी हासिल कर ली। इस तरकीब की कामयाबी को देखते हुए मैंने इसे ज़िन्दगी के हरेक आयाम में अपनाना शुरू कर दिया। अगर मेरी बॉस मुझे कोई प्रोजेक्ट देतीं और मुझे लगता कि उसे पूरा करने में 3 दिन लगेंगे तो मैं उन्हें 5 दिन कहता। अब अगर मुझे इसे पूरा करने में तीन की बजाए चार दिन भी लग जाते तब भी बॉस को लगता कि मैंने समय से पहले ही काम पूरा कर लिया। अगर ज़्यादा देर भी होती, तब भी पाँच दिनों में तो पूरा हो ही जाता और तब भी बॉस को यही लगता कि मैंने काम समय पर पूरा किया है।

अगर कभी मुझे दफ्तर में देर तक रुकना होता तो मैं दोस्तों से कहता कि मैं रात 9 बजे तक घर पहुँचूँगा। फिर जब मैं 8.30 बजे पहुँच जाता तो मेरी खूब वाहवाही होती। मगर इसमें सावधान रहने की भी ज़रूरत है। क्लाइंट को या बॉस को या दोस्तों को दी गई समयावधि को असली समयावधि मानने की भूल करके आलस/लापरवाही करने लगना आपके लिए बहुत घातक सिद्ध होगा।

57

आदर्श जीवन की कल्पना

"हम जिस चीज़ में विश्वास करेंगे, वही चीज़ साकार हो जाएगी।"

–डॉ. वेन डब्ल्यू. डायर

यह मेरी ही तरह और भी बहुत सारे कोच लोगों का पसंदीदा अभ्यास है और कोचिंग की कई सारी प्रक्रियाएँ इसी अभ्यास से शुरू होती हैं। **आदर्श जीवन जीने की कल्पना करें!** सोचें कि **कैसी ज़िन्दगी जीना चाहेंगे आप। यदि आपको अपनी ज़रूरतें पूरी करने के लिए काम करने की ज़रूरत न बचे तब आप क्या करेंगे? मतलब, तब आपका दिन कैसे बीतेगा? आपकी ज़िन्दगी कैसी होगी? कहाँ रहेंगे - शहर की किसी बहुमंज़िला इमारत में या फिर शहर से बाहर किसी हरे-भरे और खुले-खुले फ़ार्महाउस में? आप क्या-क्या करेंगे? किन लोगों के साथ रहेंगे?** खुलकर सोचिए! किसी भी तरह की तार्किकता को बीच में मत लाइए, मन जहाँ तक उड़े उसे उड़ने दीजिए, रोकिए मत! सोचिए कि आपका आदर्श जीवन कैसा होगा? बारीकी से सोचिए। छोटी से छोटी चीज़ पर गौर कीजिए। उस ज़िन्दगी को जीते हुए कैसा महसूस होगा वह भी सोचिए।

इन सब चीज़ों को विस्तार से लिख लीजिए। चाहतों को बारम्बार लिखने के लाभ तो आप जान ही चुके हैं, इसीलिए **सविस्तार लिखिए कि आपके सपनों की ज़िन्दगी कैसी होगी।** इसके लिए एक अलग डायरी बनाएँ। कई लोग तो अपने सपनों की ज़िन्दगी को दर्शाने वाले चित्रों को पत्र-पत्रिकाओं से काट-काटकर उन्हें एक शीट पर चिपकाकर उनका एक कोलाज बना लेते हैं और फिर उसे किसी ऐसी जगह चिपका देते हैं, जहाँ बारम्बार उनकी नज़र पड़ती हो। मगर इस अभ्यास को काम की तरह न करें बल्कि मनोरंजन की तरह करें। यह मज़ेदार होना चाहिए,

बोझिल नहीं। इस तरह अपने सपनों की ज़िन्दगी का स्पष्ट खाका अपने दिमाग में बना लें और उसे याद करते रहें।

चलिए काम शुरू करते हैं :

1. किसी ऐसी जगह बैठ जाए जहाँ कोई व्यवधान न हो। फोन भी बंद कर दें, टीवी वगैरह भी बंद रखें। एक घंटे तक सोचने और लिखने के सिवाए आपको कुछ और नहीं करना है।
2. अब सोचना शुरू करें। अपने मन के कैनवास पर अपनी पसंद की ज़िन्दगी की छवियाँ उकेरना शुरू करें। सोचें कि उस ज़िन्दगी में आपकी दिनचर्या कैसी होगी? आप सुबह कितने बजे जागेंगे? किस तरह के घर में रहेंगे? आपकी सेहत कैसी होगी? आपके आसपास कौन-कौन होगा? आप क्या काम कर रहे होंगे? जितने विस्तार से और जितनी गहराई से सोच सकें, सोचें और लिखते जाए।
3. हफ्ते में कम से कम एक बार अपने लिखे हुए इस विवरण को उत्साह से पढ़ें, पूरी भावनात्मक तीव्रता इसमें लगाए।

वैकल्पिक अभ्यास :

आप अपनी इस आदर्श ज़िन्दगी और आदर्श दिनचर्या को फोन या किसी और उपकरण के माध्यम से अपनी आवाज़ में रिकॉर्ड करके हर रात सोने से पहले सुन सकते हैं।

क्या आप तैयार हैं? तो फिर देर न करें, अभी और इसी वक़्त अपनी आदर्श ज़िन्दगी और आदर्श दिनचर्या को लिखने या रिकॉर्ड करने में लग जाए!

58

अपनी भावनाओं को स्वीकारें

"बुद्धि भ्रमित हो सकती है, परन्तु भावनाएँ कभी आपसे झूठ नहीं बोलतीं।"

–रॉजर एबर्ट

आप कब कैसा महसूस करेंगे इसके लिए कौन ज़िम्मेदार होता है? आप! आपको याद है 'चयन और निर्णय' वाले अध्याय में हमने क्या पढ़ा था? आपको याद है कि न कि किस तरह हम अपने विचारों को नियंत्रित कर सकते हैं? तो, हमारी भावनाएँ हमारे विचारों से ही उपजती हैं। कैसे? भावना गतिमान ऊर्जा होती है, यानी कि किसी विचार के फलस्वरूप उत्पन्न शारीरिक प्रतिक्रिया। तो अगर आप अपने विचारों को नियंत्रित कर सकते हैं तो आप अपनी भावनाओं पर भी काबू रख सकते हैं। इसीलिए भावनाओं से डरने की ज़रूरत नहीं है। आपकी भावनाएँ आपका हिस्सा हैं, आप भावनाओं का नहीं। उन्हें स्वीकार करें।

हर भावना का अपना एक उद्देश्य होता है। भय की भावना हमें खतरों से सुरक्षित रखती है। क्रोध की भावना हमें अपना बचाव करने, चीज़ों को नियंत्रण में रखने, और दूसरों को यह दर्शाने में मददगार होती है कि कौन सी चीज़ हमें नापसंद है। उदासी का भाव आपको भीतर के दुःख को बाहर लाने और भीतर मौजूद अभावों को देखने-समझने का मौका देता है। प्रसन्नता का भाव आपको अच्छा महसूस कराने का काम करता है। अपनी भावनाओं से जुड़ाव रखना बहुत ज़रूरी है, उनकी उपेक्षा न करें। साथ ही आपको यह भी पता होना चाहिए कि अपनी भावनाओं को स्वस्थ ढंग से अभिव्यक्त कैसे करें। **अगर आप दुखी हैं तो यह कहकर खुद को धोखा न दें कि "मैं खुश हूँ।"** मैं आपसे दुःख में दुखी होने को

नहीं कह रहा हूँ, मैं कह रहा हूँ कि अगर दुःख का भाव है तो उसकी उपेक्षा करने या खुद को भुलावे में रखने की बजाए यह पता लगाए कि दुःख का भाव क्यों है, यह जानने की कोशिश करें कि आप दुखी क्यों महसूस कर रहे हैं।

भावनाओं में बहने की बजाए उनको एक साक्षी की तरह देखें, देखें कि वे कहाँ से और कैसे उत्पन्न हो रही हैं और आपके भीतर क्या-क्या बदलाव ला रही हैं। उन्हें तब तक देखते रहें जब कि वे बरसाती बादलों की तरह खुद ही गुज़र नहीं जातीं। उन्हें उसी तरह लें जिस तरह आप बरसात के दिनों में बादलों के आने को लेते हैं। जब बरसात में बादल बरसते हैं तो आप जानते हैं कि ये कुछ देर बरसेंगे और फिर चले जाएगे। आपको पता होता है कि बरसात हमेशा नहीं होती रहेगी, कुछ ही समय में मौसम खुल जाएगा। आप इसे मौसम-चक्र में होने वाले अनिवार्य बदलाव के तौर पर स्वीकार करते हैं। यही सोच आप अपनी भावनाओं के प्रति भी रखिए। चाहे गुस्सा हो, दुःख हो, डर हो; ये सभी कुछ देर के लिए आते हैं और फिर खुद-ब-खुद चले जाते हैं। कोई भी हमेशा गुस्सा नहीं रह सकता, हमेशा दुखी नहीं रह सकता। **इससे यह समझ आता है कि कोई भी भावना अच्छी या बुरी नहीं होती। वे बस होती हैं।** अगर आप किसी भावना को सुरक्षित ढंग से बाहर निकालना चाहते हैं तो उसे लिख डालिए। वह तत्काल गुज़र जाएगी।

भावनाएँ सन्देशवाहकों का काम करती हैं। उन्हें ध्यान से सुनिए कि वे क्या कह रही हैं। मगर उनमें अटकिए मत। भावनाओं में अटकने का अर्थ है अतीत में अटकना। फिर आप वर्तमान से तो चूकेंगे ही चूकेंगे। आपको बस यह देखना है कि वह भावना क्यों प्रकट हुई है और उस 'क्यों' का निराकरण करना है।

भावनाओं का प्रबंधन :

भावनाओं को महसूस करना, अभिव्यक्त करना, समझना और उनका सही उपयोग करना भी एक कला है, कौशल है। भावनाओं के प्रबंधन के निम्नलिखित चरण होते हैं :

1. भावनाओं को स्वीकारना और अभिव्यक्त करना (उन्हें जस का तस महसूस होने देना)।
2. भावनाओं को समझना (यह जानना कि यह भावना क्यों उत्पन्न हो रही है)।

3. भावनात्मक समायोजन (यह जान लेना कि कोई भावना क्यों महसूस हो रही थी...)।

यहाँ भी सबकुछ आपके रवैए पर निर्भर करता है कि आप भावनाओं को स्वीकार करने को तैयार होते हैं या नहीं। यहाँ भी चुनाव आपको ही करना होता है!

भावनाओं के सही प्रबंधन के लाभ :

- आप समस्याओं और असफलताओं से तेजी से और बेहतर ढंग से उबरते हैं।
- आपका कामकाजी प्रदर्शन बेहतर होता है।
- आपके संबंधों में कभी भी इतना तनाव पैदा नहीं हो पाता कि संबंध खराब हो जाए।
- आप अपने आवेगों और परस्पर विरोधी भावनाओं को नियंत्रित करने में सफल रहते हैं।
- मुश्किल पलों में भी संतुलित और शांत रहते हैं।

भावनाओं के प्रबंधन की दिशा में पहला कदम तो उनको बिना किसी झिझक या पूर्वाग्रह के जस का तस महसूस और अभिव्यक्त करना ही होता है। फिर यह समझना होता है कि वह भावना किस वजह से उत्पन्न हुई है। आपको शांत और संयत रहते हुए अपनी भावनाओं से जुड़ना होता है, उनसे बात करनी होती है, और उनकी वजह जानकर उन्हें खुद-ब-खुद गुज़र जाने देना होता है।

प्रश्न :

- क्या आप अक्सर कोई नकारात्मक भावना अपने भीतर महसूस करते हैं?
- उस भावना के उत्पन्न होने के क्या-क्या लक्षण आपको महसूस होते हैं और शरीर के किस हिस्से में?
- उस समय आपको कैसा महसूस होता है?

59

आज और अभी करें!

“आने वाले कल की ज़िम्मेदारी से अगर आज कन्नी काटेंगे
तो कल इसके नतीजों से भाग नहीं पाएँगे।”

–अब्राहम लिंकन

“सिर्फ उसी काम को कल पर टालें जिसे अधूरा छोड़कर
मरने के ख्वाहिशमंद हों।”

–पाब्लो पिकासो

डॉ. वेन डब्लू. डायर की इस बात को हमेशा याद रखें, “जो करना है अभी करो, भविष्य का कोई ठिकाना नहीं है।” वो ज़रूरी ईमेल जो कब का भेजा जा चुका होना चाहिए था, मगर अभी तक लिखा ही नहीं जा सका है; किसी पुराने दोस्त से दुबारा मेल-मुलाक़ात की वह इच्छा जो बहुत दिनों से मन में है, मगर टलती ही जा रही है; अपने परिवार के साथ समय बिताने का वह संकल्प जो जाने कब से पूरा होने की प्रतीक्षा में है, मगर हो ही नहीं पा रहा है – इन सभी कामों को और मत टालिए।

खुद पर एक अहसान कीजिए, टालमटोल की आदत छोड़ दीजिए। इससे सिर्फ दिमाग पर बोझ बढ़ता है, और कुछ नहीं। अगर आप ध्यान से देखें तो पाएँगे कि जिन कामों को लम्बे समय से टालते आने के कारण आपके दिमाग पर बोझ और मन में अपराध-बोध बढ़ता जा रहा है, वे काम बमुश्किल आधे-एक घंटे में या हद से हद एक दिन में पूरे किए जा सकते हैं! अगर आप सिर्फ आधा-एक घंटा निकाल लें तो कितने सारे मानसिक बोझ और अपराध-बोध से बच सकते हैं!

टालमटोल का मतलब है किसी ज़रूरी काम की उपेक्षा। किसी काम को 'बाद में कर लेंगे' सोचने का अर्थ होता है यह उम्मीद करना कि बाद में शायद जादू के ज़ोर से कुछ ऐसा हो जाएगा कि उन कामों को करना बहुत आसान लगने लगेगा या फिर शायद वे अपने आप ही हो जाएगे। मगर हकीकतन तो ऐसा संभव है नहीं। प्रायः टालमटोल करने का कारण होता है उस काम को करने से लगने वाला डर। यह डर किसी भी तरह का हो सकता है - खारिज किए जाने का डर, नाकाम होने का डर, यहाँ तक कि सफलता का डर। टालमटोल की एक और वजह देखने को मिलती है – किसी काम का अपनी क्षमता से बाहर मालूम होना।

अधिकांश लोग इन तीन तरहों से टालमटोल करते हैं :

1. कुछ भी न करना।
2. जो करना चाहिए उसकी बजाए कोई कम महत्वपूर्ण काम करने लगना।
3. जो करना चाहिए उसकी बजाए कोई अधिक महत्वपूर्ण काम करने लगना।

मेरे क्लाइंट मार्क अपनी टालमटोल की आदत से बहुत परेशान थे। पेशे से वह फ्रीलांसर हैं, इसलिए उनके पास अपने खुद के टाइम-टेबल से काम करने की आज़ादी है। इस आदत के चलते उनके दिमाग पर हमेशा बाकी बचे काम का बोझ और काम समय पर पूरा न हो पाने के नतीजों की चिंता हावी रहती थी। इसके चलते कई बार उन्हें रात-रात भर नींद भी नहीं आती थी। हर बार वह सोचते थे कि आगे से किसी काम को टालूँगा नहीं, मगर टालने की आदत फिर उन पर हावी हो जाती थी और वह फिर से मानसिक बोझ और दुश्चिंता के शिकार हो जाते थे। कोचिंग के दौरान उन्होंने खुद स्वीकार किया कि जिन कामों को टालने के चलते उन्हें दुश्चिंताओं का सामना करना पड़ता है उनमें से कई सारे काम ऐसे हैं जिन्हें महज़ घंटे भर में पूरा किया जा सकता है। धीरे-धीरे उन्हें समझ आने लगा कि वह टालमटोल की आदत की कितनी बड़ी कीमत चुका रहे थे, और उन्होंने तय किया कि आगे से जब भी उनके मन में किसी काम को टालने का विचार आएगा तो वह खुद से पूछेंगे, "जानते हो इस काम को टालने की क्या कीमत चुकानी पड़ेगी? जो काम अभी घंटे दो घंटे में पूरा हो सकता है, उसे टालकर दिमाग पर बोझ लादने और रातों की नींद हराम करने का क्या औचित्य है?" इसीलिए मेरा आपसे भी

कहना है कि अभी का काम अभी पूरा कीजिए। आपने यह कहावत शायद सुनी हो, "**रहा काम तो राजाओं से भी नहीं होता।**" जो काम एक बार टलता है वह फिर टलता ही जाता है, इसीलिए बेहतर है कि उसे अभी के अभी ख़त्म करें।

प्रश्न :

- आप किस काम को टाल रहे हैं?
- आप वाकई कुछ हासिल कर रहे हैं या बस दिल बहलाने के लिए ही व्यस्त हैं?
- आपके लिए अभी इस वक़्त क्या सबसे महत्वपूर्ण है?

60

अभिनय करें!

"अगर आप अपने भीतर कोई खूबी पैदा करना चाहते हैं तो ऐसे बर्ताव करें जैसे कि वो आपके अन्दर आ चुकी है।"

–विलियम जेम्स

अब आपको करना है अभिनय! आपको ऐसा अभिनय करना है जैसे कि आपने अपना मनचाहा लक्ष्य प्राप्त कर लिया है। आपको ऐसा अभिनय करना है जैसे कि आपने वो सब पा लिया है जो आप पाना चाहते हैं। अगर आप ज़्यादा आत्मविश्वास हासिल करना चाहते हैं तो ऐसा अभिनय करें कि आप आत्मविश्वास से लबरेज़ हैं। आपकी बातों से, आपकी चाल से, और आपकी शारीरिक भाव-भंगिमाओं से ऐसा ज़ाहिर होना चाहिए कि आप आत्मविश्वास से भरे हुए हैं। (अध्याय 61 देखें।)

हमारा अवचेतन कल्पना और वास्तविकता में अंतर नहीं कर पाता है। इसका लाभ उठाइए और उस लक्ष्य को हासिल कर चुकने का अभिनय करने लगिए जिसे आप हासिल करना चाहते हैं। न्यूरो-लिंग्विस्टिक प्रोग्रामिंग और कोचिंग में इसे हम 'मॉडलिंग' कहते हैं। कामयाब होने का एक अच्छा तरीका यह है कि आप पहले से कामयाब लोगों को गौर से देखें और उनके जैसा आचरण करने का प्रयास करें। आप जैसा भी बनना चाहें, जो भी हासिल करना चाहें, हरेक जगह इस तकनीक का उपयोग किया जा सकता है। फिल्मों में अभिनय करने वाले अभिनेताओं के साथ अक्सर ऐसा होता है कि वे अभिनय करते-करते सचमुच उस किरदार में ढल जाते हैं जिसका वे अभिनय कर रहे होते हैं। आपको भी यही करना है।

प्रश्न :

- आप खुद में कौन सी खूबी विकसित करना चाहते हैं?
- अगर आप में यह खूबी आ जाए तब आप कैसे बर्ताव करेंगे?
- तब आप कैसे बोलेंगे, कैसे चलेंगे, कैसे प्रतिक्रिया देंगे?

61

देह-बोली बदलें

"आप जैसा होना चाहते हैं वैसे ही दिखने-चलने लगें, तो जल्दी ही आप वैसे ही हो जाएगे जैसे आप दिखना-चलना चाहते हैं।"

–बॉब डायलन

यह अभ्यास न्यूरोलिंग्विस्टिक प्रोग्रामिंग से लिया गया है। न्यूरोलिंग्विस्टिक प्रोग्रामिंग का मानना है कि देह-बोली (शारीरिक भाव-भंगिमाओं) को बदल लेने से हमारी मानसिक-भावनात्मक स्थिति भी बदल जाती है। मैं जिन भी लोगों को इस अभ्यास के बारे में बताता हूँ उनको यह मज़ाक लगता है। मगर आप इसे मज़ाक मानकर खारिज करें, उससे पहले मेरी दरख्वास्त है कि एक बार इसे कर के देख लें।

जब आप दुखी और अवसादग्रस्त होते हैं तब आपके कंधे हमेशा झुके हुए रहते हैं, आँखें हमेशा ज़मीन में गढ़ी रहती हैं, और आप पूरी तरह से एक दुखी व्यक्ति की मुद्रा में आ जाते हैं। ऐसा ही होता है न? अब आप इसका उल्टा करके देखिए। मतलब, जब कभी भी आप दुखी महसूस कर रहे हों तब सीधे तनकर खड़े हो जाए, कंधे पीछे को खिंचे हुए रहें, सीना बाहर निकला रहे, और सिर ऊँचा उठा रहे। अब कैसा लग रहा है? अगर आप मुस्कराते हैं, हँसते हैं, और सिर ऊँचा करके तनकर चलते हैं तो आप देखेंगे कि आपको बहुत अच्छा महसूस होने लगता है। इस तरह चलने पर दुखी महसूस करना संभव ही नहीं है।

इस विषय में काफी शोध हुआ है। 2009 में ब्रायन, पेटी और वैगनर द्वारा किए गए एक अध्ययन में पाया गया कि सीधे तनकर बैठने वाले लोगों में थोड़ा झुककर बैठने वालों के मुकाबले ज़्यादा आत्मविश्वास होता है।

इसी विषय में एमी कड्डी की एक अद्भुत TED वार्ता भी है - 'योर बॉडी लैंग्वेज शेप्स हू यू आर' (आपकी देहबोली तय करती है कि आप कौन हैं), जो उनके हार्वर्ड विश्वविद्यालय में डाना कार्नी के साथ मिलकर किए गए एक शोध अध्ययन पर आधारित है। इस शोध अध्ययन में पाया गया कि हर दिन 2 मिनट तक 'पावर पॉश्चर्स' (कुछ विशिष्ट शारीरिक मुद्राएँ) में रहने से टेस्टोस्टेरोन हॉर्मोन के स्तर में 20 प्रतिशत की वृद्धि होती है (जो आत्मविश्वास को बढ़ाता है) और कोर्टिसोल हॉर्मोन के स्तर में 25 प्रतिशत की कमी आती है (जो तनाव को कम करता है)। सोचकर देखिए कि यह कितनी कमाल की खोज है कि जब भी आपकी कोई ख़ास मीटिंग या प्रेजेंटेशन या प्रतियोगिता या मेल-मुलाकात हो तो उससे ठीक पहले आपको बस दो मिनट के लिए उस शारीरिक मुद्रा को अपनाना है जो आत्मविश्वासी लोगों की पहचान है, और आप खुद भी आत्मविश्वास से भर जाएगे।

अपने हाथ अपने नितम्बों पर रखें और पैरों को फैलाकर सीधे खड़े हो जाए। या फिर किसी कुर्सी की पीठ से पीठ सटाकर बैठ जाए और अपनी बाँहों को फैला लें। 2 मिनट या उससे ज़्यादा समय तक इसी स्थिति में रहें... और फिर देखें कि क्या चमत्कार होता है।

ये अभ्यास करें :

एमी कड्डी की TED वार्ता 'योर बॉडी लैंग्वेज शेप्स हू यू आर' देखें।

62

जो चाहते हैं वे माँगें!

“माँगोगे तो पा जाओगे।”

–मैथ्यू, 7, 7

माँगिए! माँगने पर मना कर दिया जाना लाख गुना बेहतर है न माँगने और फिर इस बात का अफ़सोस मनाने से कि ‘काश मैंने माँगा तो होता!’ रेस्तरां में अपनी पसंद की टेबल माँगिए, हवाईअड्डे पर अपग्रेड की माँग कीजिए, और लम्बे समय से आप जिस वेतनवृद्धि की राह देख रहे हैं उसे माँगिए! माँगिए! न माँगने पर तो वैसे भी कुछ नहीं मिलेगा, माँगने पर मिलने की संभावना तो रहेगी।

आप जो चाहते हैं वो आपको माँगना पड़ेगा, क्योंकि कोई भी अपने आप नहीं जान सकता कि आप क्या चाहते हैं। लोगों से यह उम्मीद करना कि वे आपके मन की बातें जान लें, उनके साथ ज़्यादती है। सोचकर देखेंगे तो आप भी यही पाएँगे कि हम जिन भी मामलों में मायूस होते हैं उनमें से ज़्यादातर मामले ऐसी ही अपेक्षाओं के होते हैं जो हम दूसरों को बता नहीं पाते। पहले यह मेरे साथ बहुत होता था, खासकर रूमानी संबंधों में। मुझे अक्सर मायूस होना पड़ता था, क्योंकि मेरी प्रेमिका नहीं जान पाती थी कि मैं उससे क्या चाहता था। फिर जब मैंने अपनी अपेक्षाएँ खुलकर प्रकट करनी शुरू कीं तब मुझे अपने संबंधों से भरपूर संतुष्टि हासिल होने लगी।

यही बात दफ्तर में भी लागू होती है। हम जीतोड़ मेहनत करते हैं और इंतज़ार करते हैं कि इसके बदले हमें वह वेतनवृद्धि या तरक्की मिलेगी जो हम चाह रहे हैं, मगर हमारा इंतज़ार कभी ख़त्म ही नहीं होता। यह इंतज़ार तभी ख़त्म होगा

जब हम माँगेंगे। ज़्यादा से ज़्यादा क्या होगा? बॉस मना कर देगा। मगर न माँगने पर भी कहाँ आप कुछ पा रहे हैं। माँगेंगे तो हो सकता है मिल जाए, पर न माँगने पर तो कोई संभावना ही नहीं बनेगी। अगर अभी नहीं भी मिला तो संभव है कि आगे कभी मिलने का आश्वासन मिल जाए।

माँगते वक़्त इन बातों का ध्यान रखें :

1. पाने की उम्मीद रखकर माँगें।
2. इस बात का यकीन रखें कि आपको मिल सकता है।
3. अपने विचारों, भावनाओं, और स्व-संवाद को सकारात्मक रखें।
4. जिस व्यक्ति के पास आपकी माँग पूरी करने का अधिकार हो, उसी से माँगें।
5. माँग को लेकर स्पष्ट रहें।
6. तब तक लगातार माँगते रहें जब तक कि मिल न जाए, जैसा कि आप बचपन में करते थे।

ये अभ्यास करें :

- उन सभी चीज़ों की सूची बनाएँ जो आपको चाहिए, मगर आपने अभी तक माँगी नहीं हैं।
- अब माँगना शुरू करें।

63

अंतर्मन की आवाज़ सुनें

"अंतर्ज्ञानी (इंट्यूटिव) मस्तिष्क एक अद्भुत उपहार है,
जबकि तार्किक मस्तिष्क एक विश्वसनीय सेवक।
हमने एक ऐसे समाज का निर्माण किया है, जो सेवक का सम्मान
करता है और उपहार को भुला बैठा है।"

–अल्बर्ट आइंस्टीन

अल्बर्ट आइंस्टीन इस बात से भली-भाँति परिचित थे कि हमारा अंतर्ज्ञानी मस्तिष्क (जिसे हम सरल भाषा में 'अंतर्मन' कहते हैं) हमारे लिए कितना कीमती उपहार सिद्ध हो सकता है। सभी को अपने अंतर्मन की आवाज़ सुननी चाहिए, अपने इन्ट्यूशनों पर अमल करना चाहिए। मगर इसमें एक समस्या है। अंतर्मन या इन्ट्यूशन की आवाज़ और दिमाग में लगातार गूंजती रहने वाली एक दूसरी आवाज़ (जो कि तार्किक मस्तिष्क की आवाज़ होती है और अक्सर हमें सुझाती है कि हमें क्या करना चाहिए या हम क्या नहीं कर सकते) में अंतर करना आसान नहीं होता।

इन दोनों आवाज़ों में अंतर करने के लिए आपको थोड़ा अभ्यास करना पड़ेगा। शुरुआत छोटी-छोटी चीज़ों से करें। उदाहरण के तौर पर, हर सुबह यह तय करना कि दफ्तर जाने के लिए कौन सा रास्ता पकड़ा जाए ताकि ट्रैफिक कम मिले और हम जल्दी पहुँच जाए। या फिर यह तय करना कि आज बाहर निकलते समय धूप का चश्मा साथ लिया जाए या नहीं, क्योंकि अभी तो आसमान बादलों से ढँका हुआ है। मैं जब हाई स्कूल में था तब इसी तरह अपने अंतर्मन की आवाज़

को सुनने और समझने का अभ्यास करता था। घर से स्कूल जाने के दो रास्ते थे और दोनों रास्तों पर एक-एक रेलवे क्रॉसिंग (फाटक वाली) पड़ती थी, जहाँ दोनों दिशाओं से गाड़ियाँ आती-जाती थीं। ऐसा बहुत कम होता था कि दोनों क्रॉसिंग एक ही समय पर एक साथ बंद होती हों। मैं हर दिन घर से निकलने से पहले अपने अंतर्मन से पूछता था कि आज कौन से रास्ते से जाऊँ जिससे कि मुझे फाटक बंद मिले। कभी मैं अपने अंतर्मन के सुझाव के मुताबिक़ रास्ता चुनता था तो कभी उसके विपरीत। इसे मैंने एक मज़ेदार खेल बना लिया था।

कुछ हफ़्ते पहले मैं जर्मन ऑटोबान पर गाड़ी चला रहा था और मेरे पास अपने गंतव्य तक पहुँचने के लिए दो रास्ते थे। मेरा तार्किक मस्तिष्क मुझे वह रास्ता सुझा रहा था जो कम भीड़भाड़ वाला था, मगर अंतर्मन चीख-चीखकर कह रहा था कि 'नहीं, उस रास्ते को छोड़ो और दूसरा रास्ता पकड़ो।' यद्यपि अंतर्मन के सुझाए रास्ते पर ट्रैफिक ज़्यादा था मगर मैंने वही रास्ता चुना। आधे घंटे बाद मैंने रेडियो पर सुना कि जो रास्ता मैं पहले चुन रहा था, उस पर आगे चलकर 25 किलोमीटर लम्बा जाम लगा था! अगर मैंने अपने अंतर्मन की आवाज़ को अनसुना किया होता तो मैं पता नहीं कितने घंटे उस जाम में फँसा रहता। इसीलिए तो मैं आपको कह रहा हूँ कि आप भी अपने अंतर्मन की आवाज़ को सुनने का अभ्यास कीजिए। वैसे मेरे ख़याल से आप में से अधिकांश लोग इन्ट्यूशन या अंतर्मन की आवाज़ से अनजान नहीं होंगे। कभी न कभी या अक्सर आपने इस आवाज़ को सुना होगा, भले आप यह न जानते हों कि यह आवाज़ किसकी थी।

कभी आपके साथ ऐसा हुआ है कि आपने किसी इंसान के बारे में सोचा हो और तभी आपके फोन की घंटी बज उठी हो और फोन उसी व्यक्ति का हो? या आप जिस व्यक्ति के बारे में सोच रहे हों, एक मिनट बाद वही व्यक्ति आपको कहीं मिल जाए?

आप इस आवाज़ को सुनने का जितना ज़्यादा अभ्यास करेंगे और जितना इस भरोसा करना शुरू करेंगे, उतनी ही यह आवाज़ मुखर होती जाएगी, उतने ही अच्छे परिणाम आपको देखने को मिलने लगेंगे, और उतनी ही अच्छी तरह से आप इस आवाज़ और तार्किक मस्तिष्क की आवाज़ में अंतर करना सीख जाएगे। ध्यान (मैडिटेशन) के नियमित अभ्यास से अंतर्मन की आवाज़ सुनने की क्षमता बढ़ती है। हर दिन दस-पंद्रह मिनट के लिए शांत होकर बैठिए और सुनिए कि आपके भीतर किस-किस तरह की आवाज़ें गूँज रही हैं।

जैसे ही आपको अंतर्मन की आवाज़ को सुनने और पहचानने का अभ्यास हो जाए, तुरंत उस पर अमल करना शुरू कर दीजिए। यह आवाज़ आपको किसी काम को करने की प्रेरणा भी दे सकती है और कोई अनूठा विचार भी सुझा सकती है।

64

डायरी लिखें

"हर कोई दुनिया को बदलने की सोचता है, खुद को बदलने का ख़याल किसी को नहीं आता।"

–लियो टॉलस्टॉय

दिन भर में आपने जो भी अच्छा किया या आपको अच्छा लगा, उसे डायरी में लिखने की आदत डालें। यह मेरे पसंदीदा अभ्यासों में से एक है और मैं अपने सभी क्लाइंट्स से इसे करने के लिए कहता हूँ। रात को सोने से पहले दस मिनट का समय निकालकर दिन भर की गतिविधियों के बारे में सोचें, देखें कि क्या-क्या सकारात्मक चीज़ें हुईं और आपने क्या-क्या अच्छा किया, कौन-कौन से ख़ुशी के पल आए दिन भर में, और फिर इन सभी बातों को अपनी डायरी में लिख लें।

ऐसा करने से आपके मन में ख़ुशी, प्रोत्साहन, और खुद के लिए कद्र बढ़ेगी। रात को सोने से पहले जब आप दिन भर में हुईं अच्छी बातों और खुशनुमा पलों पर ध्यान केन्द्रित करेंगे, तो इससे आपके अवचेतन मन पर सकारात्मक प्रभाव पड़ेगा और आपको नींद भी अच्छी आएगी। ध्यान यही रखना है कि आपको सिर्फ सकारात्मक बातें सोचनी और लिखनी हैं, नकारात्मक और परेशान करने वाली बातों को बिल्कुल छोड़ देना है, अन्यथा आपको जो नींद आने वाली थी वो भी भाग जाएगी। मुझे और मेरे क्लाइंट्स को इस अभ्यास से बहुत फायदा मिला है और हमारा शारीरिक-मानसिक स्वास्थ्य इससे बहुत बेहतर हुआ है।

हर रात सोने से पहले इन प्रश्नों के उत्तर दें और उन्हें डायरी में लिखें :

- आज मैं किन चीज़ों के लिए शुक्रगुज़ार हूँ? (3-5 चीज़ें लिखें।)
- आज किन 3 चीज़ों से मुझे ख़ुशी मिली?
- आज कौन सी तीन चीज़ें मैंने बहुत अच्छी कीं?
- मैं आज के दिन को और बेहतर कैसे बना सकता था?
- कल के लिए मेरा सबसे महत्वपूर्ण लक्ष्य क्या है?

संभव है कि जब आप अभ्यास शुरू करें तो एकदम से आपको ज़्यादा कुछ न सूझे लिखने के लिए। मगर चिंता न करें। समय और अभ्यास के साथ आपके अन्दर का लेखक बेहतर होता जाएगा। शुरू में जो भी और जैसा भी आपके दिमाग में आए, लिखते जाए। उसकी समालोचना न करें। अपनी लेखन-शैली और वर्तनी या व्याकरण की गलतियों की भी परवाह न करें। बस लिखें! लगातार एक महीने तक इस अभ्यास को करें और फर्क देखें।

65

दुखड़ा रोना बंद कर दें!

"कभी भी किसी के भी सामने अपनी समस्याओं का दुखड़ा न रोएँ;
20% लोगों को आपकी समस्याओं से कोई सरोकार नहीं होता
और बाकी 80% यह जानकर खुश होते हैं कि
आपके जीवन में समस्याएँ हैं।"

—लू होल्त्ज़

"अँधेरे को कोसते रहने से अच्छा है, एक छोटी सी
मोमबत्ती जला लेना।"

—कन्फ्यूशियस

शिकायत करते रहने की आदत इंसान को खुश नहीं रहने देती। इस तरह के व्यवहार से कुछ भी हासिल नहीं होता। शिकायतें करते रहने का आदी व्यक्ति खुद को 'प्रताड़ित' की तरह देखता और पेश करता है और खुद की और दूसरों की नज़रों में दया का पात्र बन जाता है। ऐसे लोगों से कोई भी जुड़ना या मिलना पसंद नहीं करता, क्योंकि ये लगातार नकारात्मक ऊर्जा तरंगें छोड़ते हैं। अगर आप भी ऐसा करने के आदी हैं तो मेरी दरख्वास्त है कि **अँधेरे को कोसते बैठना छोड़िए और एक मोमबत्ती जला लीजिए!**

'समय नहीं मिलता' का रोना रोने की बजाए सुबह एक घंटा जल्दी उठने की आदत डाल लीजिए (अध्याय 25)। 'मेरा वज़न कम नहीं होता' का रोना छोड़िए और हर दिन व्यायाम करने की आदत डाल लीजिए (अध्याय 75)। अपने माता-पिता को, अपने शिक्षकों को, अपने बॉस को, अपनी सरकारों को, या अर्थव्यवस्था

को दोष देना बंद कीजिए और अपनी ज़िन्दगी के लिए खुद ज़िम्मेदार बनिए (अध्याय 3)।

अगर आप सिगरेट पीना नहीं छोड़ रहे हैं, अगर आप जंक फ़ूड खाना बंद नहीं कर रहे हैं, या अगर आपने अपने सपनों के लिए काम करना बंद कर दिया है तो इसमें किसी और की गलती नहीं है। वो आप ही हैं जो सुबह आधा घंटा जल्दी उठने की बजाए थोड़ी देर और सोते रहने का विकल्प चुनते हैं। वो आप ही हैं जो जोखिम उठाकर आगे बढ़ने की बजाए डर के कारण जहाँ के तहाँ खड़े रहने का विकल्प चुनते हैं। मनमाफिक ज़िन्दगी न जी पाने के लिए किसी और को दोष मत दीजिए। अपनी ज़िन्दगी की दशा और दिशा के लिए आप खुद ज़िम्मेदार हैं। आपके पास पूरा इख्तियार है अपनी ज़िन्दगी को मनचाहे ढंग से जीने का। जितनी जल्दी आप इस बात को समझ लेंगे, उतना ही ज़्यादा समय आपको मिलेगा अपने सपनों की तरफ बढ़ने का।

आप अपनी ऊर्जा कहाँ लगा रहे हैं इस बात को ध्यान में रहना बहुत ज़रूरी है। अगर आप पूरा समय शिकायत करने में लगे रहते हैं तो इसका मतलब हुआ कि आपकी सारी ऊर्जा हर समय उन बातों पर केन्द्रित है जो आपको पसंद नहीं हैं। इससे क्या होगा? हम पहले ही जान चुके हैं कि जिन भी चीज़ों पर हमारी सबसे ज़्यादा ऊर्जा केन्द्रित होती है, वे ही चीज़ें और बड़ी तादाद में हमारी ज़िन्दगी में आने लगती हैं। तो अगर आप शिकायतें करते रहेंगे तो आपकी ज़िन्दगी में ऐसी और चीज़ें आती जाएगी जिनसे आपको शिकायत होगी। इस दुष्चक्र से बाहर निकलिए और उन चीज़ों पर ध्यान लगाइए जो आपको पसंद हैं (अध्याय 12)।

अपने भीतर झाकिए, अपनी सकारात्मक महत्वाकांक्षाओं और सफल होने के अपने संकल्प को प्रोत्साहित कीजिए। उन परिस्थितियों का निर्माण कीजिए जो आपको एक सफल और खुशहाल ज़िन्दगी जीने में मददगार हों। सही निर्णय लेना और मनचाहा जीवन जीना शुरू कीजिए।

ये अभ्यास करें :

- अपनी सभी शिकायतों की सूची बनाएँ।
- आपको शिकायतें करके क्या हासिल हुआ है अब तक, वह लिखें।
- अपनी शिकायतों को दरख्वास्तों में बदलें।

66

सहर्ष स्वीकार करें!

“एक अच्छी तारीफ़ के सहारे मैं दो माह ज़िन्दा रह सकता हूँ।”

—मार्क ट्वेन

क्या आपको भी उपहार या प्रशंसा स्वीकारना मुश्किल लगता है? ऐसा नहीं होना चाहिए। आपको प्रेम से दिए जा रहे उपहारों और प्रशंसाओं को सहर्ष स्वीकारना आना चाहिए। यदि आप ऐसा करना सीख लेंगे तो आपके जीवन में मनचाही चीज़ों के आने की संभावना बढ़ जाएगी। जब आप किसी उपहार को यह कहकर लेते हैं कि ‘अरे, इसकी क्या ज़रूरत थी!’ तो आप सामने वाले से उपहार देने की ख़ुशी छीन रहे होते हैं। यही बात प्रशंसा पर भी लागू होती है।

इस बात पर गौर कीजिए कि आप ऐसा क्यों करते हैं। क्यों आप उपहारों और प्रशंसाओं को सहर्ष स्वीकार नहीं कर पाते? कहीं ‘इसकी क्या ज़रूरत थी’ के पीछे यह भावना तो नहीं छिपी है कि ‘मैं इसके लायक नहीं हूँ’? इतना सब सोचने की कोई ज़रूरत ही नहीं होती। किसी ने आपको प्रेम से कुछ दिया है तो उससे देने की ख़ुशी मत छीनिए, उसकी ख़ुशी का खयाल करते हुए ‘शुक्रिया’ कहकर सहर्ष उसे स्वीकार कर लीजिए। आज से ही इस नई आदत को अपनाने का अभ्यास शुरू कर दीजिए। जब भी कोई आपकी प्रशंसा करे, ‘धन्यवाद’ कहते हुए उसे स्वीकार करें। उसे अपने दिल में सहेज कर रखें। बदले में कहें, “बहुत-बहुत शुक्रिया! मुझे बहुत अच्छा लगा कि आपने ऐसा सोचा!” सामने वाले के लिए भी इसे एक सुखद अनुभव बनने दें। अगर आप नीचे बताए गए बर्तावों से तौबा कर लें तो इससे

आपको बहुत मदद मिलेगी और आपका आत्म-सम्मान एक अलग ही स्तर पर पहुँच जाएगा :

- प्रशंसाओं को खारिज करना।
- खुद को तुच्छ मानना।
- जिस बात के लिए प्रशंसा मिल रही है उसका श्रेय किसी और को दे देना, बावजूद इसके कि उसके असली हकदार आप ही हैं।
- अपने लिए कुछ अच्छा न खरीदना, क्योंकि आपको लगता है कि आप उसके लायक नहीं हैं।
- किसी के आपके लिए कुछ अच्छा करने पर उसमें कमियाँ निकालना।

ये अभ्यास करें :

- आज से खुद को मिलने वाले प्रत्येक उपहार और प्रशंसा को 'धन्यवाद' कहकर सहर्ष स्वीकार करें।
- देखें कि ऊपर जो पाँच नकारात्मक बर्ताव बताए गए हैं, उनमें से कोई आपके भीतर भी है क्या? यदि है, तो उससे मुक्त होने पर काम करें।

67

नकारात्मक लोगों की संगत छोड़ें

"हर काम को करने के लिए साहस चाहिए। आप चाहे जो भी करने जाए, कोई न कोई हमेशा यह कहेगा ही कि आप गलत कर रहे हैं।"

—राल्फ वाल्डो एमर्सन

"भले तुम्हें लगता हो कि फलां काम नहीं किया जा सकता, मगर जो उस काम को करने की कोशिश कर रहा है उसे तो मत रोको।"

—चीनी कहावत

गौर कीजिए कि आप किन लोगों की संगति कर रहे हैं! जिम रॉन कहते हैं, "आपका व्यक्तित्व उन पाँच लोगों के व्यक्तित्वों का औसत होता है जिनके साथ आप सबसे ज़्यादा वक़्त बिताते हैं।" इस बात पर गंभीरता से विचार करके देखें। ज़्यादा से ज़्यादा वक़्त उन लोगों के साथ बिताएँ जो आपको एक बेहतर इंसान बनने में मदद करते हों, जो आपको लगातार प्रोत्साहित करते हों, और जो आपकी क्षमताओं में विश्वास रखते हों। ऐसे लोगों के साथ रहिए जो आपको हर तरह से समृद्ध बनाते हों। इस बात को मत भूलिएगा कि विचार, भावनाएँ, और दृष्टिकोण संक्रामक होते हैं।

आप ऐसे लोगों का साथ चुन सकते हैं जो आपको प्रेरित और प्रोत्साहित करते हों, आपका साहस बढ़ाते हों, और सही दिशा में सही कदम बढ़ाने में आपकी सहायता करते हों। दूसरी तरफ अगर आप सतर्क न रहें तो आपके इर्द-गिर्द ऐसे लोग भी इकट्ठे हो सकते हैं जो आपको गिराने का काम करते हों, आपकी ऊर्जा

व्यर्थ के कामों में बर्बाद कराते हों, और आपको अपने लक्ष्यों की दिशा में बढ़ने से रोकते हों।

नकारात्मक लोगों की संगति धीरे-धीरे आपको भी नकारात्मक और निकम्मा बना देगी। ऐसे लोग आपको इस बात का यकीन दिला देंगे कि जोखिम उठाकर आगे बढ़ने का प्रयास करने से अच्छा है कि जैसा चल रहा है वैसा ही चलने दो। असल में ऐसे लोगों में साहस की भारी कमी होती है, इसलिए वे जोखिमों और अनिश्चितताओं से बहुत घबराते हैं। और अपना यही डर और असुरक्षा वे आपके ऊपर लादने का प्रयास करते हैं। इसीलिए **ऐसे लोगों से हमेशा दूर रहें जो हमेशा शिकायतें करने, दूसरों को दोष देने, और हर चीज़ को नकारते रहने के अलावा और कुछ नहीं करते**। जो लोग हमेशा दूसरों की लगाई-बुझाई (गॉसिपिंग) या बुराई में लगे रहते हैं; जो जब भी मुँह खोलते हैं किसी न किसी के बारे में बुरा ही बोलते हैं, ऐसे लोगों से भी दूर रहें।

और उस बात को भी याद रखें जो स्टीव जॉब्स ने अपने मशहूर स्टैनफोर्ड संबोधन में कही थी : "अपने अंतर्मन की आवाज़ को दूसरों की राय के शोर में खोने न दें।"

ज़रा सोचकर देखिए कि ऐसे लोगों के बीच रहकर आप कैसे तरक्की कर सकते हैं जो आपको लगातार यह समझाने का प्रयास करते हों कि आगे बढ़ने में खतरे ही खतरे हैं और कुँए के मेंढक बने रहने में ही भलाई है। और अगर ऐसे लोग आपके करीबियों में शामिल हों तब आप क्या करेंगे? ऐसे में तो आपके पास बस यही एक रास्ता बचता है कि आप अपने बूते ही बेहतर बनने की कोशिश करें। जैसे-जैसे आप तरक्की की सीढ़ियाँ चढ़ते जाएगे, ये लोग खुद-ब-खुद पीछे छूटते जाएगे, क्योंकि इन्हें ऐसे लोग भाते ही नहीं हैं जो कुछ कर गुज़रने को बेताब हों, जो लगातार अपने सुविधा के दायरे से बाहर निकलने की कोशिश करते रहते हों। ऐसे लोगों को उन्हीं लोगों का साथ भाता है जो उन्हीं की तरह नकारात्मकता में जीते हों। अगर आप खुद को सकारात्मक बना लेंगे तो ये लोग खुद ही आपसे दूर हो जाएगे। लेकिन अगर ऐसा नहीं होता है तो फिर आपको खुद से गंभीरता से पूछना पड़ेगा कि क्या अब इन लोगों का संग-साथ कम करने या फिर पूरी तरह छोड़ देने का वक़्त आ गया है? यह फैसला आपको ही करना पड़ेगा!

मैं इस मामले में हमेशा से अच्छा रहा हूँ। मैं खुद-ब-खुद ऐसे लोगों से अलग हो जाता हूँ, जो मुझे मेरे जीवन-लक्ष्य प्राप्त करने में सहायक नहीं हो रहे होते हैं,

और मुझे इस बात का कभी अफ़सोस भी नहीं होता। बेशक ऐसा करना आसान तो नहीं ही होता है। अपनी कोचिंग ट्रेनिंग पूरी करने के बाद– जबकि मैं इस पुस्तक में आपके साथ साझा किए गए सभी सिद्धांतों पर अमल करके खुद को बदल चुका था- मेरे बारे में मेरे कुछ सहकर्मियों को ऐसा लगने लगा था कि मैं किसी और ग्रह का प्राणी हो गया था शायद।

ये अभ्यास करें :

1. अपनी ज़िन्दगी में शामिल उन सभी लोगों की सूची बनाएँ जिनके साथ आप नियमित रूप से काफी वक़्त बिताते हैं (आपके परिवार के लोग, आपके दोस्त, आपके सहकर्मी)।
2. अब देखें कि इनमें से कौन-कौन लोग आपको आगे बढ़ने का हौसला और ताकत देते हैं और कौन लोग आपको कुँए का मेंढक बनाए रखने की कोशिश करते हैं।
3. पहली श्रेणी के सकारात्मक लोगों के साथ ज़्यादा से ज़्यादा वक़्त बिताएँ और जो दूसरी श्रेणी के नकारात्मक लोग हैं (जो हमेशा शिकायतें और दोषारोपण करने में लगे रहते हैं) उनका साथ छोड़ दें या संभव न हो तो उनके साथ अब कम से कम वक़्त बिताएँ।
4. आगे बढ़ने का हौसला और ताकत देने वाले सकारात्मक लोगों की संगति करें।
5. यूट्यूब पर स्टीव जॉब्स का स्टैनफोर्ड संबोधन देखें।

68

अपनी ही ज़िन्दगी जिए

"आपके पास बहुत थोड़ा-सा समय है, इसे किसी और की ज़िन्दगी जीने में बर्बाद न करें। दूसरों की इच्छानुसार जीने की गलती न करें। अपने अंतर्मन की आवाज़ को दूसरों की राय के शोर में न खोने दें। और सबसे महत्वपूर्ण बात, अपने दिल और अंतर्मन की आवाज़ पर अमल करने का साहस दिखाएँ। पता नहीं कैसे, पर आपके दिल और आपके अंतर्मन को पहले से पता है कि आप असल में क्या बनना चाहते हैं। इसीलिए इसे ही सबसे ज़्यादा महत्व दें।"

–स्टीव जॉब्स

स्टीव जॉब्स की ऊपर कही गई बात सबकुछ कह चुकी है, इसमें और कुछ भी जोड़ने की ज़रूरत मुझे नहीं लगती। **ज़िन्दगी वैसे जिए जैसे आप चाहते हैं न कि वैसी, जैसी लोग आपसे अपेक्षा करते हैं।**

आपके आसपास के लोग आपके बारे में क्या सोचते और कहते हैं इसकी परवाह न करें, क्योंकि अगर आप इसके बारे में ज़रूरत से ज़्यादा चिंता करेंगे तो एक ऐसा वक़्त आएगा जब आपकी ज़िन्दगी आपकी नहीं रह जाएगी, वह दूसरों की अपेक्षाओं का आईना बन जाएगी।

इसीलिए अपने दिल की सुनें। दूसरे क्या कर रहे हैं इस पर न जाए; वह करें जो आप करना चाहते हैं। अलग करने की हिम्मत दिखाएँ! पॉलो कोएल्हो इस सन्दर्भ में बहुत अच्छी बात लिखते हैं। उनके मुताबिक़, "अगर कोई दूसरों के मुताबिक़ चलने को राज़ी न हो तो वे नाराज़ हो जाते हैं। हर कोई इस बारे में

एकदम सुनिश्चित जान पड़ता है कि दूसरों को अपनी ज़िन्दगी किस तरह जीनी चाहिए, मगर खुद की ज़िन्दगी के बारे में किसी को कुछ पता नहीं होता।"

ये अभ्यास करें :

किन-किन मायनों में आप खुद के मुताबिक़ न जीकर दूसरों के मुताबिक़ जी रहे हैं? सूची बनाइए!

69

सबसे आगे कौन है?

"आपकी मर्ज़ी के बिना कोई भी आपको
कमतर महसूस नहीं करा सकता।"
–एलेनोर रूज़वैल्ट

खुद से उसी तरह प्यार करें जिस तरह अपने पड़ौसी से करते हैं! कई बार हम दूसरों की अच्छाइयाँ तो देख लेते हैं, मगर खुद की अच्छाइयों को देखने से चूक जाते हैं। याद रखें, आपका सबसे पहला और सबसे महत्वपूर्ण संबंध खुद से है। अगर आप खुद ही खुद को पसंद नहीं करते हैं तो दूसरों से इस बात की उम्मीद कैसे कर सकते हैं कि वे आपको पसंद करें? अगर आप खुद से प्यार नहीं करेंगे तो दूसरों से कैसे कर पाएँगे?

इस अध्याय में हम आपके इस सबसे महत्वपूर्ण संबंध पर ही काम करेंगे। मेरे क्लाइंट्स मेरे पास जो समस्याएँ लेकर आते हैं, उनमें से ज़्यादातर प्रत्यक्ष या परोक्ष रूप से आत्म-विश्वास की कमी से ही जुड़ी होती हैं। समस्या चाहे मनचाही वेतनवृद्धि न पा सकने की हो, मनचाहा श्रेय या प्रशंसा न पा सकने की हो, या फिर मनपसंद साथी न तलाश पाने की हो – इन सभी समस्याओं के मूल में आत्मविश्वास की कमी ही सबसे बड़ा कारण होती है। इसीलिए मैं सबसे पहले इसी पर काम करता हूँ। आप और ज़्यादा आत्मविश्वास कैसे हासिल करेंगे?

सबसे पहले तो **खुद को जस का तस स्वीकार करें**। एक कामयाब इंसान बनने के लिए आपको हर तरह से सर्वश्रेष्ठ होने की ज़रूरत नहीं होती। अपनी ज़िन्दगी के सबसे महत्वपूर्ण व्यक्ति के साथ-खुद के साथ, समय बिताना सीखिए।

अपने सबसे मज़ेदार साथी के साथ-खुद के साथ-फिल्म देखने जाने का मज़ा लीजिए। फ्रांसीसी लेखक और दार्शनिक ब्लेज़ पास्कल के शब्दों में-"आदमजात की सभी समस्याओं की जड़ में उसकी एक कमरे में अकेले चुपचाप न बैठ पाने की प्रवृत्ति है।"

डॉ. वेन डायर भी कुछ इसी आशय की बात करते हैं जब वह कहते हैं, "अगर आप उस व्यक्ति को पसंद करते हैं जिसके साथ आप अकेले हैं, तो आप अकेले नहीं हो सकते।" आपको कुछ समय खुद के साथ भी बिताना आना चाहिए। हर दिन कुछ समय निकालकर किसी ऐसी जगह जा बैठें जहाँ बाहरी दुनिया का कोई खलल न हो। जब तक आप खुद को स्वीकार नहीं करेंगे, तब तक खुश और स्वस्थ नहीं रह पाएँगे। अपना महत्व समझें। अपनी उन खूबियों पर नज़र डालें जिनकी वजह से आपको दूसरों की प्रशंसा मिलती है, सम्मान मिलता है। इन खूबियों के लिए खुद को सराहें।

गलतियाँ सिर्फ आपसे नहीं होतीं, सभी से होती हैं। इसीलिए कोई गलती करने पर खुद को अपराधी सिद्ध करने में न लग जाए बल्कि खुद से यह वादा करें कि आप पूरी कोशिश करेंगे कि आगे से ऐसी गलती न हो। जिस चीज़ को अब बदला नहीं जा सकता है, उसके लिए खुद को लानतें भेजते रहने का क्या औचित्य!

स्वार्थी बनें! क्या? यह मैं क्या कह रहा हूँ? जी हाँ, आपने सही पढ़ा : स्वार्थी बनें! मेरा अभिप्राय अहंकेंद्रित तरीके से स्वार्थी होने से नहीं है, बल्कि खुद को भीतर से खुश रखने से है, ताकि आप इस ख़ुशी को अपने चारों ओर फ़ैला सकें। अगर आप खुद में ही खुश नहीं होंगे तो आप कभी भी एक अच्छे पति, पत्नी, दोस्त, बेटा या बेटी नहीं बन पाएँगे। जब आप भीतर से बहुत अच्छा महसूस करते हैं तो आपकी ये सकारात्मक तरंगें वातावरण में फैलकर आपके आसपास मौजूद लोगों को भी अच्छा महसूस कराने लगती हैं।

आत्मविश्वास बढ़ाने वाले अभ्यास :

1. अध्याय 64 में बताया गया डायरी लिखने वाला अभ्यास।
2. अपनी कामयाबियों और उपलब्धियों की सूची बनाएँ।
3. उन सभी कामों की सूची बनाएँ जो आप बहुत अच्छे से कर रहे हैं।

4. आईने वाला अभ्यास। आईने के सामने खड़े होकर खुद से कहें कि आप कितने अच्छे लग रहे हैं! शुरू-शुरू में आपको यह अटपटा लग सकता है, मगर जल्दी ही आप इसके आदी हो जाएगे।
5. किसी और का आत्मसम्मान बढ़ाएँ।

70

आपका सबसे अच्छा निवेश

"ज़ान में किया गया निवेश सबसे अच्छा ब्याज देता है।"

–बेंजामिन फ्रैंकलिन

"अगर आपको लगता है कि पढ़ाई-लिखाई महँगी है,
तो अज़ान को आज़मा कर देखें।"

–डेरेक बोक

खुद को निजी और पेशेवर तौर पर और बेहतर बनाते जाने के लिए सबसे अच्छी चीज़ जो आप कर सकते हैं, वो है खुद में निवेश करना। खुद से वादा करें कि आप अपना सबसे अच्छा संस्करण बन कर दिखाएँगे। इसके लिए अपनी आमदनी का 5-10% हिस्सा ऐसी किताबों, प्रशिक्षण कार्यक्रमों, तथा कोचिंग इत्यादि में लगाए जो आपको निजी और पेशेवर रूप से बेहतर बनने में मदद करती हों। नई-नई चीज़ें सीखने और आगे बढ़ने के लिए हमेशा उत्सुक रहें।

खुद में निवेश का एक लाभ यह भी है कि जैसे-जैसे आप निजी तौर पर पहले से बेहतर इंसान बनते जाते हैं, वैसे ही वैसे अपनी कम्पनी के लिए भी पहले से अधिक कीमती होते जाते हैं। इसमें ढेरों संभावनाएँ हो सकती हैं। आप कोई ऐसा प्रशिक्षण ले सकते हैं जिससे आपका संवाद कौशल बेहतर हो जाए, समय-प्रबंधन बेहतर हो जाए, या वित्तीय-प्रबंधन बेहतर जो जाए। दो-चार घंटे की वर्कशॉप में कुछेक ऐसी बातें सीख सकते हैं जिनसे आपकी पूरी ज़िन्दगी बदल सकती है। या आप कोई फुलटाइम लाइफ कोच रखकर खुद पर काम करना भी शुरू कर सकते हैं।

मैंने अब तक की ज़िन्दगी में खुद में जो सबसे अच्छा निवेश किया है, वो है अपने लिए एक कोच नियुक्त करना। मेरे कोच ने मुझे अपने ही पैदा किए बंधनों से मुक्त होने में, ज़िन्दगी से अपनी चाहतों को समझने में, और अपने भीतर बैठे तमाम डरों से निपटने में बहुत मदद की। आप अगर एक निजी कोच रखने जितना खर्च नहीं उठा सकते हैं तो भी कोई बात नहीं, आप अच्छी किताबें पढ़कर या किसी ऑनलाइन कोर्स में शामिल होकर भी यह सब कर सकते हैं। मैंने यह नियम बना लिया था कि मैं हर हफ्ते एक किताब पढ़ूँगा, हर दो महीनों में एक नए कोर्स में दाखिला लूँगा, और हर साल कम से कम दो सेमिनारों या प्रशिक्षण कार्यक्रमों में भाग लूँगा।

आप क्या करने वाले हैं? छोटे-छोटे क़दमों का भी बड़ा महत्व होता है यह मत भूलिएगा।

ये अभ्यास करें :

अगले बारह महीनों में आप खुद में क्या-क्या निवेश करने वाले हैं वो सब लिखें :

- मैं________हर महीने________किताब/बें पढ़ूँगा, हर महीने कुछ नया सिखाने वालीं________ऑडियोबुक्स सुनूँगा और अगले छह महीनों में________प्रशिक्षण कार्यक्रमों में भाग लूँगा।
- तारीख : ________ हस्ताक्षर : ________

71

खुद के साथ इतना कठोर न बनें

"जिसे खुद पर यकीन होता है वो औरों को यकीन दिलाने की कोशिश नहीं करते। जो अपने आप में संतुष्ट होते है उन्हें दूसरों की मंज़ूरी की ज़रूरत नहीं होती। जो खुद को स्वीकार करते है, उन्हें सारी दुनिया स्वीकार करती है।"

—लाओ त्से

पुरानी गलतियों या नाकामियों को लेकर हम आसानी से स्वयं की आलोचना की आदत का शिकार हो जाते हैं। लेकिन क्या इससे कुछ हासिल होता है? नहीं, कुछ भी नहीं।

आज और अभी से एक बात गाँठ बाँध लीजिए - आप परफेक्ट नहीं हैं! न ही कभी होंगे, और सबसे अच्छी बात यह है कि आपको होने की ज़रूरत भी नहीं है! इसीलिए बराए मेहरबानी खुद के साथ इतना कठोर होना बंद कर दीजिए! यह उन सबसे बड़ी वजहों में से एक है जिनके चलते लोग खुशहाल और संतुष्टिदायक ज़िन्दगी नहीं जी पाते।

आपको पता है, हमारी ज़िन्दगी में जितना भी दुःख-दर्द है वह अधिकांशतः इसलिए है क्योंकि हमारे अवचेतन में खुद को दण्डित (किसी भी वजह से) करने का विचार बैठा हुआ है। मुझे ख़ुशी है कि मैं खुद की ज़रूरत से ज़्यादा आलोचना और आत्म-प्रताड़ना की आदत से बहुत पहले ही मुक्त हो गया था। **अब मैं बस इतना ख़याल रखता हूँ कि मैं हर परिस्थिति में पूरी ईमानदारी से अपना सर्वश्रेष्ठ प्रयास करूँ।** इसका मतलब यह नहीं है कि मैं अपनी गलतियों पर गौर नहीं करता

या उनका विश्लेषण नहीं करता। बिल्कुल करता हूँ। अगर उन्हें सुधारना मेरे हाथ में हो तो सुधार लेता हूँ; अगर नहीं सुधार सकता हूँ तो स्वीकार कर लेता हूँ और खुद से वादा करता हूँ कि दुबारा इसे नहीं दोहराऊँगा (मैं इस बात को समझ गया हूँ कि **कोई भी गलती अक्षम्य तभी होती है जबकि उसे बारम्बार दोहराया जाए**), और आगे बढ़ जाता हूँ।

क्या ऐसा करना बहुत कठिन है? क्या आप ऐसा कर पाने का जादुई नुस्खा जानना चाहते हैं? यह नुस्खा किसी भी दवा की दुकान पर नहीं बिकता, यह बिल्कुल मुफ्त है! तो तैयार हैं आप?

1. खुद को जस का तस स्वीकार करें!
2. खुद को माफ़ कर दें! खुद से प्रेम करें!
3. अपना अच्छे से ध्यान रखें! (अध्याय 73)

बस इतना ही तो करना है। आसान है **न? तो अभी से शुरू कर दीजिए और खुद से ये सवाल पूछिए :**

1. ज़िन्दगी के किन आयामों में आप खुद के प्रति ज़रूरत से ज़्यादा सख्ती बरत रहे हैं?
2. खुद के साथ ज़रूरत से ज़्यादा सख्ती से पेश आने से आपको क्या फायदा मिलता है?

72

जैसे हैं वैसे ही रहें

"हमें अपनी असल शख्सियत के साथ जीने की हिम्मत दिखानी होगी, भले वह शख्सियत कितनी भी अजीब-ओ-गरीब क्यों न हो।"

—मे सार्टन

"अपनी असल शख्सियत को बचाए रख पाना, वो भी एक ऐसी दुनिया में रहते हुए जो लगातार हमें कुछ और बनाने की कोशिशों में लगी हुई है, अपने आप में सबसे बड़ी उपलधि है।"

—राल्फ वाल्डो एमर्सन

आप सर्वाधिक सफल लोगों की कोई भी सूची उठाकर देख लीजिए, उसमें आपको ऐसे लोग ही मिलेंगे जो अपनी तरह के इकलौते हैं। मतलब, उन्होंने अपनी खुद की शख्सियत को कायम रखा है; वे किसी और का किरदार नहीं निभा रहे हैं। वे अपनी ताकतों और कमज़ोरियों से अच्छी तरह वाकिफ हैं।

उन्हें अपनी कमज़ोरियों को स्वीकारने और अपनी गलतियों की ज़िम्मेदारी लेने में दिक्कत महसूस नहीं होती। न ही वे इस बात की फ़िक्र करते हैं कि 'लोग क्या कहेंगे'।

आप दुनिया वालों को यह मौका क्यों देते हैं कि वे आपको बताए कि आपको कैसा होना चाहिए? दूसरों को खुश करने के लिए एक ऐसी शख्सियत ओढ़कर जीना नासमझी है जो आपकी अपनी न होकर उधार की हो। आपको इस बात की परवाह नहीं करनी चाहिए कि आपके अपनी असल शख्सियत के साथ

जीने से आपके सहकर्मी, दोस्त, या पड़ौसी खुश रहेंगे या नहीं; आपको चिंता इस बात की करनी चाहिए कि आप खुश और संतुष्ट रहें।

उधार के किरदार न निभाए! आपका जो असल किरदार है उसे ही जिए और अपने आसपास के लोगों की मंज़ूरी की चिंता न करें। इसका आपको बहुत फायदा होगा। बल्कि आप देखेंगे कि जितना आप अपने असल किरदार के करीब आते जाएगे, उतना ही लोग आपकी ओर आकर्षित होने लगेंगे! करके देख लीजिए!

प्रश्न :

1. आप अपनी असल शख्सियत के कितना करीब हैं? 0-10 के पैमाने पर बताए।

   8? बधाई हो! आप बहुत करीब हैं। और करीब जाने का प्रयास करते रहिए।

   4? अभी काफी काम किया जाना बाकी है, मगर इस पुस्तक में दिए गए अभ्यासों को करके आप 10/10 के लक्ष्य को ज़रूर हासिल कर पाएँगे।
2. आप कितनी तरह के किरदार निभाते हैं?
3. अकेले में आप क्या होते हैं?
4. पिछली बार कब आप अपनी असल शख्सियत के साथ जिए थे?

73

खुद को अच्छा महसूस कराएँ

“आप खुद का खुद के साथ बर्ताव बदल दीजिए, लोगों का आपके साथ व्यवहार खुद-ब-खुद बदल जाएगा।”

–अज्ञात

मैं अपने क्लाइंट्स को यह अभ्यास ज़रूर करवाता हूँ! आप भी करें। उन 15 कामों की सूची बनाएँ जिनके माध्यम से आप खुद को अच्छा महसूस करा सकते हैं (उदाहरण के लिए कोई अच्छी किताब पढ़ना, मूवी देखने जाना, मसाज कराना, सूर्योदय देखना, नदी या तालाब के किनारे बैठना इत्यादि) और फिर अगले दो हफ़्तों तक हर दिन उनमें से कोई एक काम करें।

यह अभ्यास चामत्कारिक परिणाम देता है!

जब आप खुद के साथ अच्छी तरह पेश आने लगते हैं तो इससे आपका आत्मविश्वास और आत्म-सम्मान दोनों बढ़ जाते हैं! इसीलिए अभी से इस अभ्यास को शुरू कर दें।

1 ______________________

2. ______________________

3. ______________________

4. ______________________

5. ______________________

6. ______________________

7. ______________________________
8. ______________________________
9. ______________________________
10. ______________________________
11. ______________________________
12. ______________________________
13. ______________________________
14. ______________________________
15. ______________________________

74

शरीर को मंदिर मानकर चलें

*"अपने शरीर को स्वस्थ रखना हमारा दायित्व है,
अन्यथा हम अपने मन-मस्तिष्क को मज़बूत और
सुलझा हुआ नहीं रख पाएँगे।"*
–बुद्ध

यहाँ एक बड़ा ही तगड़ा विरोधाभास देखने को मिलता है। हममें से ज़्यादातर लोग यह कहते पाए जाते हैं कि अच्छी सेहत सबसे बड़ी नेमत है, मगर फिर भी लोग शराब और सिगरेट पीने से बाज़ नहीं आते, जंक फ़ूड खाने से परहेज़ नहीं करते, ड्रग्स तक के चक्कर में पड़ जाते हैं, और अपना पूरा खाली समय सोफे पर पड़े-पड़े टीवी देखते या मोबाइल चलाते हुए बिताते हैं; ज़रा सा भी शारीरिक श्रम या व्यायाम नहीं करते। जबकि अपनी सेहत का ध्यान रखना बहुत ही आसान है!

बस आपको तय करना है कि मैं स्वस्थ रहने के लिए सबकुछ करूँगा। तय कर लीजिए कि अब से मैं केवल सेहतमंद खाना ही खाऊँगा, नियमित रूप से व्यायाम करूँगा, और शराब-सिगरेट से दूर रहूँगा। याद रखिए, अगर आपका शरीर स्वस्थ होगा तभी आपके दिमाग को भी ज़रूरी पोषण मिल पाएगा और जब दिमाग स्वस्थ होगा तभी आप एक कामयाब और खुशहाल ज़िन्दगी जी पाएँगे। इसीलिए अपने शरीर का ध्यान रखें। इसके लिए ये काम करें :

- फल-सब्ज़ियाँ ज़्यादा खाए।
- रेड मीट कम लें।
- हर दिन कम से कम 2 लीटर पानी ज़रूर पिए।

- जितनी भूख हो उतना ही खाए।
- जंक फ़ूड से दूर रहें।
- सुबह जल्दी उठने की आदत डालें।

ये अभ्यास करें :

स्वस्थ जीवनशैली अपनाने के लिए अब से आप क्या करेंगे? कम से कम तीन चीज़ें लिखें।

75

हफ्ते में कम से कम 3 बार व्यायाम करें

"जो लोग व्यायाम के लिए समय नहीं निकालते,
उन्हें फिर बीमारी के लिए समय निकालना पड़ता है।"

–एडवर्ड स्मिथ स्टेनली

व्यायाम हमारे लिए कितना ज़रूरी है यह कोई ऐसी बात नहीं है जो पहले न कही गई हो या आपने पहले कभी न सुनी हो। मगर इसके महत्व से भली-भाँति परिचित होने के बावजूद बहुत सारे लोग व्यायाम नहीं करते।

और इसके लिए उनके पास सबसे बढ़िया बहाना होता है : "मुझे समय ही नहीं मिलता!" अगर डॉक्टर इन लोगों से यह कह दे कि यदि आपने तत्काल व्यायाम शुरू नहीं किया तो आप एक महीने से ज़्यादा नहीं जी पाएँगे, तब भी क्या ये लोग यही कहेंगे कि "मेरे पास व्यायाम के लिए समय नहीं है"? हरगिज़ नहीं। तब तो सौ काम छोड़कर पहले व्यायाम करेंगे। मतलब, समय की कमी कोई समस्या नहीं है।

मैं भी यहाँ इस बारे में बहुत ज़्यादा बातें नहीं करूँगा कि क्यों व्यायाम आपके लिए बहुत ज़रूरी है और किस तरह आप इसके लिए समय निकाल सकते हैं, क्योंकि आप ये सारी बातें जानते हैं। मैं बस उन फायदों के बारे में बताऊँगा जो हफ्ते में तीन से पाँच बार व्यायाम करके आपको हासिल हो सकते हैं। फिर आपको अपने आप व्यायाम के लिए समय मिलने लगेगा।

1. नियमित व्यायाम करने से आप स्वस्थ रहेंगे।
2. इससे आपको वज़न घटाने में मदद मिलेगी, जिससे आपकी सेहत भी सुधरेगी और आप आकर्षक भी लगने लगेंगे।

3. नियमित व्यायाम करने से आपको अच्छा महसूस होगा और आपकी ऊर्जा भी बढ़ जाएगी।
4. जैसे-जैसे आपका वज़न और आपकी कमर की माप कम होती जाएगी, वैसे-वैसे आपका आत्मविश्वास बढ़ता जाएगा। (यह बात मैं निजी अनुभव से कह सकता हूँ।)
5. रात को नींद अच्छी आएगी। सोने से तकरीबन दो घंटे पहले 30 मिनट व्यायाम कर लीजिए, फिर देखिए कितनी मीठी नींद आती है।
6. नियमित व्यायाम करने से आपका तनाव घट जाएगा। कैसे? पहली चीज़ तो यह कि व्यायाम करने से शरीर में एंडोर्फिन हॉर्मोन का स्तर बढ़ जाता है, और दूसरी बात यह कि जब आप व्यायाम करते हैं तो आपका ध्यान उन बातों से हट जाता है जो तनाव पैदा कर रही होती हैं।

इसके अलावा, विभिन्न शोधों में यह सिद्ध हुआ है कि नियमित व्यायाम करने से आप ज़्यादा खुश रहने लगते हैं, अवसाद कम होने लगता है, बीमारियों (हृदयाघात, मधुमेह, गठिया, कॉलेस्ट्रोल इत्यादि) का जोखिम कम हो जाता है, असमय मरने का खतरा घट जाता है, याद्दाश्त मज़बूत होने लगती है, तथा और भी बहुत सारे लाभ मिलते हैं।

क्या अब आप व्यायाम करने को तैयार हैं? एक आख़िरी चीज़ : मन मारकर व्यायाम करने से उतना लाभ नहीं मिलेगा जितना ख़ुशी-ख़ुशी करने से मिलता है। इसीलिए ऐसा व्यायाम चुनें जिसमें आपको मज़ा आए। ज़रूरी नहीं कि आप जिम ही जाए और वज़न ही उठाएँ। आप कोई खेल खेल सकते हैं, तैराकी कर सकते हैं, डांस कर सकते हैं, और कुछ नहीं तो सैर पर तो जा ही सकते हैं।

ये अभ्यास करें :

- इन्टरनेट पर जाकर व्यायाम से मिलने वाले कमाल-कमाल के फायदों की जानकारी लें।
- तय करें कि आप व्यायाम करना कब शुरू करेंगे।
- अगर आपको लगता है कि आप इसके लिए समय नहीं निकाल पाते हैं तो कृपया समय प्रबंधन वाले अध्याय को फिर से पढ़ें।

76

काम पर लग जाए!

"जो भी कुछ आप करना चाहते हैं, बिना देर किए शुरू कर दीजिए।
तत्काल काम में जुट जाने की आदत में कमाल की ताकत है,
ग़ज़ब का जादू है; इसकी महिमा अपरम्पार है।"

—जोहान वोल्फगैंग वॉन गोएथे

"मैं सिर्फ एक हूँ, मगर मैं हूँ। मैं सबकुछ नहीं कर सकता,
मगर मैं कुछ न कुछ तो कर ही सकता हूँ। तो जो मैं नहीं कर सकता
हूँ उसका शोक मनाते बैठने की बजाए मैं उस काम में
लग जाऊँगा जो मैं कर सकता हूँ।"

—एडवर्ड एवरेट हेल

ज़िन्दगी में कामयाबी और ख़ुशी हासिल करने के कई सारे रहस्यों में से एक है - सोचे हुए को साकार करने लगना। सिर्फ सोचने और बातें करने से कुछ भी नहीं होता, करके दिखाना पड़ता है। हैनरी फोर्ड ने सच ही कहा है, **"आपकी प्रतिष्ठा इस आधार पर नहीं बनती कि आप क्या करने वाले हैं, या क्या करने का सोच रहे हैं।"**

जब तक आप कर्म नहीं करेंगे तब तक परिणाम नहीं मिलेंगे। और जब तक परिणाम नहीं मिलेंगे तब तक आपको पता नहीं चलेगा कि जो किया वो सही था या गलत। अगर यह पता नहीं चलेगा तो आप सीखेंगे नहीं। और सीखेंगे नहीं तो बेहतर कैसे बनेंगे। और खुद को बेहतर किए बिना हम अपनी पूरी क्षमता विकसित नहीं कर पाएँगे।

सी.जी. जंग की यह बात भी इसी तरफ इशारा करती है, "आपका व्यक्तित्व और जीवन कर्म से बनता है, न कि बातों से।" **ऐसे लोगों की कोई कमी नहीं है जो दुनिया को बदल डालने की बातें करते हैं, मगर आज तक जिन्होंने कभी कोई किताब या लेख लिखने के लिए कलम तक नहीं उठाई, इस दिशा में किसी भी तरह का कोई काम नहीं किया।** राजनीति में फ़ैली गंदगी और राजनेताओं को कोसना और गाली देना बहुत आसान है, मगर राजनीति में सक्रिय भागीदारी करके चीज़ों को बदलना बहुत मुश्किल, क्योंकि उसके लिए काम करना पड़ता है।

आपकी ज़िन्दगी आपके हाथों में है, इसलिए अपने सोचे हुए पर अमल करना शुरू कीजिए। आपको एकदम से बड़े-बड़े काम करने की ज़रूरत नहीं है। अब तो आप जान ही चुके हैं कि हर दिन नियमित रूप से छोटे-छोटे काम करके भी हम शानदार नतीजे हासिल कर सकते हैं। अपने सोचे हुए को साकार करने की हिम्मत तो दिखाइए, उसके लिए ज़रूरी ताकत और ऊर्जा अपने आप आ जाएगी।

मगर इसे कल पर मत टालिए। अभी शुरू कीजिए। अपने लक्ष्यों तक पहुँचने वाले लोगों और जहाँ के तहाँ खड़े रह जाने वाले लोगों में सिर्फ यही अंतर होता है कि पहली श्रेणी के लोग जो सोचते हैं वो करते भी हैं, जबकि दूसरी श्रेणी के लोग सोचते ही रहते हैं। पहली श्रेणी के लोग अपनी गलतियों से सीखकर आगे बढ़ते हैं, खुद को और बेहतर बनाते हैं। अगर वे नाकाम भी हो जाते हैं तो भी फिर से कोशिश करते हैं।

दूसरी श्रेणी के लोग सिर्फ बातों तक ही सीमित रहते हैं। 'करना है, करूँगा, अभी सही समय का इंतज़ार कर रहा हूँ, मेरा भी वक़्त आएगा' जैसी बातें आप अक्सर इनके मुँह से सुनेंगे। मैं चाहता हूँ कि आप पहली श्रेणी के व्यक्ति बनें। और यह तभी होगा जब आप अभी के अभी काम में जुट जाएगे। सही समय अभी है, और कभी नहीं। इसलिए इंतज़ार मत कीजिए, बस लग जाइए। अभी जो भी आपके पास उपलब्ध है उसी के सहारे शुरू कर दीजिए। एक बार में एक कदम के बारे में सोचिए। मार्टिन लूथर किंग जूनियर ने इस सन्दर्भ में बहुत ही उम्दा बात कही है, "**पहला कदम भरोसे के साथ बढ़ाइए। पूरी सीढ़ी देखने की ज़रूरत नहीं है, बस पहला कदम बढ़ा दीजिए।**"

प्रश्न :

आज आप क्या करना शुरू करेंगे?

77

आज और अभी में खुश रहें!

*"वर्तमान क्षण हर्षोल्लास से भरा है। यदि आप इसके प्रति सजग हैं,
तो इस बात को अवश्य महसूस करेंगे।"*

–थिच नहत हान

*"भविष्य के प्रति वास्तविक उदारता सबकुछ
वर्तमान को दे देने में निहित है।"*

–अल्बर्ट कैमस

वर्तमान क्षण में जीना और उसमें मौजूद आनंद को महसूस करना बहुत महत्वपूर्ण है! जो लोग ऐसा नहीं करते उनको पता ही नहीं चलता कि ज़िन्दगी कब और कैसे गुज़र गई, क्योंकि वे कभी वर्तमान क्षण में जीते ही नहीं हैं; वे हमेशा आगे के किसी पल में जी रहे होते हैं। ऐसे लोग जब काम कर रहे होते हैं तो उनका मन सप्ताहांत के बारे में सोच रहा होता है। सप्ताहांत पर वे उन कामों के बारे में सोच रहे होते हैं जो उन्हें सोमवार को दफ्तर जाने के बाद करने होंगे। वे जब एपेटाइज़र खा रहे होते हैं तब डेज़र्ट के बारे में सोचते हैं और जब डेज़र्ट सामने रखा होता है तब उन्हें एपेटाइज़र का ख़याल आ रहा होता है, जिसका नतीजा यह होता है कि वे दोनों में से किसी का भी आनंद नहीं ले पाते।

इस तरह जीते हुए आप कभी भी उस क्षण का आनंद नहीं ले पाते जिस क्षण में जीवन है, जिस क्षण में सारी शक्ति है, जिस क्षण में सारे अवसर हैं, और जो इकलौता ऐसा क्षण है जिसका वास्तव में अस्तित्व है – वर्तमान क्षण। एकहार्ट टॉले ने इस विषय पर एक पूरी की पूरी किताब लिखी है - 'दि पॉवर ऑफ़ नाउ'। मैं

चाहूँगा कि आप सभी इस पुस्तक को ज़रूर पढ़ें। ज़रा सोचकर देखें : क्या आपको अभी इस क्षण कोई समस्या है? क्या आप लगातार अतीत में किए गए कामों से उपजे अपराध-बोध या अज्ञात भविष्य के भय में जीते हैं?

ज़्यादातर लोग अपना ज़्यादातर समय या तो उस अतीत की चिंता में बिता रहे होते हैं जिसे वे अब बदल नहीं सकते या फिर भविष्य की उन बातों से भयभीत होने में जिनका फिलहाल कोई अस्तित्व ही नहीं है और संभवतः कभी होगा भी नहीं, और इस चक्कर में वे वर्तमान से चूक जाते हैं। बिल कॉस्बी के शब्दों में कहें तो "अतीत एक भूत है और भविष्य एक सपना, सिर्फ आज ही है जो है अपना।" इसीलिए आज और अभी में जिए और जीवन का आनंद लें।

ये अभ्यास करें :

वर्तमान क्षण में रहना है इसकी बाबत खुद को लगातार याद दिलाते रहें!

(मेरा दोस्त डेविड अपनी घड़ी बाईं की बजाए दायीं कलाई में बाँधता है। तो जब भी वह समय देखने के लिए अपनी बाईं कलाई पर नज़र डालता है और उसे खाली पाता है तो उसे तत्काल याद हो आता है कि वर्तमान क्षण में जीना है।)

78

दूसरों में बुराई ढूँढ़ना छोड़ दें!

"मुझे दोषी ठहराने से पहले अपने गिरहबान में झाँक लें।"

–एरिक क्लैप्टन

"दूसरों पर उंगली उठाने से पहले सुनिश्चित कर लें कि आपके अपने हाथ पाक साफ़ हैं।"

–बॉब मार्ले

इससे पहले हम दोषारोपण और शिकायतें करते रहने जैसी बुराइयों के बारे में पढ़ चुके हैं। तो यह जो बुरी आदत है दूसरों में बुराईयाँ तलाशने की, उनको गलत ठहराने की, यह भी उन्हीं बुराइयों की श्रेणी में आती है। अपनी ज़िन्दगी को खुशहाल और संतुष्टिदायक बनाने के लिए आपको इस बुरी आदत को भी बदलना होगा।

दूसरों को जस का तस, बगैर किसी किस्म की अपेक्षाएँ रखे स्वीकार करें। मुझे पता है कि ऐसा कहना जितना सरल है उतना करना नहीं है, मगर क्या करें इसके अलावा कोई और चारा भी तो नहीं है।

मेरी इस बात पर गौर फरमाएँ कि जब भी आप किसी और को गलत ठहरा रहे होते हैं या किसी की कमियाँ गिना रहे होते हैं, तब वास्तव में आप अपनी खुद की कमियों की बात कर रहे होते हैं। वास्तव में हमें दूसरों की वे ही चीज़ें बुरी लगती हैं जिनका खुद में होना हमें बहुत खल रहा होता है।

यह करें :

- उन चीज़ों की सूची बनाएँ जो आपको दूसरों में सख्त नापसंद हैं।
- अब इन पर थोड़ा चिंतन करें और देखें कि इन चीज़ों का आपसे क्या वास्ता है।

79

हर दिन कोई अच्छा काम करें

"नेकी एक ऐसी चीज़ है, जिसे आप जितना बाँटेंगे वह उतनी बढ़ेगी; जितनी आप देंगे उतनी ही लौटकर आएगी।"

–अज्ञात

"बड़े-बड़े महान कामों के बारे में सोचते रहने से अच्छा है एक छोटा सा अच्छा काम कर लेना।"

–अज्ञात

आज या हर दिन दुनिया को और थोड़ा बेहतर बनाने के लिए आप क्या कर सकते हैं? हर दिन किसी अजनबी के लिए कुछ अच्छा करने के बारे में आपका क्या खयाल है? थोड़ा रचनात्मक होकर सोचेंगे तो इसके बहुत सारे नए-नए तरीके आपको सूझ जाएगे। जब मैं कॉफ़ी पीने जाता हूँ तो कभी-कभी एक कॉफ़ी की जगह दो कॉफ़ी के पैसे चुका देता हूँ और दुकानदार से कह देता हूँ कि अगर कोई ऐसा आदमी आए जिसके पास पैसे न हों तो इन पैसों से उसे कॉफ़ी पिला देना। इसी तरह सुपरमार्केट्स में जब कभी मुझे अगली खरीद पर 10% छूट का कोई कूपन मिलता है तो मैं उसे कतार में अपने पीछे खड़े व्यक्ति को दे देता हूँ।

ट्रेन में या बस में यात्रा करते समय आप किसी ऐसे व्यक्ति के लिए अपनी सीट छोड़ सकते हैं जो ज़्यादा देर खड़े रहने में दिक्कत महसूस कर रहा हो। आते-जाते लोगों को देखकर मुस्करा देना, उनकी उपलब्धियों की सराहना करना, उनके साथ अच्छे से पेश आना, दिल से धन्यवाद कहना, किसी के लिए दरवाज़ा खोल

देना, किसी का सामान कार में या ट्रेन में चढ़वा देना, किसी बुज़ुर्ग या बच्चे को रास्ता पार करवा देना, किसी पता पूछने वाले को उसके गंतव्य तक छोड़ देना; ऐसे ही ढेरों छोटे-छोटे नेक काम किए जा सकते हैं।

रचनात्मक रहें! आज से ही शुरू करें! आप देखेंगे कि जितनी शिद्दत से आप दूसरों के साथ भलाई करेंगे, उतनी ही शिद्दत से लोग आपके साथ भलाई करने लगेंगे। जितना आप निःस्वार्थ भाव से बाँटेंगे, उतना ही आपके पास लौटकर आएगा। धीरे-धीरे आपको इसमें मज़ा आने लगेगा और आप पाएँगे कि जितना आनंद इन छोटे-छोटे से नेक कामों में है, उतना किसी बहुत बड़े स्तर की चैरिटी में भी नहीं मिल सकता। दूसरों के लिए कुछ अच्छा करने की भावना धीरे-धीरे हमें भीतर से बदलने लगती है, हम भीतर से अच्छा महसूस करने लगते हैं, संतुष्ट महसूस करने लगते हैं।

अगर आप दुनिया को बेहतर बनाना चाहते हैं तो शुरुआत खुद को बेहतर बनाने से करें। जो बदलाव आप दूसरों में देखना चाहते हैं वो बदलाव पहले खुद में लाए! हर दिन कम से कम एक अच्छा काम ज़रूर करें।

अपनी नेकी और सहृदयता से दूसरों की ज़िंदगियों को सकारात्मक रूप से प्रभावित करने का प्रयास करें। लोगों ने आपके साथ जो नेकियाँ की हैं, उन्हें आगे बढ़ाएँ।

ये अभ्यास करें :

- अगले दो हफ़्तों तक हर दिन किसी अजनबी के लिए कुछ अच्छा करने की आदत डाल लें।
- देखें कि इससे क्या होता है, मगर बदले में कोई अपेक्षा न रखें!

80

समस्याओं को सुलझाएँ

"अधिकांश लोग अपनी अधिकांश ऊर्जा और समय समस्याओं को सुलझाने की कोशिश करने की बजाए उनके बारे में सोचने और उनका रोना रोने में खर्च कर देते हैं।"

–हैनरी फोर्ड

अपनी समस्याओं को सुलझाए। उनका सामना करें। उनसे भागें नहीं, क्योंकि जितना आप उनसे भागेंगे उतना ही वे आपका पीछा करेंगी। आप चाहे जितना भी उन्हें टालने या उनसे मुँह चुराने का प्रयास कर लें, वे बारम्बार अलग-अलग तरीकों से आपके सामने आती रहेंगी। इसीलिए उनका सामना करें, उन्हें सुलझाए, और आगे बढ़ जाए।

उदाहरण के तौर पर, आपको अपनी पिछली नौकरी में किसी सहकर्मी की वजह से कोई दिक्कत आ रही थी तो आपने उस दिक्कत को दूर करने की बजाए नौकरी बदल ली। मगर अब जो नई नौकरी आपको मिली तो वहाँ भी एक ऐसा सहकर्मी मिल गया जो आपके लिए परेशानी खड़ी कर रहा है। अब आप क्या करेंगे? कितनी नौकरियाँ बदलेंगे? नौकरियाँ बदलना समाधान नहीं हो सकता, यह तो समस्या से भागना होगा। मगर समस्या आपका पीछा करती रहेगी, तब तक जब तक आप उस समस्या को सुलझाने की कोई जुगत नहीं लगा लेते।

इसी तरह कई लोगों को रूमानी संबंधों में बारम्बार एक जैसी समस्याओं का सामना करना पड़ता है। कई साथी बदलने के बाद भी उनकी समस्या बरकरार रहती है। क्यों? क्योंकि वे समस्या को समझकर उसको हल करने की बजाए नए

संबंध तलाशने लगते हैं, मगर भूल जाते हैं कि वे चाहे जितने भी संबंध और साथी बदल लें, वह समस्या उनका पीछा नहीं छोड़ेगी।

समस्याओं को लेकर एक और बड़ी समस्या है - समस्याओं को हल करने की ज़िम्मेदारी उठाकर उन्हें सुलझाने का प्रयास करने की बजाए समस्याओं के पैदा होने के लिए एक-दूसरे को दोषी ठहराते रहना।

मुझे अपने क्लाइंट्स से बारम्बार यही सुनने को मिलता है। वे समस्याओं को या तो टालते रहते हैं, या उन्हें नज़रअंदाज़ करने की कोशिश करते हैं, या उनका दोष किसी और पर मढ़कर अपनी ज़िम्मेदारी से पल्ला झाड़ने में लगे रहते हैं। जिसका नतीजा यह होता है कि समस्याएँ बद से बदतर होती जाती हैं, उनकी चिंता और तनाव बढ़ता जाता है, और वे बहुत खराब महसूस करने लगते हैं। मगर जैसे ही वे अपने डरों को दरकिनार करके समस्याओं का सामना करने का निर्णय लेते हैं, उन्हें अच्छा लगने लगता है और समझ आ जाता है कि समस्याओं का सामना करने और उन्हें सुलझाने में उतना कष्ट नहीं होता जितना उन्हें टालते रहने या उनसे बचते रहने में उठाना पड़ता है। मेरा आपको सुझाव है कि अपनी समस्याओं के समाधान बाहर नहीं बल्कि अपने भीतर तलाशिए।

प्रश्न :

- आप औरों से अलग कैसे हो सकते हैं?
- आप क्या अलग कर सकते हैं?
- अपनी समस्याओं को सुलझाने के लिए आप क्या कर सकते हैं?

ये अभ्यास करें :

- अपनी सभी समस्याओं की सूची बनाएँ और उन्हें सुलझाने की दिशा में काम शुरू करें।
- अपनी समस्याओं का विश्लेषण करें।
- उनमें बारम्बारिता तलाशें (देखें कि क्या कोई समस्या ऐसी है जो बारम्बार आपके सामने आती है)।

81

ध्यान का चमत्कार

"इंसान की सभी समस्याओं की सिर्फ एक ही वजह है कि वह ज़रा सी देर के लिए भी कहीं ठहरकर, चुप होकर, सिर्फ खुद के साथ नहीं बैठ पाता।"

–ब्लेज़ पास्कल

आजकल अधिकाधिक लोग ध्यान से मिलने वाले फायदों के बारे में जानने लगे हैं। और इसका अभ्यास करने वालों की तादाद भी दिनोंदिन बढ़ रही है। नियमित ध्यान करने वाले बताते हैं कि इससे उन्हें दिन भर के तनाव को हटाकर अपने मन-मस्तिष्क को शांत व संयत करने में मदद मिलती है, साथ ही साथ दुश्चिंताओं, असुरक्षाओं, गुस्से की समस्या, यहाँ तक कि अवसाद जैसी बीमारियों से भी छुटकारा मिलता है।

ध्यान पर किए गए विभिन्न अध्ययनों में पाया गया है कि ध्यान से रक्तचाप नियमित किया जा सकता है और दर्द कम करने में भी मदद मिलती है। यह तनाव से लड़ने और सूचनाओं की बमबारी से त्रस्त हमारे मन-मस्तिष्क को थोड़ा शांत करने में बहुत सहायक है। हर दिन 15-20 मिनट ध्यान का अभ्यास करने से आपको अंतर समझ में आने लगेगा और आप तरोताज़ा महसूस करने लगेंगे। यदि आप दिन में दो बार कर सकें तब तो और भी बेहतर असर देखने को मिलेगा। हर दिन ध्यान का अभ्यास कैसे करना है आइए देखते हैं :

1. किसी ऐसी जगह बैठ जाए जहाँ कोई व्यवधान न हो, शोर-शराबा न हो, किसी का आना-जाना न हो। फोन वगैरह वहाँ न रखें। अब 15-

20 मिनट तक शान्ति से बैठें - बिना कुछ किए, बिना कुछ सोचे। हर दिन एक ही जगह और एक ही समय पर इस अभ्यास को करें। बेहतर होगा कि सुबह जल्दी उठकर करें।

2. खुद को ध्यान के अभ्यास के लिए सही मनोदशा में लाने के लिए अफर्मेशंस का उपयोग कर सकते हैं। मसलन, मन में दोहराएँ, "मैं अब पूरी तरह शांत और एकाग्रचित्त हूँ।"
3. घड़ी में 20 मिनट बाद का अलार्म लगा लें ताकि आपको इस बात की चिंता न रहे कि ध्यान कब ख़त्म करना है और आप पूरी एकाग्रता से ध्यान कर सकें।
4. आप चाहें तो बैठकर ध्यान करें या चाहें तो लेट जाए। आँखें बंद रखें। वैसे आप चाहें तो आँखें खोलकर भी कर सकते हैं। अपनी नज़र किसी एक चीज़ पर केन्द्रित कर लें या अगर कमरे में खिड़की है और बाहर कोई प्राकृतिक दृश्य है तो उस पर भी ध्यान टिका सकते हैं।
5. यदि आँखें बंद करके कर रहे हैं तो अपनी साँसों के आने-जाने पर ध्यान केन्द्रित करें और तन-मन को ढीला छोड़ दें।
6. मन जहाँ भी जा रहा है उसे जाने दें; दिमाग में जो भी विचार आ रहे हैं उन्हें आने दें। उन्हें रोकने की कोशिश न करें। उन्हें बादलों की तरह आकर अपने आप गुज़र जाने दें, उनके साथ-साथ यहाँ-वहाँ उड़ते न फिरें। धीरे-धीरे मन शांत होने लगेगा, मन की चंचलता गायब होने लगेगी।

हर दिन 10-20 मिनट ध्यान का अभ्यास करने की आदत से आपको बहुत लाभ देखने को मिलेगा। ऊपर मैंने जो छह कदम बताए हैं उन्हें सिर्फ सुझाव की तरह लें। आप उनमें अपनी सुविधानुसार बदलाव कर सकते हैं।

ध्यान करने का कोई एक सही तरीका नहीं है। आपको अभ्यास कर-करके देखना पड़ेगा कि आपके लिए कौन सा तरीका सबसे उपयुक्त है। इन्टरनेट पर इस बारे में बहुत सारी जानकारी उपलब्ध है। साथ ही जहाँ आप रहते हैं वहाँ आसपास ध्यान सिखाने वाली कक्षाएँ भी होती होंगी। आप चाहे जैसे भी सीखें, मगर सबसे महत्वपूर्ण है उसे अमल में लाना।

82

हर दिन अच्छा संगीत सुनें

"ज़िन्दगी बड़ा ही सुरीला और भव्य गीत है,
इसे गाना-गुनगुनाना शुरू करें।"
–रोनाल्ड रीगन

तत्काल प्रसन्नचित्त अवस्था में आने का एक सरल उपाय है अपना मनपसंद संगीत सुनने लगना। अपने पसंदीदा गानों की प्लेलिस्ट तैयार करें और उसे नियमित रूप से सुने, गुनगुनाए, झूमें, नाचें! पहलेपहल आपको यह बेवकूफाना मालूम हो सकता है, मगर हर दिन इस अभ्यास को करना आपके लिए बहुत ही फायदेमंद साबित होगा। आपके पाँच पसंदीदा गाने कौन से हैं?

1. ______________________________
2. ______________________________
3. ______________________________
4. ______________________________
5. ______________________________

यह प्लेलिस्ट आप अपने फोन पर या आईपॉड पर या लैपटॉप पर बना सकते हैं, ताकि जब चाहें इसे सुन सकें। **चलिए, बनाइए। अभी के अभी।**

अपने पसंदीदा गानों को सुनकर आपको कैसा महसूस हुआ? **मनःस्थिति में कुछ बदलाव आया?**

अगर आप हर दिन ये गाने सुनने लगें तो क्या होगा?

83

चिंता न करें

"अगर किसी समस्या का समाधान संभव है, अगर परिस्थितियों को बदलने के लिए आप कुछ कर सकते हैं तो फिर चिंता करने की कोई ज़रूरत ही नहीं है। अगर समस्या हल न हो सकने वाली है, तो फिर चिंता करके क्या फायदा? मतलब, किसी भी हाल में चिंता करने का कोई औचित्य ही नहीं है।"

–दलाई लामा XIV

कुछ लोग हर समय चिंता में ही डूबे रहते हैं। वे उन चीज़ों की चिंता में घुल रहे होते हैं जो अतीत में कभी थीं और जिनको अब बदला नहीं जा सकता। वे उन चीज़ों की चिंता में भी हलकान रहते हैं जो अभी हुई ही नहीं हैं और शायद कभी होंगी भी नहीं, और अगर होंगी भी तो उन पर उनका कोई ज़ोर नहीं चल सकेगा। और कुछ नहीं मिलता तो वे अर्थव्यवस्था, युद्ध और राजनीति को लेकर ही चिंतित हो लेते हैं। मज़ेदार बात यह है कि जिन संभावित त्रासदियों को लेकर वे चिंता से मरे जा रहे होते हैं, वे असल में उतनी त्रासद होती ही नहीं हैं, जितनी वे कल्पना कर रहे होते हैं।

मार्क ट्वेन की इस बात पर गौर फरमाइएगा, **"मैं ज़िन्दगी में बहुत सारी चीज़ों की चिंता में हलकान हुआ हूँ, पर उनमें से ज़्यादातर चीज़ें कभी हुई ही नहीं!" इस बात को अपने ज़ेहन में बैठा लीजिए : आप चाहे जितनी भी चिंता कर लें, उससे न अतीत बदलेगा और न ही भविष्य!** चिंता करने से चीज़ें बेहतर नहीं होतीं, उल्टा इससे आप वर्तमान क्षण का आनंद लेने से वंचित रह जाते हैं।

अभी आपको समझ आ गया कि चिंता करना अपने समय और ऊर्जा की बर्बादी के सिवाए और कुछ नहीं है? या एक और उदाहरण से समझाऊँ? चलिए एक और उदाहरण ले ही लेते हैं। यह उदाहरण रॉबिन शर्मा की पुस्तक 'हू विल क्राई व्हेन यू डाई?' से लिया गया है। रॉबिन के एक सेमीनार में शामिल एक मैनेजर ने जब उनके बताए हुए एक अभ्यास को किया, तो उसे अहसास हुआ कि उसकी 54% समस्याएँ उन चीज़ों के बारे में थीं जो शायद कभी घटेंगी ही नहीं; 26% अतीत की उन बातों को लेकर थीं जिन्हें बदलना अब संभव नहीं था; 8% उन लोगों की राय को लेकर थीं जिनकी उसे कतई कोई परवाह नहीं थी; और 4% अपने स्वास्थ्य संबंधी मसलों को लेकर थीं, जिन्हें वह पहले ही सुलझा चुका था।

केवल 6% चिंताएँ ऐसे मसलों से जुड़ी थीं जिन पर उसे ध्यान देने की ज़रूरत थी। इस तरह अपनी चिंताओं को अलग-अलग श्रेणियों में बाँटकर उस आदमी को अपनी 94% ऐसी चिंताओं से मुक्ति मिल गई जिनकी कोई ज़रूरत ही नहीं थी और जो बेवजह ही उसका समय और ऊर्जा नष्ट कर रही थीं।

ये अभ्यास करें :

उन चीज़ों की सूची बनाएँ जिन्हें लेकर आप चिंता में हैं।

प्रश्न :

- इनमें से कौन-कौन सी समस्याएँ अतीत से जुड़ी हैं?
- कौन-कौन सी भविष्य से जुड़ी हैं?
- किन-किन चीज़ों पर आपका कोई ज़ोर नहीं है?
- कौन-कौन सी चिंताएँ ऐसी हैं जिनके बारे में आप कुछ कर सकते हैं?

84

आने-जाने के समय का सदुपयोग करें!

"हमें सबसे ज़्यादा चाह समय की है,
मगर समय का ही हम सबसे ज़्यादा दुरुपयोग करते हैं।"

–विलियम पेन

दफ्तर आने-जाने में हर रोज़ आपका कितना समय खर्च होता है? आँकड़ों के मुताबिक़ औसतन लोग हर दिन 60-90 मिनट दफ्तर आने-जाने में खर्च करते हैं। इसका मतलब हुआ कि महीने में तकरीबन 20-30 घंटे।

जो लोग कहते रहते हैं कि उन्हें पढ़ने का या प्रेरक ऑडियो बुक्स सुनने का समय नहीं मिलता, उन लोगों के लिए अब हर महीने 20-30 घंटे और उपलब्ध हो गए। अब आप दफ्तर आते-जाते कार में या बस में बैठे-बैठे रेडियो पर नकारात्मक ख़बरें सुनकर या अखबार पढ़कर इस समय को बर्बाद करने की बजाए कोई अच्छी किताब पढ़ सकते हैं या कोई ऑडियो बुक सुन सकते हैं या कोई प्रेरक सीडी देख सकते हैं या कोई एमपी3 सुन सकते हैं।

प्रश्न :

- क्या आप ऐसा करने के लिए तैयार हैं?
- कब शुरू करेंगे?

ये अभ्यास करें :

दो हफ़्तों तक ऐसा करके देखें और फिर मुझे बताए कि आपकी ज़िन्दगी में क्या अंतर आया।

85

परिवार के साथ ज़्यादा वक़्त बिताएँ

"परिवार सिर्फ ज़रूरी चीज़ नहीं है, यह सबकुछ है।"

–माइकल जे. फॉक्स

वॉल्ट डिज़्नी ने एक बार कहा था, "किसी को भी काम के चलते परिवार की उपेक्षा नहीं करनी चाहिए।" लेकिन फिर भी मुझे इस विषय पर अलग से एक अध्याय लिखना पड़ रहा है, सिर्फ इसलिए ताकि यह बात आपके ज़ेहन में आने से रह न जाए। मुझे यह अध्याय इसलिए शामिल करना पड़ रहा है क्योंकि मैं जब भी कामकाजी दुनिया के कामयाब लोगों (चाहे वे किसी कम्पनी के मालिक हों या फिर किन्हीं महत्वपूर्ण ओहदों पर काम करने वाले लोग) के साक्षात्कार करता हूँ तो यह बात ज़रूर सामने आती है कि वे लोग अपने परिवार के साथ ज़्यादा समय नहीं बिता पाते हैं!

ब्रॉनी वेयर ने अपनी किताब 'दि टॉप फाइव रेग्रेट्स ऑफ़ दि डाईंग' (अध्याय 94 भी देखें) में मरते समय लोगों को होने वाले पाँच सबसे बड़े पछतावों का उल्लेख किया है। परिवार के साथ पर्याप्त समय न बिता पाना और दफ्तर में ज़रूरत से ज़्यादा समय तक रुकना भी इनमें से एक है। आप भी उन लोगों में शामिल मत होइए और परिवार के साथ भरपूर वक़्त बिताइए। अगर अभी तक ऐसा नहीं कर रहे हैं तो आज से ही शुरू कर दीजिए। और जब आप परिवार के साथ हों तो बराए मेहरबानी बेईमानी न करें, ऐसा न करें कि शरीर से तो उनके साथ हैं मगर दिमाग काम के बारे में सोच रहा है। पूरी तरह उनके ही साथ रहें।

कुछ सालों पहले जब मैं अपने परिवार के साथ फ्लोरिडा में छुट्टियाँ मना रहा था तो एक दिन मैंने बड़ी ही दुखद स्थिति देखी। हम लोग एक दर्शनीय स्थल की सैर को गए थे। वहाँ एक और परिवार भी घूम रहा था। मगर स्थिति यह थी कि उस परिवार का जो पुरुष था, वह अपनी पत्नी और बच्ची को पीछे छोड़कर आगे-आगे भाग रहा था। क्यों? क्योंकि वह किसी कस्टमर से या अपने किसी सहकर्मी से फ़ोन पर बात कर रहा था। जबकि उस दिन रविवार था। जितनी देर हम लोग वहाँ रहे उतनी देर वह आदमी फोन पर ही लगा रहा, जबकि उसकी पत्नी और बेटी उदास मन से पीछे-पीछे चलते रहे। अगर आप भी ऐसा ही करते हैं तो होश में आ जाईए! अपने परिवार और दोस्तों की कद्र कीजिए। आपके जीवन में निरंतर बहते प्रेम के झरने का स्त्रोत वे ही हैं। वे ही हैं जो आपके हर दुःख-सुख में आपके साथ खड़े रहते हैं। वे ही हैं जो आपको महत्वपूर्ण होने का अहसास कराते हैं, और वे ही हैं जो आपको यह आत्मविश्वास दिलाते हैं कि आप सबकुछ कर सकते हैं।

प्रश्न :

आप अपने परिवार के लिए ज़्यादा समय कैसे निकालेंगे? (इस पुस्तक में दिए गए समय-प्रबंधन के तरीकों को अपना कर देखें।) उनके लिए ज़्यादा समय निकालने की खातिर आप कौन से काम बंद कर देंगे?

86

फोन के गुलाम न बनें

"आदमी अपने ही उपकरणों का उपकरण बन गया है।"

–हेनरी डेविड थॉरो

पिछले अध्याय में हमने जिस आदमी की बात की थी (जो छुट्टी मनाने आए अपने परिवार को छोड़कर अपने फोन में व्यस्त था) उसको ध्यान में रखते हुए यह सुझाव बहुत मौजूं मालूम होगा आपको : **हर बार जब आपका फोन बजे तब उसे उठाना ज़रूरी नहीं होता**। आपका फोन आपकी सुविधा के लिए है, न कि आपको फोन करने वाले लोगों की सुविधा के लिए। अगर आप कोई ज़रूरी काम कर रहे हैं तो उसे छोड़कर फोन उठाने की ज़रूरत नहीं है, आप बाद में कॉल बैक कर सकते हैं।

कुछ समय पहले तक मेरी भी यही हालत थी कि अगर मैं कोई फोन न उठा पाऊँ तो यह सोचकर बहुत बेचैन हो जाता था कि पता नहीं सामने वाला क्या बात करना चाहता था। मुझे ऐसा लगता था जैसे कि मैंने कुछ मिस कर दिया है। जबकि मेरा रूममेट पॉल इस मामले में बिल्कुल बेफिक्र था। अगर उसका मन होता था तो ही वह फोन उठाता था, वर्ना बजने देता था और अपने काम में लगा रहता था।

धीरे-धीरे मुझे उसकी यह आदत और इस आदत के फायदे समझ में आने लगे और मैंने भी यह सोचना शुरू कर दिया कि मुझे जब उठाना होगा तभी उठाऊँगा, जिसे वाकई ज़रूरत होगी वो दुबारा लगा लेगा। जल्दी ही मुझे यह भी समझ आ गया कि यदि किसी को बहुत ही ज़्यादा अर्जेंट बात करनी होती है तो

वह एक बार लगाकर रुकता नहीं है बल्कि तीन मिनट के अन्दर पाँच बार लगा देता है।

ये अभ्यास करें :

इस सुझाव पर अमल करके देखें! अपने फोन की गुलामी से मुक्त हों।

87

समस्याओं से कैसे निपटें?

"हर समस्या अपने गर्भ में अपने समाधान के बीज लिए होती है। अगर आपको कोई समस्या नहीं है, तो आपको समाधान के बीज भी नहीं मिलेंगे।"

–नॉर्मन विंसेंट पील

क्या आपकी ज़िन्दगी में बहुत सारी समस्याएँ हैं? तब तो मेरी बधाई स्वीकार कीजिए!!! नहीं मैं मज़ाक नहीं कर रहा हूँ। जहाँ समस्याएँ होती हैं, वहीं प्रगति के अवसर होते हैं। आपके पास बहुत सारी समस्याएँ हैं, इसका मतलब हुआ कि आपके पास उन समस्याओं से सीखकर आगे बढ़ने के बहुत सारे अवसर हैं! समस्याओं को देखने का यही सही नज़रिया है।

बीस साल पहले जब मैंने ऑर्लैंडो स्थित डिज़्नीवर्ल्ड में काम शुरू किया था तो मुझ समेत सभी नए कर्मचारियों को यह सिखाया गया था कि डिज़्नी में काम करने वाले कर्मचारियों के शब्दकोष में 'समस्या' शब्द नहीं होता है। हमसे कहा गया, "यहाँ समस्या जैसी कोई चीज़ नहीं होती, यहाँ सिर्फ चुनौतियाँ होती हैं।"

डॉ. लायर रिबेरो भी लिखते हैं कि "आपकी समस्याएँ आपकी सबसे अच्छी दोस्त होती हैं।" और सुप्रसिद्ध लेखक तथा लीडरशिप गुरु रॉबिन शर्मा भी समस्याओं को ऊपरवाले का आशीर्वाद समझने की ही वकालत करते हैं। तो आखिर हम समस्याओं को क्या मानें – चुनौतियाँ, आशीर्वाद, दोस्त? या तीनों? एक के बाद एक समस्याओं को सुलझाते जाना और इस प्रक्रिया में सीखकर आगे बढ़ते जाना ही तो ज़िन्दगी है।

बात समस्याओं की नहीं है, बात इस बात की है कि आप समस्याओं का सामना किस तरह करते हैं और किस तरह उनसे सबक लेते हैं। जब आप समस्याओं से सीखना शुरू कर देते हैं तब ज़िन्दगी बेहतर होने लगती है। ज़रा उन समस्याओं पर गौर करें जो आज तक आपकी ज़िन्दगी में आई हैं। आपको नहीं लगता है कि हरेक समस्या में आपके लिए कुछ न कुछ अच्छाई छिपी थी?

हो सकता है कि व्यवसाय में हुए किसी छोटे नुकसान ने आपको आगे होने वाले किसी बड़े नुकसान से बचा लिया हो, क्योंकि आपने इस छोटे नुकसान से सबक सीख लिया था। कठिन समय में मन में यह विश्वास रखना बहुत फलदायी हो सकता है कि ज़िन्दगी समस्याएँ उसे ही देती है, जिसमें उन समस्याओं का सामना करने की क्षमता होती है!

प्रश्न :

- अभी आपकी ज़िन्दगी में ऐसी कौन-कौन सी समस्याएँ हैं, जिनके समाधान अभी तक आप नहीं तलाश पाए हैं? ऐसी सभी समस्याओं की एक सूची बनाएँ।
- अगर आप इन समस्याओं को चुनौतियों या अवसरों की तरह देखना शुरू कर दें तो इससे क्या बदल जाएगा? इससे आपको कैसा महसूस होगा?

88

थोड़ा सुस्ता लें

"ज़िन्दगी सिर्फ तेज़ी से और तेज़ भागते चले जाने का नाम नहीं है।"

–महात्मा गाँधी

आज हम जितनी तेज़ रफ़्तार ज़िन्दगी जी रहे हैं उसकी कुछ पीढ़ी पहले के लोगों ने तो कल्पना भी नहीं की होगी। ऐसे में यह बहुत ज़रूरी हो जाता है कि हम समय-समय पर अपनी रफ़्तार थोड़ी कम करके, काम और दुनियादारी से थोड़ी दूरी बनाकर, खुद को थोड़ा ताज़ा दम कर लिया करें। थोड़ा समय आधुनिकता की चकाचौंध से दूर प्रकृति के बीच बिता लेने से हमारे तन-मन को नया जीवन मिल जाता है। मेरा ख़याल है कि 'समय का हिसाब रखें' वाले अध्याय को पढ़ चुकने के बाद अब आप साप्ताहिक कार्य-सूची बनाने लगे होंगे। तो अब से उस सूची में 'सुस्ताने का समय' भी शामिल कर लिया करें। मैं चाहूँगा कि आप शुरुआत सप्ताहांत अलग तरह से बिताने से करें। अब से आप सप्ताहांत पर टीवी, मोबाइल, इन्टरनेट, ईमेल्स, और वीडियो गेम्स से पूरी तरह परहेज़ रखें और पूरा समय प्रकृति के बीच एकदम धीमी गति से बिताएँ।

मैंने अब तक जितनी भी यादगार छुट्टियाँ बिताई हैं, उनमें से एक हैं फ्रांस के दक्षिण में स्थित मिडी चैनल में एक हाउसबोट पर बिताई गईं छुट्टियाँ। वहाँ हमारे पास न तो मोबाइल फ़ोन था, न टीवी था, और न ही इन्टरनेट था। थीं तो केवल बतखें। बोट की अधिकतम रफ़्तार थी 8 किमी/घंटा, इसलिए हमारे पास धीमी रफ़्तार से चलने के अलावा और कोई चारा ही नहीं था। हमें अपनी रफ़्तार इसलिए और भी धीमी मालूम हो रही थी क्योंकि चैनल के दोनों किनारों पर जो रास्ते बने

हुए थे, वहाँ बच्चे साइकिल चला रहे थे और उनकी साइकिल की रफ़्तार भी हमारी हाउसबोट की रफ़्तार से ज़्यादा थी। रास्ते में जो गाँव मिले, वे इतने छोटे थे कि उनमें सुपरमार्केट तक नहीं थे।

खाने के लिए आसपास कोई न कोई रेस्तरां मौजूद होता था, मगर उससे बेहतर हमें लगता था हाउसबोट में ही अपने हाथों से अपना खाना पकाना और फिर कहीं किनारे बैठकर सूर्यास्त देखते हुए या पक्षियों के कलरव को सुनते हुए खाना। एक बार तो हमने एक अंगूरों के बागीचे में बैठकर खाना खाया था! अद्भुत अनुभव था वह! इसी तरह एक सुबह जब हम नाश्ते की तलाश में एक छोटे से फ्रांसीसी गाँव में गए और वहाँ की इकलौती बेकरी से स्थानीय बैगेट खरीदकर खाई, वह अनुभव भी हमारे लिए यादगार था! इस पूरी ट्रिप के दौरान हमारी दिनचर्या यह थी कि हम सुबह सूर्योदय से पहले बतखों के साथ जाग जाते थे और शाम को सूर्यास्त के बाद बतखों के साथ ही सोने चले जाते थे।

आपको भी मेरी यही सलाह है कि थोड़ा समय निकालकर प्रकृति से जुड़ें। ज़रूरी नहीं कि आप किसी लम्बी ट्रिप पर ही जाए। जब भी समय मिले तो शहर के पास के किसी जंगल में घूम आए, समुद्र किनारे टहल लें, या किसी पार्क में ही चले जाए और वहाँ खाली पड़ी किसी बेंच पर या घास पर लेट जाए और नीले आसमान को निहारें। आपको याद है पिछली बार आप कब घास पर या समुद्र किनारे की रेत पर नंगे पाँव चले थे? क्या आपको यह समझ आया कि कुछ समय के लिए आधुनिक जीवन की भागदौड़ से निकलकर कुदरत के बीच धीमी गति का इत्मीनान भरा जीवन बिताना क्यों महत्वपूर्ण है? मुझे आशा है कि आ गया होगा। तो फिर अब आप क्या करने वाले हैं?

ये अभ्यास करें :

जल्दी से अपने शिड्यूल में ऐसी किसी गतिविधि के लिए गुंजाइश बनाइए।

89

हर दिन कुछ दिलचस्प करें

"मेरे विचार से इंसान को खुश रहने के लिए तीन चीज़ें चाहिए – प्यार करने के लिए कोई साथी, करने के लिए कुछ काम और कुछ ऐसा जिसका आपको बेताबी से इंतज़ार रहे।"

–एल्विस प्रेस्ली

अपनी ज़िन्दगी को एक जैसी दिनचर्या में बाँधकर उबाऊ न बनाएँ। दिन भर की कड़ी मेहनत के बाद जब आप घर लौटें तो आपके पास कुछ ऐसा होना चाहिए करने को जिसके बारे में सोचकर ही आपकी सारी थकान दूर हो जाए और आप नई ऊर्जा और नए उत्साह से भर जाए। कुछ उदाहरण देखिए :

- एकांत में समय बिताएँ।
- अपने साथी के साथ किसी हरी-भरी जगह सैर करने चले जाए।
- बबल बाथ लें या हफ्ते में एक दिन 'स्पा' जाने के लिए तय कर सकते हैं।
- किसी चीज़ का जश्न मनाए : अच्छी नौकरी का, अच्छे परिवार का, अच्छी ज़िन्दगी का!
- किसी दोस्त को फोन करें।
- किसी को डिनर पर ले जाए।
- मसाज करवा लें।
- ड्रिंक के लिए चले जाए।

- मूवी, नाटक या कॉन्सर्ट देखने चले जाए।
- मैनीक्योर/पेडीक्योर करवा लें।
- घर पर ही फिल्म देख लें।
- शाम को समुद्र किनारे बैठकर सूर्यास्त देखें।

कुछ भी करें पर कुछ वक़्त ऐसी चीज़ों के लिए ज़रूर निकालें जो आपको रोज़मर्रा की ऊब से बाहर निकाल सकती हों!

90

सुविधा के दायरे से बाहर निकलें

"जब आप सुविधा के अपने दायरे से बाहर कदम रखते हैं तो जो चीज़ें पहले आपके लिए अनजान थीं और आपको डराती थीं, वे अब सामान्य लगने लगती हैं।"

–रॉबिन शर्मा

"आप चाहें तो सुरक्षा की ओर पीछे लौटने का विकल्प चुन लें, और आप चाहें तो तरक्की की तरफ आगे बढ़ने का। बारम्बार तरक्की को ही चुना जाना चाहिए; बारम्बार डर को खारिज किया जाना चाहिए।"

–अब्राहम मेस्लो

ज़िन्दगी में चमत्कार तभी घटते हैं जब लोग अपने सुविधा के दायरों से बाहर निकलने को राज़ी होते हैं। अब आप पूछेंगे कि आखिर यह सुविधा का दायरा है क्या बला? इसे समझाने के लिए मैं आपको एक उदाहरण देता हूँ। अगर आप किसी मेंढक को खौलते पानी में डाल दें तो वह तत्काल उछलकर बाहर आ जाएगा। लेकिन अगर उसी मेंढक को आप पानी से भरे पतीले में रखें और फिर उस पतीले को धीरे-धीरे गर्म करना शुरू करें तो आप देखेंगे कि मेंढक बाहर नहीं आता, तब भी नहीं जबकि पानी खौलने लगा हो, और आखिरकार उसी पानी में उबलकर मर जाता है। क्यों? क्योंकि उसे पानी का तापमान बढ़ते जाने की आदत पड़ जाती है और इसीलिए वह उससे बाहर निकलने की कोशिश नहीं करता। यही

हाल हम में से बहुत सारे लोगों का है, वे अपने-अपने सुविधा के दायरों के भीतर कैद होकर जीने के इस कदर आदी हो गए हैं कि हज़ार तकलीफें झेलकर भी उससे बाहर निकलने को राज़ी नहीं होते, बल्कि ज़्यादातर को तो पता ही नहीं होता कि उन्होंने खुद को ऐसे किसी दायरे में कैद किया हुआ है।

सुविधा के दायरे का मतलब है आपके वर्तमान अनुभव की सीमा। वह सीमा जिसके भीतर रहकर ही सोचने या काम करने के आप आदी हो चुके हैं। यह सीमा या दायरा आपकी वर्तमान समझ या जानकारी के स्तर के आधार पर तय होता है। इस दायरे के भीतर आप सुरक्षित महसूस करते हैं क्योंकि आपको पता होता है कि कब, क्या, कैसे होगा। और इसलिए इस दायरे के भीतर आप आश्वस्त रहते हैं कि ऐसा कुछ नहीं घटेगा जो आपको चौंका दे या मुश्किल में डाल दे। इस दायरे के भीतर आपकी ज़िन्दगी ऑटोपायलट मोड पर चलती है। इस दायरे के भीतर बदलाव जैसी कोई चीज़ कभी नहीं घटती। उन्नति और प्रगति इस दायरे से हमेशा बाहर रहती हैं। तो अगर आपको लगी-लगाई नौकरी छोड़कर अपने मन का कोई और काम करना है, या किसी ऐसे रिश्ते से बाहर निकलना है जो बेमानी हो चुका है, या कोई ऐसा निर्णय लेना है जो पारंपरिक सोच के विपरीत हो, तो फिर आपको सुविधा के अपने दायरे से बाहर आना पड़ेगा।

समस्या यह है कि हमारा दिमाग हमें हमेशा सुविधा के दायरे में ही बनाए रखने की कोशिश करता है, क्योंकि वहाँ उसे आराम महसूस होता है और वो नहीं चाहता कि आप उसे किसी असुविधा में पड़ने के लिए मजबूर करें।

एक समय था जब मैं भी एक ऐसी नौकरी में अटका हुआ था जिसे करने का मेरा ज़रा भी मन नहीं था। मगर जब भी मैं उसे छोड़ने की सोचता तो मेरा दिमाग कहता, ‘अरे नहीं, यह नौकरी उतनी भी बुरी नहीं है! कितने सारे लोग हैं जिनके पास कोई नौकरी ही नहीं है! और फिर क्या गारंटी है कि नई नौकरी इससे भी ज़्यादा खराब नहीं होगी?’ और दिमाग के इन्हीं कुतर्कों में उलझकर मैं लम्बे समय तक मन मारकर वही नौकरी करता रहा। सोमवार को दफ्तर में बैठकर मैं सोचता था कि काश जल्दी से शुक्रवार आ जाए। और जब मैं छुट्टी मनाकर लौटता था तो सोचने लगता था कि काश जल्दी से दोबारा छुट्टी मिल जाए।

काश कि मैंने स्टीव जॉब्स का स्टैनफोर्ड वाला उद्बोधन कुछ सालों पहले देख लिया होता (आपने अभी तक देखा कि नहीं?)। सुविधा के दायरे से खुद को बाहर रखने के लिए जॉब्स एक बहुत ही अच्छा तरीका इस्तेमाल करते थे। वह हर

दिन सुबह खुद को शीशे में देखते और खुद से पूछते, “अगर आज मेरी ज़िन्दगी का आख़िरी दिन हो तब भी क्या मैं वही करना चाहूँगा जो आज करने वाला हूँ?” अगर कई दिनों तक लगातार उन्हें खुद से जवाब में ‘नहीं’ सुनने को मिलता तो वह अपना काम बदल देते!

इस तरीके को इस्तेमाल करते समय होशियार रहिएगा, क्योंकि जैसे ही आप खुद से यह सवाल करना शुरू करेंगे वैसे ही सबकुछ बदलने लगेगा। जैसे ही आप सुविधा के दायरे को छोड़कर अज्ञात की ओर कदम बढ़ाने लगते हैं, वैसे ही तरक्की की सीढ़ियाँ चढ़ने लगते हैं। जैसे ही आप सुविधा के दायरे से बाहर कदम रखते हैं, आपको असहजता महसूस होने लगती है, अजीब लगने लगता है। यह बहुत ही शुभ संकेत होता है! यह इस बात का संकेत होता है कि आप विकसित होने लगे हैं, आगे बढ़ने लगे हैं। इस स्थिति में आपको डर भी लगता है और अपने फैसले पर संदेह भी होता है। मगर आपको बिना घबराए आगे बढ़ते रहना है। अनजान परिस्थितियों में शुरुआती डर और घबराहट आम बात है, धीरे-धीरे सब सामान्य हो जाता है।

प्रश्न :

1. आप खुद को सुविधा का दायरा छोड़ने के लिए कैसे तैयार करेंगे? (छोटे-छोटे कदम वाली सलाह याद रखें।)
2. कोई ऐसा काम है जो आपको असहज महसूस कराता है और जिसे आप अभी कर सकते हों?

91

न बदलने की क्या कीमत चुका रहे हैं आप?

"बदलाव करने की बजाए एक ही चीज़ दोहराते रहने की ज़्यादा बड़ी कीमत चुकानी पड़ती है।"

–बिल क्लिंटन

अपनी उस सुरक्षित मगर मन मारकर की जाने वाली नौकरी को छोड़ने या पकड़े रहने की जद्दोजहद के बीच मैंने खुद से एक और सवाल किया, जिसके जवाब ने मुझे सही निर्णय तक पहुँचा दिया। मैंने खुद से पूछा, "नौकरी न छोड़ने की तुम क्या कीमत चुका रहे हो?" मैं जानता था कि अगर मैंने कुछ दिन और वह नौकरी जारी रखी होती तो मैं शारीरिक-मानसिक रूप से पूरी तरह पस्त हो जाता। बेशक उस समय दुनिया बहुत बड़े आर्थिक संकट से गुज़र रही थी और ऐसे में अपनी लगी-लगाई नौकरी छोड़ना काफी मुश्किलें पैदा कर सकता था, लेकिन नहीं छोड़ने पर मैं गंभीर स्वास्थ्य समस्याओं में फँस सकता था, और मैं यह कीमत चुकाने को तैयार नहीं था। इसीलिए मैंने हिम्मत करके नौकरी छोड़ दी। और समय साक्षी है कि उसके बाद मुझे फिर कभी पीछे मुड़कर देखने की ज़रूरत नहीं पड़ी।

कई साल पहले जब मैं मेक्सिको में वोक्सवैगन में काम करता था, तब एक दिन मेरा बॉस (जो कि एक इंटर्न था) मेरे पास आया और कहने लगा, "मार्क! मुझे समझ नहीं आ रहा है कि क्या करूँ। इस नौकरी की वजह से मुझे इतना ज़्यादा तनाव रहने लगा है कि मुझे लग रहा है मैं कहीं गंभीर रूप से बीमार न पड़ जाऊँ। मगर मेरा कम्पनी के साथ तीन सालों का करार है और अगर मैं इस करार को तोड़ूँगा तो कम्पनी के जर्मनी स्थित मुख्यालय में मुझे 'नाकाम' की नज़र से देखा जाने लगेगा। अगर मेरी जगह तुम होते तो क्या करते?" जवाब में मैंने

उससे कहा, “देखिए, आपकी सेहत आपकी सबसे बड़ी पूँजी है। अगर यह नौकरी आपकी सेहत को प्रभावित कर रही है तो छोड़ दीजिए। कल को अगर इस नौकरी के चलते आपको दिल का दौरा पड़ गया और आप मर गए तो आज यहाँ जिन लोगों ने आपका जीना मुश्किल कर रखा है वे ही लोग कल आपकी मैयत में आकर आपके बीवी-बच्चों से हमदर्दी जताते हुए कहेंगे कि कितना अच्छा आदमी था मार्क, बेचारा इतनी कम उम्र में चला गया, हमें बेहद अफ़सोस है, भगवान उसकी आत्मा को शान्ति दे!

मैं यह बात अपने निजी अनुभव से कह रहा हूँ। जिन लोगों ने दफ्तर में मेरे पिता को सबसे ज़्यादा प्रताड़ित किया था, वे ही लोग उनकी शोक सभा में उनके बारे में ‘दो शब्द’ बोलने के लिए सबसे आगे हो रहे थे! मुझे उन लोगों के दोगलेपन पर यकीन नहीं हो रहा था! इसीलिए मेरी सलाह है कि आपको ‘नाकाम’ की तरह न देखे जाने की इतनी बड़ी कीमत नहीं चुकानी चाहिए। यह नौकरी कोई दुनिया की आख़िरी नौकरी नहीं है, जान सलामत रही तो नौकरियाँ तो हज़ार मिल जाएगी। ज़िन्दगी बहुत बड़ा चमत्कार है। जो होता है अच्छे के लिए ही होता है!”

दो महीने बाद उसने जर्मनी से मुझसे संपर्क किया। वह अभी भी उस करार से बंधा हुआ था, मगर अब जर्मनी में था और किसी नए प्रोजेक्ट पर काम कर रहा था, जहाँ कि काम की स्थितियाँ यहाँ से बहुत बेहतर थीं। मेरा सोचना सही था - ज़िन्दगी बहुत बड़ा चमत्कार है और जो होता है अच्छे के लिए ही होता है! आप **जो भी निर्णय लेते हैं उसकी कोई न कोई कीमत चुकानी पड़ती है,** अब यह आपके ऊपर है कि आप किस चीज़ की क्या कीमत चुकाना चाहते हैं।

अगर आप सुडौल शरीर चाहते हैं तो उसकी कीमत के बतौर आपको हर दिन व्यायाम करना पड़ेगा। व्यायाम न करने की कीमत आपको ज़रूरत से ज़्यादा वज़न से चुकानी पड़ती है। अगर आप ज़रूरी कामों के लिए ज़्यादा समय चाहते हैं तो आपको सुबह एक घंटा जल्दी उठने या टीवी देखने के समय में कटौती की कीमत चुकानी पड़ेगी। टालमटोल की कीमत दुश्चिंता और अपराध-बोध है। **सोच-समझ कर चुनिए कि किस चीज़ की क्या कीमत चुकानी है।**

प्रश्न :

क्या आप उन्हीं-उन्हीं चीज़ों को बारम्बार दोहराते रहने की कोई कीमत चुका रहे हैं?

92

सबकुछ अस्थाई है

"भविष्य के लिए काम करते समय सबकुछ सुनिश्चित करके नहीं चला जा सकता; सुनिश्चितता सिर्फ अतीत में होती है। भविष्य के लिए काम करते समय आपको यह यकीन करके चलना पड़ेगा कि चीज़ें किसी न किसी तरह वैसी हो जाएगी जैसी आप चाहते हैं।"

–स्टीव जॉब्स

"इससे कोई फर्क नहीं पड़ता कि आपकी चाल कितनी धीमी है, बशर्ते आप लगातार चलते रहें।"

कन्फ्यूशियस

सबकुछ अस्थाई है। जीत-हार, दुःख-सुख; जो भी कुछ हमारी ज़िन्दगी में आता है, हमेशा के लिए नहीं रहता; जैसे आता है वैसे ही चला भी जाता है। आज जो बेहद ज़रूरी मालूम हो रहा है, वो महीने भर या तीन महीने बाद गैर-ज़रूरी मालूम होने लग जाता है। **इसी तरह आज जो बहुत बड़ी त्रासदी मालूम हो रही है, वही तीन महीने बाद ज़िन्दगी के कई महत्वपूर्ण सबक सिखाने वाला एक बेहद कीमती और ज़रूरी अनुभव दिखाई पड़ने लग सकता है।**

कॉलेज ख़त्म करने के बाद के नौ महीने जब मैं बेरोज़गार घूम रहा था और एक के बाद न जाने कितनी कम्पनियों द्वारा खारिज कर दिया गया था, तब मेरे सारे दोस्त मेरी हालत पर तरस खा रहे थे और मैं ख़ुद भी अपने हालात से परेशान था, मगर अपने मन की गहराइयों में कहीं न कहीं मुझे यह आभास था कि जो भी हो रहा था अच्छे के लिए हो रहा था; कोई बड़ा अवसर मेरी प्रतीक्षा में था, इसलिए छोटे-मोटे अवसरों से मुझे वंचित रखा जा रहा था।

आखिर में मुझे बार्सिलोना में नौकरी मिली। बार्सिलोना, जो कि दुनिया के सबसे खूबसूरत शहरों में से एक है। जहाँ तमाम तरह की संस्कृतियाँ हैं, ढेर सारे सुन्दर-सुन्दर समुद्र तट हैं, शानदार जलवायु है, एक कमाल की फुटबॉल टीम है, और जहाँ साल में 300 दिन सूरज चमकता है। अचानक से मेरे दोस्तों का मेरे प्रति नज़रिया बदल गया और मुझ पर तरस खाने वाले लड़के अब मुझसे ईर्ष्या करने लगे। उनके लिए अचानक से मैं 'बेचारा मार्क' से 'साला किस्मतवाला!' हो गया।

इसलिए मेरी सलाह है आपको कि किसी भी चीज़ से एकदम परेशान न हों, थोड़ा सब्र रखें। समय या परिस्थितियाँ कितनी भी कठिन क्यों न हों, गुज़र ही जाती हैं।

अपना ध्यान बस अपने लक्ष्यों पर रखें और चलते रहें। आपने वह कहावत सुनी है - 'छह महीने बाद हम इस बात पर हँस रहे होंगे'? **तो अभी ही क्यों न हँस लें उस बात पर?** इस कहावत ने इंटरनेशनल बिज़नेस स्टडीज़ की पढ़ाई के दौरान मेरी बहुत मदद की थी। मुझे याद है कि उस दौरान जब भी परीक्षाएँ होती थीं तो मैं हर पेपर से पहली वाली रात 3-3 बजे तक जागकर पढ़ता रहता था जबकि सुबह मुझे पेपर देने जाना होता था। मारे तनाव और चिंता के मेरी हालत खराब हो रही होती थी, क्योंकि मुझे लगातार यह डर सताता था कि अगर मैं परीक्षा में फेल हो गया तो मुझे कहीं कॉलेज से न निकाल दिया जाए। मेरी ऐसी हालत देखकर मेरा रूममेट जॉर्ज बहुत हँसता था और कहता था, **"मार्क! छह महीने बाद हम आज रात की बात सोच-सोचकर हँस रहे होंगे!"** हम आज 20 साल बाद भी उन बातों को याद करके बहुत हँसते हैं। आप भी इस बात पर अमल करके देखिए, मुझे यकीन है कि जैसे इसने मेरी मदद की वैसे ही आपकी भी करेगी।

ये अभ्यास करें :

1. अभी तक जो भी मुश्किल वक़्त आपने गुज़ारा है ज़िन्दगी में, उस सब को याद करें और यह भी याद करें कि उस समय महसूस किए गए तमाम तनाव और चिंता के बावजूद कैसे आप न सिर्फ उस वक़्त से उबर गए बल्कि कुछ समय बाद आपको उसके सकारात्मक प्रभावों का भी अहसास हुआ।

जीवन की रूपरेखा :

1. अपनी ज़िन्दगी की समय-रेखा खींचें और फिर जन्म से लेकर अभी तक घटीं तमाम मानीखेज़ घटनाओं (कोई भी ऐसी बात जिसने आपकी ज़िन्दगी में कोई बड़ा बदलाव किया हो) को उस समय-रेखा पर दर्ज करें।
2. अपनी सभी सफलताओं और खुशनुमा बदलावों को समय-रेखा पर ऊपर की ओर दर्ज करें।
3. सभी चुनौतियों, त्रासदियों, और नाकामियों को समय-रेखा पर नीचे की ओर दर्ज करें।
4. रेखा से नीचे की घटनाओं का विश्लेषण करें और उनके सकारात्मक प्रभावों को रेखा के ऊपर दर्ज करें।

   (उदाहरण के लिए, आपके किसी प्रियजन की मृत्यु हो गई। इसका सकारात्मक प्रभाव यह हुआ कि आप अपनी ज़िन्दगी और अपने स्वास्थ्य की ज़्यादा कद्र करने लगे। या फिर जब आपको नौकरी से निकाल दिया गया, तो इसका सकारात्मक प्रभाव यह हुआ कि आपको उससे कहीं अच्छी नौकरी मिलने का रास्ता खुल गया।)अब अपनी समय-रेखा को ध्यान से देखें।

93

किसी कोच की सेवाएँ लें

“खुद को ज़्यादा से ज़्यादा निखारें। जो भी कुछ आपको मिला है, उसका भरपूर सदुपयोग करें।”

–राल्फ वाल्डो एमर्सन

पहले कोचिंग का उपयोग केवल कम्पनियाँ करती थीं - अपने कर्मचारियों के पेशेवर या कामकाजी प्रदर्शन में सुधार लाने के लिए। मगर अब लोग निजी स्तर पर भी कोचिंग की सहायता लेने लगे हैं ताकि अपने व्यक्तित्व को ज़्यादा से ज़्यादा निखार सकें और अपनी क्षमताओं का अधिकतम उपयोग करके ज़िन्दगी को बेहतर तरीके से जी सकें। इसे 'लाइफ कोचिंग' कहा जाता है। कई सारे लोगों के मन में यह गलत धारणा बैठी हुई है कि कोचिंग तभी ली जाती है या ली जानी चाहिए जबकि कुछ समस्या हो, मगर एरिक श्मिट जैसे नेता खुद को लगातार बेहतर बनाते जाने के लिए कोचिंग लेते हैं या फिर वह कोच को एक ऐसे तटस्थ एवं कुशल साथी के तौर पर देखते हैं जिसके साथ वह अपने दिमाग में आने वाले नए-नए विचार साझा कर सकें और जो उन्हें हमेशा उनकी कमियों और कमज़ोरियों से अवगत कराता रहे, उनके पैरों को हकीकत की ज़मीन से उखड़ने न दे।

एक अच्छा कोच आपके लिए क्या-क्या कर सकता है? वह आपको यह समझने में मदद कर सकता है कि वास्तव में आप ज़िन्दगी से क्या चाहते हैं। वह आपको उन हालात में भी आगे बढ़ते रहने के लिए प्रोत्साहित कर सकता है जब आप उम्मीद छोड़ चुके हों। वह आपको अपने लिए बेहतर लक्ष्य तय करने में, जल्दी और बेहतर परिणाम हासिल करने में, अपने डरों पर काबू पाने में, ज़्यादा

कारआमद ढंग से बातचीत करने में, तेज़ी से विकसित होने में, आत्मघाती आदतों से छुटकारा पाने में, ज़िन्दगी का वास्तविक लक्ष्य खोजने में, और अपने वास्तविक जीवन-मूल्यों के मुताबिक़ जीने में मदद कर सकता है। कोच की देखरेख में खुद पर काम करते हुए आप अपनी ज़िन्दगी में घटने वाली हरेक छोटी-बड़ी चीज़ की ज़िम्मेदारी उठाना और बेहतर निर्णय लेना सीखते हैं।

कोचिंग से असाधारण परिणाम मिलते हैं। क्यों? जब आप और आपका कोच मिलकर एक टीम की तरह काम करते हैं तो एक और एक ग्यारह हो जाते हैं, और तब आप पहले से ज़्यादा हासिल कर पाते हैं। जब आपको यह पता होता है कि कोच के रूप में आपके साथ एक अनुभवी और कुशल व्यक्ति मौजूद है जो आपकी सफलता के लिए हर वह काम कर रहा है जो किया जाना चाहिए, तब आपका आत्म-विश्वास बढ़ जाता है, आप पहले से ज़्यादा सक्रिय हो जाते हैं, बड़े स्तर पर सोचने लगते हैं, और बिना डरे या रुके हर काम को उसके अंजाम तक पहुँचाने लगते हैं। अपनी विशेषज्ञता के चलते कोच को अच्छी तरह पता होता है कि बेहतर निर्णयन, उपयुक्त लक्ष्य-निर्धारण, और अधिकतम उत्पादकता सुनिश्चित करने के लिए निजी एवं कामकाजी ज़िन्दगी में ज़रूरी बदलाव करने में क्लाइंट की सहायता कैसे करनी है। कोचिंग अच्छे नतीजे देती है क्योंकि यह आपको खुद को ज़्यादा से ज़्यादा निखारने में मदद करती है। कोच का काम ही यही होता है कि वह आपको अपनी क्षमताओं का अधिकतम दोहन करने में और अपने सवालों के सटीक उत्तर तलाशने में मददगार हो। कोचिंग प्रायः हर सप्ताह टेलिफोन, स्काइप, या फिर आमने-सामने के 30-60 मिनट तक चलने वाले सत्रों के माध्यम से होती है।

हर सत्र में कोच और उसका क्लाइंट बैठकर इस बात पर काम करते हैं कि आगे के लिए क्या लक्ष्य रखे जाने चाहिए और उन लक्ष्यों को हासिल करने के लिए कौन-कौन से कदम उठाए जाने चाहिए। लक्ष्य-निर्धारण और लक्ष्य-प्राप्ति के कदमों पर काम करने के साथ ही साथ कोच अपने क्लाइंट के व्यक्तिगत विकास पर भी काम करता है। अगर आप भी किसी अच्छे कोच की सेवाएँ लेना चाहें तो CoachU या इंटरनेशनल कोच फेडरेशन (ICF) की ऑनलाइन डायरेक्टरीज़ में खोज सकते हैं।

ज़्यादातर अच्छे कोच आपको पहले एक या दो निःशुल्क सत्र करवाते हैं ताकि आप दोनों एक-दूसरे को जान-समझ पाएँ और यह देख पाएँ कि आप लोग

एक-दूसरे के साथ काम करने में सहजता और सुविधा महसूस कर रहे हैं या नहीं। कोचिंग के काम में कोच और क्लाइंट के बीच आपसी सामंजस्य बहुत महत्वपूर्ण होता है। इस बात की कोई गारंटी नहीं होती कि कोचिंग से आपको मनचाहा लाभ मिल ही जाएगा। आपकी सफलता आप पर निर्भर करती है! मगर मैं अपने अनुभव से इतना ज़रूर कह सकता हूँ कि जो भी क्लाइंट अपने सभी कोचिंग सत्रों में बिना नागा शामिल होता है, कोचिंग प्रक्रिया के पालन के प्रति प्रतिबद्ध होता है, और अपने हिस्से का काम ईमानदारी से करता है, वह सफल होता ही है। अगर आप भी कोचिंग का अनुभव लेना चाहें तो बेझिझक मुझसे संपर्क करें।

94

ज़िन्दगी को भरपूर जिए, आज ही से!

"न अतीत के बीहड़ में भटकते फिरें, न भविष्य के सपनों में गुम रहें, अपने मन को वर्तमान में केन्द्रित रखें।"

–महात्मा बुद्ध

ज़्यादातर लोग इस तरह जीते हैं जैसे उन्हें कभी मरना ही नहीं है! बड़े-बड़े सपनों के पीछे भागने में इस कदर मसरूफ हो गए हैं कि ज़िन्दगी के छोटे-छोटे सुखों के लिए हमारे पास वक़्त ही नहीं बचा! आप खुद का ढंग से ख़याल रखना कब शुरू करेंगे? व्यायाम करना कब शुरू करेंगे? कुछ नया सीखना कब शुरू करेंगे? हमेशा से जो करना चाहते थे वो कब शुरू करेंगे? परिवार के साथ ज़्यादा वक़्त बिताना कब शुरू करेंगे? कल? अगले हफ्ते? अगले सोमवार? अगले महीने? जब आपकी लॉटरी लग जाएगी तब? जब आपको दूसरी नौकरी मिल जाएगी तब? जब अगला प्रोजेक्ट पूरा हो जाएगा तब?

मैं जानता हूँ कि आप क्या कहेंगे। आप कहेंगे कि 'मेरे पास अभी कितना सारा काम पड़ा है, इन चीज़ों के लिए अभी वक़्त ही कहाँ है!' ज़्यादातर लोग जब तक यह समझ पाते हैं कि ज़िन्दगी में कौन सी चीज़ें वाकई कीमती हैं और कौन सी नहीं, तब तक बहुत देर हो चुकी है, तब तक वे ज़िन्दगी के आख़िरी पड़ाव पर पहुँच चुके होते हैं और उनके पास अपनी गलती सुधारने का 'वक़्त' नहीं होता। ऑस्ट्रेलिया की ब्रॉनी वेयर को जब बतौर नर्स काम करते हुए मौत के मुहाने पर खड़े लोगों के दिल का हाल जानने का मौका मिला, तो उन्हें ऐसी पाँच बातों के बारे में पता चला जिनको लेकर अधिकांश मरणासन्न लोगों के मन में गहरा पछतावा था। ये पाँच बातें हैं :

1. काश कि मैं दूसरों की उम्मीदों के मुताबिक़ जीने की बजाए अपने दिल की सुनने और अपनी चाहतों के मुताबिक़ जीने की हिम्मत जुटा पाता।
2. काश कि मैं ज़िन्दगी भर इस कदर काम में न डूबा रहता।
3. काश कि मैं अपनी भावनाओं को अभिव्यक्त करने का साहस दिखा पाता।
4. काश कि मैं अपने दोस्तों के संपर्क में रहा होता।
5. काश कि मैं ख़ुशी-ख़ुशी जिया होता।

और समय न गँवाइए, अभी से ज़िन्दगी को भरपूर तरीके से जीना शुरू कर दीजिए। नाकामियों से मत डरिए; नाकामियाँ महज़ सीखने का ज़रिया हैं। समस्याओं से मत घबराइए; समस्याएँ तो आगे बढ़ने के अवसर हैं। वही कीजिए जो आपका दिल चाहता है। उन कामों को और मत टालिए जिन्हें आप हमेशा से करना चाहते रहे हैं। ज़िन्दगी से मत लड़िए! इसे मुक्त प्रवाह से बहने दीजिए। पाउलो कोएल्हो ठीक कहते हैं, "एक दिन आप जागेंगे और पाएँगे कि अब आपके पास उन कामों को करने के लिए ज़रा सी भी मोहलत नहीं बची है जिन्हें आप हमेशा से करना चाहते थे मगर कल पर टालते रहे। बेहतर है कि उन कामों को अभी ही कर लें।"

स्टीव जॉब्स ने इसी बात को इन शब्दों में कहा है – *"ज़िन्दगी में बड़े और जोखिम भरे फैसले लेने में मुझे सबसे ज़्यादा मदद इस बात को याद रखने से मिलती है कि जल्दी ही मैं मर जाने वाला हूँ। मौत के सामने वे तमाम चीज़ें- सारी महत्वाकांक्षाएँ, सारा घमंड, शर्मिंदगी या नाकामी का सारा डर-बेमानी लगने लगती हैं जिनमें फँसे रहकर हम नकली ज़िन्दगी जीते रहते हैं, और सिर्फ वे चीज़ें ज़ेहन में रह जाती हैं जो एक मानीखेज़ ज़िन्दगी के लिए वाकई ज़रूरी हैं।*

हमारे भीतर चीज़ों को खोने का जो डर है उसकी पकड़ से आज़ाद होने का जो सबसे अच्छा तरीका मुझे समझ आया है वो यही है कि हम खुद को लगातार यह याद दिलाते रहें कि जल्दी ही हम मरने वाले हैं। हम वैसे भी कुछ लेकर नहीं जा पाएँगे, तो फिर कुछ खोने का डर कैसा? मौत के बाद वैसे भी सबकुछ यहीं रह जाना है, तो क्यों न हम दिल के दिखाए रास्ते पर चलकर ही जी लें? वैसे, मरना कोई नहीं चाहता। जो लोग जन्नत पाने के तमन्नाई हैं वे भी मरना नहीं चाहते! मगर फिर भी, मरना तो सबको पड़ता ही है। मौत से आज तक कोई नहीं बचा है, और यह ठीक भी है क्योंकि अगर मौत न हो तो ज़िन्दगी की व्यवस्था गड़बड़ा जाएगी। ज़िन्दगी ने मौत का आविष्कार किया है ताकि बदलाव का चक्र निरंतर चलता रह

सके। इसी आविष्कार के माध्यम से ज़िन्दगी पुराने को हटाकर नए के लिए जगह बनाती है।"

हर दिन आपके पास मौका होता है अपनी चाहतों और लक्ष्यों के करीब पहुँचने का। हर दिन आपके पास मौका होता है मंज़िल की अपनी यात्रा को थोड़ा और आगे बढ़ाने का। **इन मौकों को गँवाने की भूल न करें। ज़िन्दगी की दशा-दिशा बदलने में महिनों या सालों नहीं लगते; छोटे-छोटे कदम बढ़ाकर आप हर दिन बदलाव की दिशा में आगे बढ़ सकते हैं।** हाँ, इस बदलाव के नतीजे ज़रूर आपको महिनों और सालों तक देखने को मिलते हैं।

खुद पर एक अहसान कीजिए और आज और अभी मनचाही ज़िन्दगी जीना शुरू कर दीजिए। यह सोचना छोड़ दीजिए कि जब बच्चे बड़े होकर ठौर-ठिकाने से लग जाएगे, जब आप अगला प्रोजेक्ट पूरा कर लेंगे, जब आप नई कार ले लेंगे, जब आप नया घर बनवा लेंगे, या जब आपको और अच्छी नौकरी मिल जाएगी तब आप मन की ज़िन्दगी जिएगे। प्लीज़, उन लोगों में शामिल मत होइए जो हरदम यह राग आलापते हैं कि उनके पास समय ही नहीं है, पर हफ्ते में 30 घंटे टीवी देखने या वीडियो गेम खेलने या शराबनोशी में खर्च कर देते हैं।

आप जो हमेशा से करना चाहते थे उसे करना शुरू कीजिए, आज और अभी से!

उन पाँच कामों की सूची बनाएँ जो आप हमेशा से करना चाहते रहे हैं। इनको शुरू करने की तारीख भी लिखिए।

1. ______________________ तारीख ______________
2. ______________________ तारीख ______________
3. ______________________ तारीख ______________
4. ______________________ तारीख ______________
5. ______________________ तारीख ______________

मुझे आपकी मदद चाहिए

मेरी किताब खरीदने के लिए आपका बहुत-बहुत धन्यवाद!

मेरी दरख्वास्त है कि किताब को पढ़ने के बाद आप मुझे यह ज़रूर बताए कि इसमें आपको क्या अच्छा लगा और क्या नहीं। आपका फीडबैक मेरे लिए बहुत मायने रखता है, क्योंकि इसकी मदद से मैं अपनी आगामी पुस्तकों को और भी बेहतर बना पाऊँगा।

- अगर आपको किताब अच्छी लगी हो तो प्लीज़ अमेज़न/फ्लिपकार्ट पर अपनी ईमानदार राय ज़रूर ज़ाहिर करें, ताकि यह किताब ऐसे और लोगों तक भी पहुँच सके जिन्हें इससे लाभ मिल सकता हो।
- यदि इस पुस्तक ने आपको प्रेरित किया हो और आप अन्य लोगों को उनके लक्ष्यों तक पहुँचने और एक बेहतर ज़िन्दगी जीने में मदद करना चाहते हों तो इस दिशा में सकारात्मक प्रगति के लिए आप निम्नलिखित छोटे-छोटे कदम उठा सकते हैं :
- अपने दोस्तों, परिजनों, सहकर्मियों, यहाँ तक कि अपरिचित लोगों को भी यह पुस्तक उपहार में दें।
- पुस्तक के बारे में अपनी राय फेसबुक, ट्विटर, एवं इन्स्टाग्राम पर साझा करें या पुस्तक की समीक्षा पोस्ट करें। इससे दूसरों को भी इस पुस्तक के बारे में पता चल सकेगा।
- अगर आप कोई बिज़नेस चलाते हैं या किसी कम्पनी के प्रबंधक अथवा विभागाध्यक्ष हैं तो इस पुस्तक की कुछ प्रतियाँ अपनी टीम के सदस्यों या कर्मचारियों में बाँटें, ताकि उनकी और आपकी कम्पनी की उत्पादकता बढ़े।

लेखक के बारे में

मार्क रेक्लाउ एक कोच, वक्ता, और लेखक हैं जिन्होंने अब तक 10 पुस्तकें लिखी हैं, जिनमें से यह पुस्तक '30 दिन - आदतें बदलो, ज़िन्दगी बदल जाएगी' इंटरनेशनल #1 बेस्टसेलर रही है और इसे अप्रैल 2015 से लेकर अब तक 400,000 से अधिक बार खरीदा और डाउनलोड किया गया है और जिसका अब तक स्पेनिश, जर्मन, जापानी, चीनी, रूसी, थाई, इंडोनेशियाई, पुर्तगाली, कोरियाई, और हिंदी भाषाओं में अनुवाद किया जा चुका है।

उन्होंने किताबें लिखना 2014 में तब शुरू किया था जब उन्हें अपनी नौकरी से हाथ धोना पड़ा था। मगर यह उनके लिए वरदान सिद्ध हुआ और उन्होंने बेरोज़गार होने की मुश्किल को बेस्टसेलर होने के अवसर में बदल दिया। उनकी दूसरी किताब का शीर्षक भी यही था - 'जॉबलेस टु बेस्टसेलर'।

उनकी पुस्तक 'डेस्टिनेशन हैप्पीनेस' का स्पेनिश अनुवाद सन 2018 में स्पेन के सबसे बड़े प्रकाशक प्लेनेटा ने प्रकाशित किया था।

मार्क का उद्देश्य लोगों के मनचाहा जीवन जीने के सपने को पूरा करने में मदद करना है, उन्हें वे तौर-तरीके समझाना है जिनकी मदद से वे अपनी ज़िन्दगी को अपनी पसंद की शक्ल दे सकें।

मार्क का सन्देश बिल्कुल सीधा-सरल है : बहुत सारे लोग हैं जो अपनी ज़िन्दगी में बहुत सारी चीज़ें बदलना चाहते हैं, मगर बहुत कम हैं जो इसके लिए कुछेक आसान से अभ्यास लगातार कुछ समय तक करने के इच्छुक होते हैं। अगर आप अपनी मंज़िल तक पहुँचने में मददगार आदतें अपना लें, तो मनमुताबिक सफलता और ख़ुशी हासिल कर सकते हैं।

अगर आप मार्क से कोचिंग लेना चाहते हैं तो www.marcreklau.com पर जाकर उनसे संपर्क कर सकते हैं। इसके अलावा आप उनसे www.goodhabitsacademy.com पर भी जुड़ सकते हैं।

LIST OF TITLES WITH ISBN NO.

ISBN	TITLE
9788194914129	1984
9789390575220	1984 & Animal Farm (2In1)
9789390575572	1984 & Animal Farm (2In1): The International Best-Selling Classics
9789390575848	35 Sonnets
9789390575329	A Clergyman's Daughter
9789390575923	A Study In Scarlet
9789390896097	A Tale Of Two Cities
9789390896837	Abide in Christ
9789390896202	Abraham Lincoln
9789390896912	Absolute Surrender
9789390896608	African American Classic Collection
9789390575305	Aldous Huxley: The Collected Works
9789390896141	An Autobiography of M. K. Gandhi
9789390575886	Animal Farm
9789390575619	Animal Farm & The Great Gatsby (2In1)
9789390575626	Animal Farm & We
9789390896158	Anna Karenina
9789390575534	Antic Hay
9789390896165	Antony & Cleopatra
9789390896172	As I Lay Dying
9789390896226	As You like it
9789390575671	At Your Command
9789390575350	Awakened Imagination
9789390575114	Be What You Wish
9789390896233	Believe In yourself
9789390896998	Best of Charles Darwin: The Origin of Species & Autobiography
9789390896684	Best Of Horror : Dracula And Frankenstein
9789390575503	Best Of Mark Twain (The Adventures of Tom Sawyer AND The Adventures of Huckleberry Finn)
9789390896769	Black History Collection
9789390575756	Brave New World, Animal Farm & 1984 (3in1)

9789390896240	Brother Karamzov
9789390575053	Bulleh Shah Poetry
9789390575725	Burmese Days
9789390896257	Bushido
9789390896066	Can't Hurt Me
9788194914112	Chanakya Neeti: With The Complete Sutras
9789390896042	Crime and Punishment
9789390575527	Crome Yellow
9789390575046	Down and Out in Paris and London
9789390896844	Dracula
9789390575442	Emersons Essays: The Complete First & Second Series (Self-Reliance & Other Essays)
9789390575749	Emma
9789390575817	Essential Tozer Collection - The Pursuit of God & The Purpose of Man
9789390896578	Fascism What It Is and How to Fight It
9789390575688	Feeling is the Secret
9789390575190	Five Lessons
9789390575954	Frankenstein
9789390575237	Franz Kafka: Collected Works
9789390575282	Franz Kafka: Short Stories
9789390575060	George Orwell Collected Works
9789390575077	George Orwell Essays
9789390575213	George Orwell Poems
9788194914150	Greatest Poetry Ever Written Vol 1
9788194914143	Greatest Poetry Ever Written Vol 1
9789390896301	Gulliver's Travel
9789390575961	Gunaho Ka Devta
9789390575893	H. P. Lovecraft Selected Stories Vol 1
9789390575978	H. P. Lovecraft Selected Stories Vol 2
9789390896059	Hamlet
9789390575022	His Last Bow: Some Reminiscences of Sherlock Holmes
9789390896134	History of Western Philosophy
9789390575121	Homage To Catalonia

9789390896219	How to develop self-confidence and Improve public Speaking
9789390896295	How to enjoy your life and your Job
9789390575633	How to own your own mind
9789390896318	How to read Human Nature
9789390896325	How to sell your way through the life
9789390896370	How to use the laws of mind
9789390896387	How to use the power of prayer
9789390896028	How to win friends & Influence People
9788194824176	How To Win Friends and Influence People
9789390896103	Humility The Beauty of Holiness
9789390896653	Imperialism the Highest Stage of Capitalism
9789390575084	In Our Time
9789390575169	In Our Time & Three Stories and Ten poems
9789390575145	James Allen: The Collected Works
9789390896189	Jesus Himself
9789390575480	Jo's Boys
9789390896394	Julius Caesar
9789390575404	Keep the Aspidistra Flying
9789390896400	Kidnapped
9789390896424	King Lear
9789390575824	Lady Susan
9789390896455	Law of Success
9789390896264	Lincoln The Unknown
9789390575565	Little Men
9789390575640	Little Women
9788194914174	Lost Horizon
9789390896462	Macbeth
9789390896929	Man Eaters of Kumaon
9789390896523	Man The Dwelling Place of God
9789390896349	Man The Dwelling Place of God
9789390575909	Mansfield Park
9788194914136	Manto Ki 25 Sarvshreshth Kahaniya
9789390896509	Marxism, Anarchism, Communism
9789390575664	Mathematical Principles of Natural Philosophy

9788194914198	Meditations
9789390575800	Mein Kampf
9789390575794	Memory How To Develop, Train, And Use It
9789390896486	Mind Power
9789390896585	Money
9789390575039	Mortal Coils
9789390575770	My Life and Work
9789390896035	Narrative of the Life of Frederick Douglass
9789390575152	Neville Goddard: The Collected Works
9789390575985	Northanger Abbey
9789390896530	Notes From Underground
9789390896547	Oliver Twist
9789390575459	On War
9789390575541	One, None and a Hundred Thousand
9789390896554	Othelo
9789390575435	Out Of This World
9789390575015	Persuasion
9789390575510	Prayer The Art Of Believing
9789390575091	Pride and Prejudice
9789390896561	Psychic Perception
9789390575381	Rabindranath Tagore - 5 Best Short Stories Vol 2
9789390575367	Rabindranath Tagore - Short Stories (Masters Collections Including The Childs Return)
9789390575374	Rabindranath Tagore 5 Best Short Stories Vol 1 (Including The Childs Return
9789390896622	Romeo & Juliet
9789390896127	Sanatana Dharma
9789390575596	Seedtime & Harvest
9789390896639	Selected Stories of Guy De Maupassant
9789390575206	Self-Reliance & Other Essays
9789390575176	Sense and Sensibility
9789390575299	Shyamchi Aai
9789390896738	Socialism Utopian and Scientific
9789390896646	Success Through a Positive Mental Attitude
9789390575428	The Adventures of Huckleberry Finn

9789390575183	The Adventures of Sherlock Holmes
9789390575343	The Adventures of Tom Sawyer
9789390896691	The Alchemy Of Happiness
9789390575862	The Art Of Public Speaking
9789390896288	The Autobiography Of Charles Darwin
9788194914181	The Best of Franz Kafka: The Metamorphosis & The Trial
9789390575008	The Call Of Cthulhu and Other Weird Tales
9789390575107	The Case-Book of Sherlock Holmes
9789390896110	The Castle Of Otranto
9789390896745	The Communist Manifesto
9789390575589	The Complete Fiction of H. P. Lovecraft
9789390575497	The Complete Works of Florence Scovel Shinn
9789390896820	The Conquest of Breard
9789390896813	The Diary of a Young Girl
9789390896332	The Diary of a Young Girl The Definitive Edition of the Worlds Most Famous Diary
9789390575701	The Great Gatsby, Animal Farm & 1984 (3In1)
9789390575312	The Greatest Works Of George Orwell (5 Books) Including 1984 & Non-Fiction
9789390575992	The Hound of Baskervilles
9789390896707	The Idiot
9789390896714	The Invisible Man
9789390575657	The Knowledge of the holy
9789390575558	The Law & the Promise
9789390896721	The Law Of Attraction
9789390896776	The Leader in you
9789390896363	The Life of Christ
9789390896196	The Man-Eating Leopard of Rudraprayag
9789390896783	The Master Key to Riches
9789390575268	The Memoirs Of Sherlock Holmes
9789390896479	The Midsummer Night's Dream
9789390575466	The Mill On The Floss
9789390896790	The Miracles of your mind
9789390896660	The Mutual Aid A Factor in Evolution
9789390896448	The Origin of Species

9789390896905	The Peter Kropotkin Anthology The Conquest of Bread & Mutual Aid A Factor of Evolution
9789390896806	The Picture of Dorian Gray
9789390896271	The Picture of Dorian Gray
9789390575275	The Power Of Awareness
9789390896356	The Power of Concentration
9788194824169	The Power of Positive Thinking
9789390575411	The Power of the Spoken Word
9788194914105	The Power Of Your Subconscious Mind
9789390896899	The Power of Your Subconscious Mind
9789390896417	The Principles of Communism
9789390575787	The Psychology Of Mans Possible Evolution
9789390896615	The Psychology of Salesmanship
9789390575732	The Pursuit of God
9789390575398	The Pursuit of Happiness
9789390896851	The Quick and Easy Way to effective Speaking
9789390575947	The Return Of Sherlock Holmes
9789390575138	The Road To Wigan Pier
9789390896981	The Root of the Righteous
9789390575855	The Science Of Being Well
9788194914167	The Science Of Getting Rich, The Science Of Being Great & The Science Of Being Well (3In1)
9789390896011	The Screwtape Letters
9789390896073	The Screwtape Letters
9789390575336	The Secret Door to Success
9789390575695	The Secret Of Imagining
9789390896868	The Secret Of Success
9789390896431	The Seven Last Words
9789390575930	The Sign of the Four
9789390896004	The Sonnets
9789390896516	The Souls of Black Folk
9789390896875	The Sound and The Fury
9789390575244	The State and Revolution
9789390896882	The Story of My Life
9789390896936	The Story Of Oriental Philosophy

9789390896752	The Strange Case of Dr. Jekyll and Mr. Hyde
9789390896943	The Tempest
9789390575916	The Valley Of Fear
9789390575879	The Wind in the willows
9789390896080	The Wind in the willows
9789390575763	Their eyes were watching gofd
9789390575831	Three Stories
9789390896950	Twelfth Night
9789390896592	Twelve Years a Slave
9789390896677	Up from Slavery
9789390896974	Value Price and Profit
9789390896967	Wake Up and Live
9789390896493	With Christ in the School of Prayer
9789390575602	Your Faith is Your Fortune
9789390575473	Your Infinite Power To Be Rich
9789390575251	Your Word is Your Wand
9789390575718	Youth
9789391316099	A Christmas Carol
9789391316105	A Doll's House
9789391316501	A Passage to India
9789391316709	A Portrait of the Artist as a Young Man
9789391316112	A Tale of Two Cities
9789391316747	A Tear and a Smile
9789391316167	Agnes Gray
9789391316174	Alice's Adventures in Wonderland
9789391316136	Anandamath
9789391316181	Anne Of Green Gables
9789391316754	Anthem
9789391316198	Around The World in 80 Days
9789391316013	As A Man Thinketh
9789391316242	Autobiography of a Yogi
9789391316266	Beyond Good and Evil
9789391316761	Bleak House
9789391316778	Chitra, a Play in One Act
9789391316310	David Copperfield

9789391316075	Demian
9789391316785	Dubliners
9789391316051	Favourite Tales from the Arabian Nights
9789391316235	Gitanjali
9789391316068	Gravity
9789391316150	Great Speeches of Abraham Lincoln
9789391316662	Guerilla Warfare
9789391316839	Kim
9789391316822	Mother
9789391316211	My Childhood
9789391316846	Nationalism
9789391316327	Oliver Twist
9789391316853	Pygmalion
9789391316334	Relativity: The Special and the General Theory
9789391316389	Scientific Healing Affirmation
9789391316341	Sons and Lovers
9789391316587	Tales from India
9789391316372	Tess of The D'Urbervilles
9789391316396	The Awakening and Selected Stories
9789391316402	The Bhagvad Gita
9789391316303	The Book of Enoch
9789391316228	The Canterville Ghost
9789391316907	The Dynamic Laws of Prosperity
9789391316006	The Great Gatsby
9789391316860	The Hungry Stones and Other Stories
9789391316433	The Idiot
9789391316440	The Importance of Being Earnest
9789391316297	The Light of Asia
9789391316914	The Madman His Parables and Poems
9789391316457	The Odyssey
9789391316921	The Picture of Dorian Gray
9789391316464	The Prince
9789391316938	The Prophet
9789391316945	The Republic
9789391316518	The Scarlet Letter

9789391316143	The Seven Laws of Teaching
9789391316525	The Story of My Experiments with Truth
9789391316532	The Tales of the Mother Goose
9789391316549	The Thirty Nine Steps
9789391316594	The Time Machine
9789391316600	The Turn of the Screw
9789391316983	The Upanishads
9789391316617	The Yellow Wallpaper
9789391316426	The Yoga Sutras of Patanjali
9789391316990	Ulysses
9789391316624	Utopia
9789391316679	Vanity Fair
9789391316020	What Is To Be Done
9789391316686	Within A Budding Grove
9789391316693	Women in Love